舜文化与和谐家风建设

2017年舜文化研讨会论文集

陈仲庚 主编

肖献军 副主编

中国社会科学出版社

图书在版编目(CIP)数据

舜文化与和谐家风建设：2017年舜文化研讨会论文集／陈仲庚主编．
—北京：中国社会科学出版社，2018.9
ISBN 978-7-5203-3063-3

Ⅰ.①舜… Ⅱ.①陈… Ⅲ.①舜—文化研究—文集②家庭道德—
中国—文集 Ⅳ.①G122-53②B823.1-53

中国版本图书馆CIP数据核字(2018)第200355号

出　版　人	赵剑英	
责任编辑	韩国茹　郝玉明	
责任校对	张爱华	
责任印制	张雪娇	

出　　版	中国社会科学出版社
社　　址	北京鼓楼西大街甲158号
邮　　编	100720
网　　址	http://www.csspw.cn
发　行　部	010-84083685
门　市　部	010-84029450
经　　销	新华书店及其他书店
印刷装订	北京君升印刷有限公司
版　　次	2018年9月第1版
印　　次	2018年9月第1次印刷
开　　本	710×1000　1/16
印　　张	17
插　　页	2
字　　数	278千字
定　　价	68.00元

凡购买中国社会科学出版社图书,如有质量问题请与本社营销中心联系调换
电话:010-84083683

目　　录

三　考古、艺术及其他

序　舜帝之"孝道"在当代社会的意义

唐之享

中国的孝道始于虞舜，但有关"孝"的观念则是在虞舜之前就已经有了，这是人类有别于禽兽的一种文明进步的标志。舜在年少时便以"孝"闻名天下，"孝感天地"，30岁便因"孝"被推举为尧帝的继承人——中国的孝道由此有了一个灿烂辉煌的开端，其光辉映照了中国的漫漫长夜，在此后的四千多年时间里，中国人无论是王公贵族或是平民百姓，均能从中找到它的脉脉温情和灵魂慰藉。这是中国人所普遍奉行并严格遵循的一种伦理道德。

一　"孝道"的普遍性、永恒性和时代性特征

孝道是与时俱进的。虞舜的"逆来顺受"，用今天的眼光来看近乎"愚孝"，但在当时的社会背景下，确实是一种文明进步，它表明人类社会固有的代际冲突因为有了年轻一代的主动谦让而平和地化解。到了春秋时代，孔子提出了"父慈子孝"的原则，它所包含的相对平等观念，与舜帝的时代相比无疑是一种进步。孔子还特别提出了"敬"高于"养"的原则，确立了"敬"在孝道中的地位和价值，标志孝道在理论和实践上的一大进步。

"敬"的观念表明了"亲情无价"。孝是子女对父母亲情的回报，是对父母养育之恩的回报；而这种回报是不等价的，"谁言寸草心，报得三春晖"，父母对子女的付出要多于子女对父母的付出。付出的"不等式"展现了人类对自身繁衍生息无私、无怨、无悔的奉献精神，它使人类生生不息，也使孝道代代相传。

　　孝道具有普遍性、永恒性、时代性三个特点，这三个特点使得它与中华民族的其他伦理道德有了明显的区别。

　　人人皆有家，人人都要老。四千多年来，其他伦理道德往往随着时代的变迁而潮涨潮落时兴时衰，唯有孝道能够长久不衰。由于"孝"植根于血缘伦理，是每家每户每人都要遇到、都应遵循的普遍性原则，这使得它成为其他伦理道德的根基。同时，只要人类自身的繁衍还要通过家庭的形式来实现，孝道就有它永恒存在的价值。除非将来的某一天，人的生产全部通过"克隆"的手段来实现，孝道才会失去它的永恒价值。但这一天如果真的到来，恐怕也是人类走向灭亡的开始。

　　两千多年前的孔子曾提出过一个要求："父母在，不远游。"这在交通闭塞的农耕社会是可行的，但如果生搬硬套到今天就行不通了。今天的"远游"已是顺乎"民心"亦是体现"孝心"的事情，送孩子出国几乎成了一种普遍的现象。因此，今天的"远游"恰好是一种孝道的体现，只是不能忘了"常回家看看"。这就是孝道在当下所体现出来的鲜明的时代特色。

二　提倡"孝道"的现实紧迫性

　　在今天，提倡孝道具有更强的现实针对性，是广大人民群众现实生活的需要，是社会发展和建设和谐社会的需要。

　　在中国，"家"的社会存在与功能仍然不可低估，以血缘和亲情为中心的伦理道德，依然是整个社会伦理道德的基石。据统计，我国截至2017年底，60岁及以上的老年人有2.41亿，占亚洲老年人口的1/2，占世界老年人口的1/5。再过十几年，一个由独生子女支撑的国家与老年人社会，便会展现在世人面前，"人生七十古来稀"的寿命历史，也将被"人生百岁不稀奇"的长寿现状所取代。作为一个老年人口大国，以"养老""敬老"为中心的孝道建设，已经十分迫切地摆到了我们面前。

　　特别应当重视的是，在今后相当长的时间内，中国广大农村仍然是以家庭为本位的社会结构，全国三分之二的老年人生活在农村，家庭的和谐稳定与否，关系到整个广大农村乃至全社会的稳定与发展。因此，孝道建设是农村家庭道德和农村精神文明建设的一项核心任务，如果这一任务完成得不好，不仅会制约农村本身的发展，而且会制约城市和整个中国的发展。

孝道建设如此重要，但摆在我们面前的现实状况却又不容乐观。据《农民日报》报道："全国人大代表翟玉和曾自费对中国农村养老现状进行调查。事关31个省46个县72个村10401人的调查结果显示：子女18%算孝，53%属差。不孝现象相当多地表现为冷暴力、软折磨。有的子女与父母同住一个院，但长年不说话，形同路人；'啃老族'则对父母无限索取，直至榨干为止；不一而足。"18%比53%，这两个数字对比的足可见问题的严重性了；如果我们再看一些具体的报道，就会更触目惊心。《嘉兴日报》曾经以"子女不孝，老人无奈"为题报道了两个事例：一家农户有三个子女，子女们用征地补偿款在城里买了房子，把父母扔在农村不闻不问，父亲被狗咬了打电话给儿子，儿子竟然连电话都不愿意听完，更不用说回家看望和给父亲治疗了；还有一家也是有三个子女，父母年轻时做生意挣了点钱，为给他们建房子办婚事全都花光了，父母年老了生病住院，向他们借点钱治病却无人理睬，儿子家的宠物狗生病了倒是带到镇上去看，父母在他们心目中的地位居然连狗都不如。再如《云南信息报》的一条消息：《儿子、女儿、女婿买凶杀父亲》，仅因父亲想续弦和不同意他们拆老房子，他们竟买来一帮打手在光天化日之下将父亲乱棍打死，还把前来劝架的一个亲戚也打死。这样的事例令人发指，可气、可恨、可怜，又可悲。

为什么会出现上述严重状况呢？冰冻三尺，非一日之寒。过去，我们因受"左"倾思想的影响，曾把孝道视为封建糟粕而一概批判。在市场经济的冲击下，又面临着金钱、利益的巨大诱惑，一部分人思想道德"天平"失衡，他们误将做人的道德标准及孝道观念当作"垃圾"而抛弃，将损人、害人，不择手段牟利的"兽性"奉为神明。而且，这种误读犹如肌体中的"癌细胞"，在社会中扩散，严重危及、侵害了良性"细胞"。人们的亲情变得淡薄，歧老、仇老、虐老、害老的事件不时发生，不孝甚至成为一股浊流，这与社会主义新农村建设的和谐旋律格格不入。所以，"金钱至上"的"毒瘤"不割除，文明、和谐社会的肌体就难以存活。

目前，我国的老年人口截至2017年底，已达2.41亿，在"未富先老"的情况下迎来了人口的老龄化，如何安排和解决由独生子女支撑的老年人养老问题？对此，党中央、国务院在我国大力倡导和弘扬孝道文化，就具有极其重大的战略意义。

三　"孝道"与公民道德建设

孝道作为一种基础道德，它与公民道德各个要素之间有着内在的联系。中国的孝道是"以人为本"的，是家庭美德的核心，是社会公德的根基，是社会稳定和发展的一种精神动力。《礼记·乡饮酒义》曰："民知尊长养老，而后乃能入孝弟；民入孝弟，出尊长养老，而后成教；成教而后国可安也。"《孟子·离娄上》亦云："人人亲其亲，长其长，而天下平。"可见中国古代就是以孝道为基础进行公民道德教育的。今天的道德状况也因孝道的基础差而导致了公民的社会道德不如人意。因此，以孝道为基础，加强公民道德建设是当务之急。

首先，孝是爱心。孝是人间普遍存在的一种情感，它以亲情之爱为基础，又可延伸为博爱。"爱由亲生"到"泛爱众"："老吾老以及人之老，幼吾幼以及人之幼"（《孟子·梁惠王上》），"老者安之，朋友信之，少者怀之"（《论语·公冶长》）。爱他人要从爱亲人开始，敬他人要从敬亲人开始，爱国要从爱家开始。一个连父母都不爱的人，何以爱他人、爱人民，一个连家都不爱的人，何以爱国？！因此，孝可以从"私德"转向"公德"，从家庭伦理转向政治伦理。这就是传统观念中"修身、齐家、治国、平天下"的思维路向，也是培养公民道德的递进路径。今天要加强公民道德建设，也要从培养青少年爱父母、爱家庭开始。

其次，孝是责任。孝首先是对家庭、父母、长辈的责任，这是一种以回报父母养育之恩为核心的责任，是无怨无悔、一片赤诚的回报。然后是"移孝作忠"，忠的本质也是责任，所谓"忠于职守"，就是尽职尽责地努力做好自己分内的事；还要做到在"忠孝不能两全"时能够"舍家为国"。因此，家庭的责任可以转化为对社会、对国家的责任。古代之所以有"求忠臣于孝子之门"的理念和"举孝廉"的选官制度，其原因亦在于此。今天，有的省市选拔干部，有的企业选择雇员，也把"孝"作为一个条件，因为行孝的人更值得信任。因此，我们要建设一个有责任的社会，培养青少年的社会责任感和敬业奉献意识，应该从培养家庭责任感开始。

其三，孝是诚敬。子女对父母应有一种赤诚之心，如果对父母都不诚实，就很难成为一个以诚待人、诚实守信的好公民。在"诚"的基础上还要"敬"，"敬"是孝的核心，对父母如果只有"养"而没有"敬"，便如同饲养犬马。孔子说过："今之孝者，是谓能养。至于犬马，皆能有养；不敬，何以别乎？"（《论语·为政》）也就是说，人类之"孝"决不同于动物之"养"，其根本区别的标志就在于"孝"中有"敬"。《礼记》云："明孝先有敬，有敬而生礼，依礼而尽孝""孝，礼之始也"。《荀子》亦云："孝行，乃积习礼仪而成。"因孝生敬，因敬生礼，因礼而和，"家和万事兴"，有了"家和"才会有社会之和谐、社会之发展。因此，要建设现代和谐社会，培育青少年"明礼诚信"的品质，需要从"孝育"和"家礼"开始。

其四，孝是忠恕。孔子的学生曾参对孔子之道有着最彻悟而又简单的理解："夫子之道，忠恕而已矣。"（《论语·里仁》）在《大戴礼记·曾子立孝》中他又说："忠者，其孝之本与！"因此，"忠"也是"孝"，是将家庭的伦理原则推广到国家。那么，什么是"忠恕"呢？宋代的儒学大师朱熹有一个简单而又经典的解释，即"尽己之谓忠，推己之谓恕"（《论语集注》）。前者是指把自己立基于宗法共同体之上，将孝悌为本的仁心充分发挥出来；后者则是把自己固有的仁心推而广之，运用于现实的人际关系之中。这样的"忠恕之道"，由于出自人的本心，应该是自觉遵循，而绝不是强加于人的。从这样的解释可以看出，孔子的"忠恕之道"是"忠"与"恕"的完美结合，它包括两个方面。一方面，是指"己所不欲，勿施于人"（《论语·颜渊》）。孔子在回答他的弟子仲弓提问时说："出门如见大宾，使民如承大祭，己所不欲，勿施于人。在邦无怨，在家无怨。"（《论语·仲弓问仁》）这也就是"恕"，是推己及人，自己不想要得到的，当然也不能强加给别人，这是处理人际关系时最起码的准则。另一方面是由立己而立人，由达己而达人。孔子说："夫仁者，己欲立而立人，己欲达而达人。"（《论语·雍也》）这是"忠"，是要求人们心存忠厚，并要将心比心，推己及人，将自己的仁心仁德推广于人。这与前面所说的"己所不欲，勿施于人"（《论语·颜渊》）相比，应该是更进一步的思想，它不只是个人的道德修养，而是表明一种对社会应负有的责任，是在社会关系中，推广自己的仁心仁德，不仅要造就自己，同时要造就别人、造就社会。这样，由孝敬自己的父母开始，去孝敬别人的父母，进而去孝敬天下人的父母，因为自己的父母、别人的父母乃至天下人的父母实际上是一体的。因此，要构建人与人、人与社会之间的和谐关系，要培养青少年从懂得并能践行"忠恕之道"开始。

四　孝道是凝国聚家之本

以家庭养老为主，这是我国几千年形成的传统养老模式，孝道文化正是它生存发展的思想基础和舆论氛围。尤其70%以上的中国老年人还生活在农村，大多数老年人必须依靠家庭成员的扶助而安度晚年。古人说"老者安之"（《论语·公冶长》），对老者的安抚、安养、安心甚于安身，老人们需要物质上的基本照料，更需要精神上的亲情慰藉。对子女来说，安抚、安养老人是"道德链"中人性反哺的一环，这一环是否缺失正是检验人性与兽性的试金石。所以，"养老才能教子，敬老方可立身"之美德，应成为社会主义新农村建设中不可缺失的重要基石，而且必须夯实，从而让中华民族的五千年精神"法宝"造福、滋养、孕育、强壮、启迪国民的大智慧，扶老携幼，共同繁荣进步，在市场经济大潮中明确方向，乃至在世界经济大潮中，拥有"一览众山小"的胸怀和"胜似闲庭信步"的气概。

总之，孝道是凝国聚家之本。"上慈下孝，左亲右爱"，这一纵一横和谐"网络"的主要纲目，是个人修养的基本元素，是家庭关系的根本，连接着修身、齐家、治国、平天下四大层面，恰好构成社会基本结构，也是社会国家"网络"最紧固的纽带。因此，在强调发展经济的同时，积极普及、推动孝道文化，提炼和主动汲取其精髓，用我国独有的人文精华，"哺育"中华各族儿女，使其在市场经济洪流中能够成为中流砥柱，不致迷失民族的"大我"和个体独立人格的"小我"。

一　舜文化与孝道

心和家和天下和：
中国孝道三位一体的思维模式与实践路径①

陈仲庚

中国是一个特别重视孝道的国度，关于孝道的重要性，《孟子·尽心上》所记载的一段对话很能说明问题：桃应问曰："舜为天子，皋陶为士，瞽瞍杀人，则如之何？"孟子曰："执之而已矣。""然则舜不禁与？"曰："夫舜恶得而禁之？夫有所受之也。""然则舜如之何？"曰："舜视弃天下犹弃敝屣也。窃负而逃，遵海滨而处，终身欣然，乐而忘天下。"②按照孟子的意思，舜帝遗弃天下就像遗弃破草鞋一样，他会私下里背了父亲逃走，逃到海边住下，终身高兴而忘掉天下。这种选择很特别：居然是孝道重于治道，父亲重于天下。孟子为什么会做出这样的推论？这是因为"孝者，德之本也，教之所由生也"（《孝经》），也就说，孝是一切伦理道德的根本，一切教化都由此而产生。舜帝的时代正是中国由野蛮社会向文明社会进化的转折时期，"孝"是当时社会文明的标志。因此，不是孝道重于治道，而是道德教化比国家治理更重要；不是父亲重于天下，而是人类文明比天子的位子更重要。舜帝正是通过自己的身体力行，不仅确立了孝道，还确立了将孝道与修身、齐家、治国、平天下结合起来的思维模式和实践路径。

① 基金项目：湖南省社科基金课题"祖述尧舜与中国学脉之源流研究"，项目编号：16JD26。

② （清）焦循：《孟子正义》，中华书局 1987 年版，第 930—931 页。

一　以孝修身：个人心和是基础

"百善孝为先"，这个"先"，至少可以包括三重含义：其一，从伦理道德的社会作用说，"孝"的作用是最大的，因而处于最为重要的地位；其二，从道德起源的角度说，"孝"是最早确立的道德原则，因而处于最为始源的地位；其三，从道德实践的过程说，"孝"不仅是修身的起点，也是齐家、治国、平天下的起点，因而处于最为基础的地位。

根据《尚书·尧典》的记载，作为一介平民的虞舜，之所以能成为尧帝的继承人，就因为他的孝："瞽子。父顽，母嚚，象傲。克谐以孝烝烝，乂不格奸。"[①] 在这里，首先是因为虞舜的"孝"行，带来了家庭的和谐，或者说是因为虞舜先有了"以孝修身"，才后有"以孝齐家"；先有了"以孝齐家"，才被尧帝看重，选去参与"治国"，于是才有了"以孝治国"的机会。那么，虞舜是如何通过自我修养做到这一点的？《尚书·尧典》没有说，郭店楚简《唐虞之道》云："夫古者舜处于草茅之中而不忧，登为天子而不骄。处草茅之中而不忧，知命也。登为天子而不骄，不专也。求乎大人之兴，美也。……方在下位，不以匹夫为轻；及其有天下也，不以天下为重。有天下弗能益，无天下弗能损。极仁之至，利天下而弗利也。"即是说，虞舜之所以能够做到"不忧""不骄"、无"轻"无"重"，就因为他通过自我修养已经达到了"知命"的境界。"知命"也就是《中庸》所说的"君子居易以俟命"，"居易"是说要居在平易安定之处，"俟命"是说要等待机会，而不能铤而走险。因此，"知命"就是用"平易""平常"的生活态度来对待自己所处的地位和现实人生："处草茅之中"能以平常之心对待，"登为天子"同样能以平常之心对待。有了这样的生活态度，就能够做到"不忧""不骄"、无"轻"无"重"，即使面对人生的大起大落，心境也能安然平和。

当然，以孝修身，还会有一些具体要求。曾子在《大孝篇》中说："民之本教曰孝，其行之曰养。养可能也，敬为难。"[②] 所以曾子将孝分为

---

① （清）孙星衍：《尚书今古文注疏》，中华书局 2004 年版，第 30 页。
② （清）王聘珍：《大戴礼记解诂》，中华书局 1983 年版，第 83 页。

三个层次："孝有三：大孝尊亲，其次弗辱，其下能养。"如果说"养"只是人生的基本义务，"尊亲"与"弗辱"则是人生价值的体现。那么，究竟如何做才算是"尊亲"和"弗辱"呢？

首先，爱惜身体是基础。《孝经·开宗明义章》认为："身体发肤，受之父母，不敢毁伤，孝之始也。"身体是行孝的必备条件，没有一个健康的身体，行孝便是一句空话，所以《孟子》说："守孰为大，守身为大。"而且，守身不仅是行孝的必备条件，也是解除父母之忧的起码孝心，《论语》载孟武伯问孝，孔子回答说："父母唯其疾之忧。"朱熹注云："言父母爱子之心，无所不至，唯恐其疾病，常以为忧也。人子体此，而以父母之心为心，则凡所以守其身者，自不容于不谨矣。"因此，守身的出发点首先不是为自己，而是为父母。

其次，加强品行的修为是目的。《礼记·祭义》说："身也者，父母之遗体也。行父母之遗体，敢不敬乎？居处不庄，非孝也。事君不忠，非孝也。莅官不敬，非孝也。朋友不信，非孝也。战陈无勇，非孝也。五者不遂，灾及于亲，敢不敬乎？"①身体的疾病已是父母之忧，如因行为不端而招致灾祸，当然更是父母之忧，所以品行的修为比爱惜身体更重要。孟子则进一步具体化，几乎将人生中的不好品行全都归入"不孝"之列："世俗所谓不孝者五：惰其四支，不顾父母之养，一不孝也；博弈，好饮酒，不顾父母之养，二不孝也；好货财，私妻子，不顾父母之养，三不孝也；从耳目之欲，以为父母戮，四不孝也；好勇斗狠，以危父母，五不孝也。"②历史经验告诫我们，"五毒俱全"的人不仅会毁掉自己，也会毁坏家庭，给父母带来伤心和耻辱。因此，必须通过"以孝修身"的途径来彻底根除这些恶习，以自身的平安无虞来解除父母之忧，并确保父母"弗辱"，这就是最好的"尊亲"。

不难看出，所谓"以孝修身"，其实是要让每个人都明白一个道理：任何个人都是与父母、家庭紧密地联系在一起的，个人所做的一切，都不仅仅是个人的事，也是父母的事、家庭的事；个人必须意识到自己与整个家庭同在，承担起家庭的责任，才不至于肆意妄为、胡作非为。这也是

---

① （清）孙希旦：《礼记集解》，中华书局1989年版，第1226页。
② （清）焦循：《孟子正义》，中华书局1987年版，第599页。

"知命"：知道自己命中注定与父母、家庭有着"斩不断，理还乱"的关系，因而必须以"平易""平常"之心来处理好这种关系，必须做到用个人的平安来确保家庭平安。有了家庭平安才会有社会平安，这无论是从个人的奋斗目标还是社会的需求来说，都是治国平天下的基础。

二　以孝齐家：群体家和是核心

中国文化是重农文化，重农文化是群体本位的沃土。中国著名思想家荀子在谈到人与动物的区别时曾有一个论断："力不若牛，走不若马，而牛马为用，何也？曰：人能群，彼不能群也。"[1] 应该说，这是中国传统文化对人的本质的一个基本认识。所谓"人能群"，就是指人在本质上是群体的人，而不仅仅是单个的个体。"能群"，也就是中国老百姓通常所说的"合群"，作为个体的人，必须融合到群体当中去，必须接受社会群体的"人性化"教育，才能成为真正的人，才具有人的本质。因此，强调个体对群体、对社会的责任，以群体利益为重，这是中国文化的突出特点，与西方文化强调天赋人权的个体本位形成了鲜明的对比。群体本位使中国人时刻把自己看作是群体中的一员，体现在价值目标上就是重家庭，而目标的实现就是以孝齐家。

以孝齐家落实在价值目标上，包含了两个方面的内容：一是个体人生的价值在家族荣誉中实现；二是个体灵魂的安置在家族血缘中永生。

其一，关于人生价值的实现问题，首先是保证人的生存，而人的生存离不开"养亲"，并确保家族繁衍，个体生命才能从物质性上体现其意义。《孝经·庶人章》云："用天之道，分地之利，谨身节用，以养父母，此庶人之孝也。故自天子至于庶人，孝无终始；而患不及者，未之有也。"也就是说，从天子到普通百姓，孝道是无始无终、永恒存在的；如果不能始终坚持而又想不遭遇祸患，那是从未有过的事情。道理很简单，从生命来源说，"身体发肤受之父母"，个体的成长需要父母抚养，个体的养老需要儿女的爱敬。因此，"养亲"决不仅仅是赡养父母，还包括善待生命存在的全过程，这是"孝无终始"的第一层含义。第二层含义则

---

[1]　（清）王先谦：《荀子集解》，中华书局1988年版，第164页。

是指人类生存历史的全过程，失去了孝道，不仅要祸及个人、祸及家人，甚或全人类也要遭受灭顶之灾。正因为孝道是如此重要，所以中国的传统经典才不厌其烦地反复强调。

当然，人生价值的实现，更重要的还不是物质性意义，而是精神性意义，这就是中国孝道所强调的个人奋斗与家族荣誉相结合。《孝经·庶人章》云："立身行道，扬名于后世，以显父母，孝之终也。"① 在现实生活中，首先应该肯定个人奋斗，没有个人奋斗，就不可能有家庭的兴旺；没有千千万万的家庭兴旺，就不可能有民族、国家的兴旺。传统孝道将个人奋斗的成效与家庭、家族的荣辱结合起来，正是抓住了社会和谐兴旺的根本：社会以家庭为基础，家庭以个人为基础，三者联结为一个整体，才形成社会生活的完整系统。所谓"家和万事兴"，"家和"当然不仅仅是保持家庭的一团和气，更重要的是齐心协力为家庭兴旺而奋斗，这是人生价值得以实现的最直接、最基本的证明。

其二，关于灵魂安置的问题，孝道首先给个体生命建立起一个"血缘链"："万物本乎天，人本乎祖，此所以配上帝也"。② 在天—祖—父—我这一链条关系中，"祖"不仅可以"配天"，还可以"代天"，"人"通过祭祖不仅可与上帝相沟通，而且祭祖本身也就是祭天，祖与天是可以二而一、一而二地转换的。所以，《礼记·大昏解》说："是故仁人之事亲如事天，事天如事亲。此谓孝子成身。""祖"与"天"之所以能够等同，就因为他们都是生命之源的创造者。当然，生命来了还要去，生命的归宿在哪里？中国人的观念是认祖归宗。中国人信"鬼"，"鬼"是什么呢？《说文》云："人所归为鬼。"《释言》亦谓："鬼之为言归也。"《礼记·祭义》也说："众生必死，死必归土，此之谓鬼。"人死为鬼，归土为安，这是中国人自古就有的观念。这一观念说明，中国人所希求的不是脱离肉体的灵魂升天，而是肉体与灵魂一同归土。"归土"之"归"是指回归故土，决不能随意地"入土"为安。中国人总说热土难离、故土难迁，即使是出门在外的游子也总要叶落归根；若客死他乡，其后人也必须想方设法将灵柩运回家乡"归葬"。中国人之所以如此重视死后之"归"，就因

---

① （清）徐世昌等编纂：《清儒学案》，中华书局2008年版，第1770页。

② （清）朱彬：《礼记训纂》，中华书局1996年版，第397页。

为"故土"是生命的本源所在，是列祖列宗的寿终正寝之处，"归土"并不是回到冷冰冰的泥土，而是回到列祖列宗的怀抱，回到生命的本源所在。能回到列祖列宗的怀抱，这其中的温馨，当然就可以使人心"安"了。

追溯远祖的血缘，可以让人心生崇敬，回到列祖列宗的怀抱，可以让人倍感温馨，但还有一个重要的问题没有解决，那就是人生短暂的问题。作为智慧生物的人类，自从意识到生命的短暂之后，总是要想办法追求生命的永恒，于是便有了各种各样的关于灵魂永生的理论。中国人所关心的是血缘永生，也就是是传宗接代、香火延续的问题。中国人将生命的存在看作一个无穷无尽的链条，单个的人其生命虽短暂，却是链条中的一环，借助这个链条，往上可以联系远祖，往下可以联系子孙，只要血缘链条不断，个体生命就可以获得永生。朱熹曾说："然吾之此身，即祖考之遗体。祖考之所具以为祖考者，盖于我而未尝亡也。"① 祖考因我的存在而"未尝亡"，那么我就也可以因子孙的存在而"未尝亡"。正因为传宗接代、香火延续关涉到自己的生命和祖宗的生命是否得以永生，所以中国人才把"断子绝孙"看作人生大忌，所以才有"不孝有三，无后为大"的最为严厉的孝道规范。

没有生命的世界是残缺的世界，也是无意义的世界，世界正是因为有了生命而精彩；而在所有的生命存在中，人又是超越于一切其他生命之上的。《尚书·泰誓上》说："唯人万物之灵。""灵"是什么呢？《说文》云："巫以玉事神。"人类自从有了生命意识，也就有了对生命的保护意识，于是有了沟通"玉"与"神"的"巫"——亦即沟通物质与精神的文化人。因此可以说，人类的一切文化，都是以生命意识为起点，以维护生命为目的的。

三 以孝治国：天下共和是目标

个人与家庭融合，家则与国同构，"家是最小国，国是千万家"，也可以说，家是国的缩小，国是家的扩大。同样道理，"孝"能齐家，也能

---

① （清）黄宗羲：《宋元学案》，中华书局1986年版，第1519页。

治国，这一传统也是从舜帝开始的。《尚书》说虞舜"慎徽五典，五典克从"。"五典"即"父义、母慈、兄友、弟恭、子孝"五种家庭道德原则，人们都能遵从这五种原则，于是实现了社会和谐，国家治理的任务也基本完成。就"齐家"而言，虞舜仅以"孝"就能做到"克谐"；"治国"则需要扩大为"五典"，也就是给家庭成员的每一个人都确定相应的道德原则，让每个成员都具有"安守本分"的权利和义务，整个家庭也就和谐了；有了家庭的和谐，才有可能带来社会的和谐。"五典"的道德原则虽说已经扩大了内涵，但"孝"无疑是其中的核心。《论语·学而》云："孝弟也者，其为仁之本与！"[①] "孝"不仅是家庭道德"五典"之本，也是社会道德"仁"之本。因为在人与人的各种关系中，唯有父子关系是与生俱来、人人具有的，是人的一种最原始的关系；而且，在家庭关系中，如果父子关系不稳定，则家庭关系就难以稳定，进而就难以有社会的稳定。所以，就其对社会稳定的作用而言，也是最为基本的。《孟子·梁惠王上》云："人以事其父兄，出以事其长上，可使制梃以挞秦、楚之坚甲利兵矣。"[②]《孟子·离娄上》则更进一步说："人人亲其亲，长其长，而天下平。"这是孟子最为理想的"仁政"，很显然，也就是将家庭的孝道扩大为治国之道。

以"孝"为纽带，将个人、家庭、国家三者结为一体的思维方式和实践路径，在《孝经》中体现得最为明显。《开宗明义章》将孝的含义确定为三个层次："夫孝，始于事亲，中于事君，终于立身。"这是从普通百姓的角度进行解释的，家庭的"事亲"、国家的"事君"与个人的"立身"是结合在一起的，在实践路径上还有"始""中""终"的实践过程。对于统治者来说，要实现"孝治"，其过程则更为复杂。《孝治章》云："昔者明王之以孝治天下也，不敢遗小国之臣，而况于公、侯、伯、子、男乎？故得万国之欢心，以事其先王。治国者，不敢侮于鳏寡，而况于士民乎？故得百姓之欢心，以事其先君。治家者，不敢失于臣妾，而况于妻子乎？故得人之欢心，以事其亲。夫然，故生则亲安之，祭则鬼享之。是以天下和平，灾害不生，祸乱不作。故明王之以孝治天下也如

---

① （清）刘宝楠：《论语正义》，中华书局 1990 年版，第 7 页。
② （清）焦循：《孟子正义》，中华书局 1987 年版，第 67 页。

此。"也就是说，以孝治国首先要做到"三不敢"：不敢遗小国之臣，不敢侮于鳏寡，不敢失于臣妾；然后才会有"三得"：得万国之欢心，得百姓之欢心，得人之欢心；最后才会有"三事"：事其先王，事其先君，事其亲。其实，"三三"可以归一，用一句话来表达：为民众，得民心，固社稷。"三不敢"是说对社会地位最低的人也不敢怠慢，这样才能得民心；"三事"既可以说是祭祀祖先，也可以说是从事祖先未竟的事业。"社稷"是国家存在的标志，也是家族事业存在的标志，治国也是治家，"治道"也是"孝道"。所以对统治者来说，行孝也就是要为民众、得民心。否则，就将"社稷"不稳、"家业"不继，这就是最大的不孝。因此，《孝治章》要求统治者好好地行孝，好好地对待民众，以维护自己的"家业"。我们今天说权力是民众给的，要好好地对待民众，才能维护自己的权力，其实是有异曲同工之妙的，只是古人将权力再与"家业"相联系，似乎看得更深、更远一些。

不难看出，孝道的内涵是有层次性的，而孝道的实践更是有层次性的，针对不同的人，提出了不同的规范和标准。如天子之孝是"爱亲者不敢恶于人，敬亲者不敢慢于人。爱敬尽于事亲，而德教加于百姓，刑于四海"。[①] 对天子行孝的要求，关键是以身作则：首先是爱敬父母，其次是博爱广敬，其三是率先垂范。有了这样的天子之孝，亿万百姓的孝道也就不难推行了。诸侯之孝则是"在上不骄，高而不危，制节谨度，满而不溢。高而不危，所以长守贵也；满而不溢，所以长守富也；富贵不离其身，然后能保其社稷，而和其民人"。[②] 诸侯的地位很独特，"高而危"的处境要求时时刻刻小心谨慎，"如临深渊，如履薄冰"，贪欲不可长、禁律不能犯、行为循法度。否则，一不小心就可能坠入万劫不复的深渊。庶人之孝则是"用天之道，分地之利，谨身节用，以养父母"。[③] 对普通百姓而言，尽孝道似乎更简单些，能够做到用天、分地、谨身、节用，就已经足够了。因此，职位越高，孝道就越宏大，其价值就越重大，其要求就越严格，就越需要发挥表率作用。同时，我们也可以看到，孝道不仅仅是

---

① （清）马骕：《绎史》，中华书局 2002 年版，第 2330 页。

② 同上。

③ 同上书，第 2331 页。

一般的孝敬父母、友爱兄弟，这只是基本层面的东西；更为重要的，是怎样将基本层面的东西与岗位职责结合起来，将家庭职责与社会职责结合起来，从而使家庭与社会形成一个完整、和谐的统一体，这才是《孝经》之所以为"经"的核心价值所在。

人在家中，家在国中；国依托于家而存在，家依托于人而存在——这种三位一体的结构本就是天然生成的。顺应这种天然之道，以修身、齐家、治国、平天下为实践路径，以心和、家和、天下和为价值目标，将人生奋斗、家族荣誉、国家治理三者紧密地结合为一个整体，这是传统孝道特有的思维方式。这种思维方式，可以说是遵循和利用人生规律、社会规律的大智慧，几千年来在社会实践和治国理政方面取得了大成效，对中国历史和中国文化作出了大贡献。时至今日，在其现实的借鉴意义上，仍然可以发挥大作用。

论舜文化的中华孝道意蕴

曾长秋

"舜孝感动天"，舜的孝是中国文化之根。在我国辉煌的五千年文明史中，自舜开始，孝文化就是极为重要且最值得骄傲的中华优秀传统文化之一。它维系着中华民族世代相承的血脉，是亿万华夏儿女共有的精神家园。

一 舜文化为孝道文化之源

"孝"作为一个伦理观念正式提出是在西周时期，尽孝的对象是死去的人，这具有一定的宗教形式。在西周人看来，祖先是我辈生命之来源，崇拜祖先就是把生命延续下去。中国最早一部解释词义的著作《尔雅》给"孝道"下的定义是："善事父母为孝。"汉代贾谊的《新书》将"孝道"界定为："子爱利亲谓之孝。"东汉许慎在《说文解字》中释义："善事父母者，从老省、从子，子承老也。"许慎认为，"孝"字是由"老"字省去右下角的形体，和"子"字组合而成的一个会意字。从这里我们可以看出，"孝"的古文字形与"善事父母"之义是吻合的，因而孝就是子女对父母的一种善行和美德，是家庭中晚辈在处理与长辈的关系时应具有的道德品质和必须遵守的行为规范。

春秋战国时期，我国宗法奴隶制"礼崩乐坏"。生逢乱世的孔子认为，要稳定社会秩序，必先稳定家庭，如果不树立父母家长的权威，就无法达到家庭的稳定，进而也就无法稳定社会。所以，孔子提倡"孝"。在孔门弟子中，曾子可谓儒家"孝"理论的集大成者。曾子不仅以其孝行（孝的实践）著称，而且写了我国第一部论述"孝道"的理论著作——

《孝经》。对"孝道"最权威的说法来自孟子,孟子在评价舜帝结婚的事情时说:"不孝有三,无后为大,舜不告而娶,为无后也,君子以为犹告也。"① 从原文能看出,这里的"无后"指的是没有后代。本来娶妻是应当告知父母的,然而舜娶妻却没有告知。舜是古代的圣人,他这样做对不对呢?孟子认为,是可以理解的。因为他娶妻的目的是传后,而传后是最大的孝。尽管舜娶妻没有告知父母,但是在贤明君的眼中,如同告诉了一样。可见,孟子作为儒家学派巨擘,坚持"敬天法祖"的立场,强调敬奉祖先,进而强调"传后"的重要性,亦在情理之中了。

"孝"包含在道德文化之中,舜以"德"著称。他所处的时代是人类社会从蛮荒走向文明的过渡时期,在舜文化出现之前,黄土高原的华夏集团与东海之滨的东夷集团已经融合。在部落联盟的体制沿袭了数千年之后,国家初步形成。作为个体的人,开始走出以氏族公社为单位的小社会,进入了由部落联盟——诸侯国组合起来的"古国"大社会。因此,需要有一种人们能接受和遵守的准则,才能维护各部落之间和人们之间的关系。作为部落联盟首领的舜,身体力行地创造、想方设法地推行各部落都能够遵守的道德规范。对此,中国古代思想家给予了极高评价,如《尚书》记载,"德至舜明。"舜帝"德为先,仁为怀,重教化,苦忧人,只为苍生不为身"。可见,舜文化的实质,就是以舜为代表的道德文化。

解读"舜文化",首先要深刻地认识舜。舜,亦称虞舜或帝舜,有虞氏,姚姓,名重华。他是生活在距今四千多年前中国父系氏族社会晚期的一位部落领袖,《史记·五帝本纪》中记述的"五帝"(黄帝、颛顼、帝喾、尧、舜)之一。在"五帝"中,舜从小孝事父母、友爱弟弟、维护家庭亲睦,以孝悌而广有德声。舜到20岁时,更以"德"著称于世,被各部落推举为尧帝的继承人。尧帝以二女嫁舜,以九男与其相处,并观察舜治家和在社会上为人处事的方法,发现其确有以德感人、弃恶向善的品格,便把帝位禅让给了舜。由于舜处处以身作则、善于用人,不仅治理好了多年的水患,而且使农、工、商和音乐艺术都得到了空前发展,社会上出现了政治清明的气象,后人把这一段历史称为"舜日尧天"。舜在晚

---

① (清)焦循:《孟子正义》,中华书局1987年版,第532页。

年，将治水有功的禹推举为自己的继承人。卸职以后，舜仍以关心百姓为己任，在南巡百越、体察民情的路途中，"崩于苍梧之野，葬于江南九嶷"（今永州市宁远县九嶷山）。

二　舜文化的"孝道"内涵

舜文化产生于我国上古时期，是以舜帝生平事迹为基础扩充而形成的文化体系。舜文化与儒家文化在道德观上有一致性，被孔孟等儒家接受并加以发挥，遂成儒家文化的主体。不过，儒家文化更加精致，以"诚""孝""仁""中""和"为核心范畴，与修身、齐家、治国、平天下之实践途径相结合，构成了一个庞大的思想体系。正如儒家文化并非孔子一人的思想一样，舜文化作为中华传统道德文化之源，亦不是舜一人的"思想"或"文化"，而作为一个"文化代号"有其极为丰富的内涵，是中华民族早期智慧的集中体现。

中国古代的母系社会，社会关系简单而紊乱。东方人类从母系社会向父系社会过渡，经历了一个很长的过程，直至舜时代才得以完善。由于国家初步形成，需要一种共同的规则去约束人们、维系社会、管理国家。舜作为部落联盟的首领，适应了这一需要。舜在生产生活和治理国家中，以仁、孝、德去影响人们，这些规则为人们所推崇，成为"道德"规范。舜尊重家庭，孝顺以悌，身体力行，德行于世，首倡人伦道德之风；舜修身为本，待人诚实，乐于助人，踏实做人，坚持以德为人的标准；舜实施善举，推行五教，举贤任能，用人惟绩，心怀天下。舜持家、为人、治政均以道德为本，为东方人类社会走出童年时代提供了全新的社会规范，成为源远流长的华夏文明极为重要的组成部分。然而，人们对舜文化内涵的认识，往往局限于"舜孝感动天"的故事，而对其他事迹知之较少。其实，舜文化包含了中华传统道德的各个方面。舜提倡的人伦道德、社会道德和政治道德，是今天加强道德教育的好资源。

其一，关于人伦道德。相传，舜的生母早逝，其父瞽瞍娶后母生了弟弟象，父亲及后母和弟弟三番五次想杀害舜。舜却始终以人子之礼孝事父母，友爱弟弟，其孝行感动了苍天，最终感化了父母，舜的事迹也因此被列为中国古代的"二十四孝"之首。除了个人讲究孝行之外，舜履帝位以后，将家庭道德加以规范，使家庭成为构筑文明社会的基本单元，这是人类社会一个了不起的进步。从家庭这个基础社会单元到整个社会生活、法律政治，同样要求有类似的规范和准则。舜以后，无论是奴隶制还是封建制国家，其实质都是"家天下"模式。孝是爱国主义精神的根源，我们可以从舜的家庭道德中溯本求源推及爱他人、爱社会、爱国家。舜所创建的"五常"（父义、母慈、兄友、弟恭、子孝）的教育，不但在当时创造了百姓家庭的和睦生活，而且至今仍被人们所推崇，并放大为爱国主义。

其二，关于社会道德。舜文化表现的社会道德，主要体现在他的为人处世上。舜一生曾务农、制陶、捕鱼、经商等，一贯为人善良，诚信友好，乐于助人。比如，他捕鱼时用破网和直钩。司马迁记载"舜雷泽捕鱼让居"，也就是把好的湖岸让给别人，捕鱼多了也分一些给别的渔民。渔民们尊敬舜的善举，热情地称他为"舜公"。他在寿丘制陶时，工艺精湛、陶形美观，受人们喜爱。许多陶工向舜请教，舜乐于将技术传授他人。当一些陶工贪图利益、粗制滥造时，舜告诫陶工们要诚实守信。由于舜的人格魅力，人们都愿意与舜做邻居，"一年而所居成聚，二年成邑，三年成都。"①

其三，关于政治道德。舜"摄行天子之政"，设立12个州，以不变的刑法告示人民，用放逐来宽恕五刑的罪犯。同时，舜任用高辛氏八个才子（被称为"八元"）担任伦理道德教化官，将"父义、母慈、兄友、弟恭、子孝"宣扬于四方，从而"内平外成"，家庭融洽，社会祥和。为了教化人民，舜还采民风、制箫律、作韶乐，"昔者舜作五弦之琴，以歌南风"②。舜举用贤达之人，经四岳的推荐，选拔禹为司空，负责治河道、"平水土"。通过治理山川，变水患为水利，社会获得了稳定的农耕生产条件。舜还对尧时举用却未授职的22名臣子，量才而用，并对他们每三年考核一次政绩，该降的降，该升的升，初步形成了一套赏罚分明的吏制。舜用人唯德唯才，从"利天下，而不利一人"的大义出发，将与自己有杀父之仇而在治水方面功不可没的禹"荐之于天"，继承帝位。舜心

---

① （汉）司马迁：《史记》，中华书局1982年版，第34页。
② （清）朱彬：《礼记训纂》，中华书局1996年版，第573页。

怀天下，勤政爱民，定五年巡狩之制。最后"舜勤民事而野死"（《国语·鲁语上》），即死在考察路上，葬于九嶷山。

通过分析舜的人伦道德、社会道德和政治道德，我们可知，舜的道德思想的精神内核在于"中和"，强调"和谐"。一是至孝悌爱的家庭和谐。舜始终对父亲、后母至笃孝亲，去世后予以隆重安葬，弟弟象也得到任用。二是"和"以处众的人际和谐。致力于建立和谐的人际关系，不论耕历山、渔雷泽，还是陶河滨，舜都身体力行，做出榜样。三是施行"仁政"的社会和谐。舜以"仁政"治理天下，坚持任用贤才，励行清明政治；实施五品之教，净化社会风气；统一盟族法律，规范社会秩序。四是"协和万邦"的民族和谐。对待三苗这类民族问题，舜采取怀柔政策，以和平方式解决，以实现民族团结，国家统一。五是"天人合一"的自然和谐。注重认识自然现象，把握自然规律，善于利用和改造自然。面对滔滔洪水，舜命令禹治理水土，清除水患。经过长期的艰苦奋斗，终于"披九山，通九泽，决九河，定九州"①。

三　舜文化的当代孝道价值

对舜文化的研究，是 21 世纪以来一个鲜活话题。讲孝道是中华民族的传统美德，当今时代日新月异，父母和儿女往往对事物在认知上有差异，存在代沟，发生矛盾在所难免。我们该怎样讲孝道呢？从舜文化中我们能获得何种启发？

舜在民本思想上，对家庭，舜"敬敷五教"（《尚书·舜典》）；对国民，舜"象以典刑"（《尚书·尧典》）；对三苗，舜"执干羽而舞之"（《尚书·大禹谟》）。《孟子·离娄上》云："天下大悦而将归己，视天下悦而归己犹草芥也，惟舜为然。不得乎亲，不可以为人。不顺乎亲，不可以为子。舜尽事亲之道而瞽瞍厎豫，瞽瞍厎豫而天下化，瞽瞍厎豫而天下之为父子者定，此之谓大孝。"② 舜文化的"德"与"孝"，为我们今天的家庭美德、职业道德、社会美德的建设，直至"以德治国"提供了精神泉源。

---

① （汉）司马迁：《史记》，中华书局 1982 年版，第 43 页。
② （清）焦循：《孟子正义》，中华书局 1987 年版，第 535 页。

弘扬舜文化，有利于提升公民道德。随着我国社会主义市场经济体制的建立和经济全球化时代的来临，人与人之间的社会关系发生了巨大变化，家庭伦理关系受到挑战，人际关系日趋脆弱，人与自然生态更是矛盾重重。舜"和"的思想行为及理念，能够使人们正确地处理家庭、社会的关系。特别是针对当前青少年道德素质（如恪守孝道、诚实守信）缺失，以舜文化为参照加以纠偏，重建青少年的道德教育体系，必定对其道德素质的提高起到重要作用。

古语云，"德者，国家之基也"。德乃做人之首，做人做事必备良好的道德素质。良好的道德素质是个人成长成才的基本条件，现代人才成长理论认为，成才主体的创新活动虽然要以一定的智能水平为基础，但智力因素不是成才的根本原因。人才的成功与否，取决于主体创新人格的形成和发展。纵观世界几千年历史，中华民族之所以历经磨难而生生不息、延绵至今，一个重要原因就在于我们有包括舜文化在内的优良文化传统，有共同的精神家园。

当前，一些不孝老、不敬老的现象比比皆是。例如，经济上啃老，或者把照料孩子等所有家务交给父母；精神上不敬老，或者把父母当成包袱。由于代沟原因，一些人与父母感情淡化。虽然现在老年人经济上相对独立，但子女之孝、亲友之情、天伦之乐是什么也无法替代的。对父母的孝敬，我们要像舜一样，最重要的是能了解父母的心意，常回家看看，给父母以关爱，学习舜的人格情怀，让父母开心幸福。通过孝文化建设，打造当代人文环境，构建和谐人际关系。

当今中国开始步入老龄化社会，养老成为一个大问题。其实，养老和孝道是紧密相连的，在某种程度上是一个问题。孝的基本含义是"善事父母"，包括了"事生"和"事死"两个层面，后者是前者的延伸，表达了子孙对逝去长辈的敬重和思念。"事死"也是传统孝观念的一项重要内容，意思是侍奉死者如同侍奉生者。百善孝为先，立身行道的一切几乎都被看作是孝。"养亲是子女对父母的基本义务，是基于人的报恩观念产生的。每个人都由父母所生，又是经父母的精心照顾而长大成人，这种生命创造及养护的客观事实使人类产生了报恩意识，即在自己的父母年老之后要竭尽全力赡养父母，尽"反哺"义务。传统孝观念不仅要求子女对父母尽奉养的义务，更重要的是子女对父母有敬爱之心。

　　"老吾老以及人之老，幼吾幼以及人之幼"。[①] 孝是形成现代人际关系价值观的渊源，孝道是做人的根本。因为，每一个人都是父母孕育出来的。不但中国人讲"孝道"，连比尔·盖茨也认识到：世间最不能等的不是机会，不是商机，而是孝顺。从逻辑上讲，父母亲是对自己恩情最大的人，又是与自己几十年朝夕相处的人，如果不能爱父母，又怎能爱其他人呢？爱有一个原点、一个核心，爱父母、爱家人是爱他人、爱社会、爱祖国的起点。这个观点西方人也接受，具有普世价值。"人皆可以为尧舜"（《孟子·告子章句下》），就是说孝道不难学到手。回归孝文化，弘扬孝文化是改善当今人际关系的重要抓手。从近代中国对"封建礼教"的批判，对"孝道"的抛弃，到新的历史条件下重新呼唤回归，这是道德建设从起点的再出发。

---

　　① 徐世昌等编纂：《清儒学案》，中华书局 2008 年版，第 5889 页。

论虞舜的家国情怀

吉成名

虞舜，四千多年前的圣君，五帝之一。青年时代便因孝顺父母、友爱弟弟闻名于世，后来被唐尧选定为帝位继承人，成为一位举世景仰的圣君。虞舜无论对家庭还是对国家都充满了炽热的爱，其真挚而深厚的家国情怀既是他事业成功的根本保障，也是他受人爱戴的重要原因，值得我们深入研究。本文对此探讨，就教于专家。

一 虞舜热爱家庭

虞舜，名重华。蒲州河东人。父亲姓妫，盲人，号瞽瞍，名字不详。母亲名握登，她在虞舜幼年时期就去世了。握登去世以后，瞽瞍又娶了一个老婆，生下了象。象就是虞舜的同父异母弟弟。史称："瞽瞍爱后妻子，常欲杀舜，舜避逃；及有小过，则受罪。顺事父及后母与弟，日以笃谨，匪有解。"① 又载："舜耕历山，渔雷泽，陶河滨，作什器于寿丘，就时于负夏。舜父瞽瞍顽，母嚚，弟象傲，皆欲杀舜。舜顺适不失子道，兄弟孝慈。欲杀，不可得；即求，尝在侧。"② 虞舜的父亲瞽瞍既顽固又偏心，后母非常嚣张，弟弟象也十分骄横傲慢，他们都对虞舜非常不好，经常想谋害虞舜。虞舜即使有一点小小的过错，也要受到严厉惩罚。尽管如此，虞舜对父亲和后母总是恭恭敬敬、谨慎小心，尽到了一个做儿子的孝心。他对弟弟象也很友爱。不仅如此，虞舜还非常勤劳，耕田、捕鱼、制

---

① （汉）司马迁：《史记》，中华书局1982年版，第32页。
② 同上书，第132页。

作陶器等，什么活都干，一年四季忙个不停，挣钱养家糊口。

虞舜不仅在出名以前对父母十分孝顺，而且在担任帝的职务以后也是如此，没有因为自己地位的变化而改变对父母的态度。史称："舜之践帝位，载天子旗，往朝父瞽瞍，夔夔唯谨，如子道。"① 他对弟弟象也很好，把他封为诸侯。

虞舜不仅孝顺父母、友爱弟弟，而且对待妻子和奴仆也很好。史称："舜年二十以孝闻。三十而帝尧问可用者，四岳咸荐虞舜，曰可。于是，尧乃以二女妻舜以观其内，使九男与处以观其外。舜居妫、汭，内行弥谨。尧二女不敢以贵骄事舜亲戚，甚有妇道。尧九男皆益笃。舜耕历山，历山之人皆让畔；渔雷泽，雷泽之人皆让居；陶河滨，河滨器皆不苦窳。一年而所居成聚，二年成邑，三年成都。尧乃赐舜絺衣，与琴，为筑仓廪，予牛羊。"② 这就是说，虞舜被四岳推荐给唐尧以后，唐尧把娥皇和女英两个女儿嫁给了虞舜，并且送给他九个奴仆，借此机会对虞舜进行全面考察和培养。虞舜带领这些人在妫河、汭河一带生活，十分谨慎小心。他对妻子和奴仆进行了严格的教育和管理。娥皇和女英对待虞舜的父亲瞽瞍、后母和弟弟也很好，谨守妇道，没有因为自己是唐尧的女儿就以为自己有什么了不起，尽到了做儿媳妇和嫂子的责任。九个奴仆也服从虞舜的管教，忠厚老实，勤勤恳恳。他们一家的所作所为赢得了老百姓的称赞，产生了很好的社会影响。人们纷纷从四面八方会集到虞舜一家生活的地方，使这里的人口数量迅速增加。虞舜对妻子和奴仆的管理卓有成效，唐尧很满意，便将细葛布衣服赐给他，赠琴给他，还为他修筑了粮仓，赏给他很多牛羊。可见，虞舜对家庭的管理是很成功的。

无论是做儿子还是做丈夫，虞舜都是非常称职的，都尽到了自己的责任和义务。他对双亲非常尊敬、恭谨，即使他们对自己不好，他也从不反抗、从不计较，逆来顺受。他对同父异母的弟弟也很有爱，没有因为他对自己不好就嫌弃他、厌恶他，并且以德报怨。他对妻子严格要求，教育她们谨守妇道。他对奴仆也很爱护，没有欺压他们。虞舜之所以能够以孝顺闻名于世，以对家庭的成功赢得了唐尧的信任，其根本原因就是他对家庭充满了爱，心里始终装着亲人。

---

① （汉）司马迁：《史记》，中华书局1982年版，第44页。
② 同上书，第33—34页。

二 虞舜热爱国家

唐尧对虞舜进行了长期的考察和培养，虞舜没有辜负唐尧的期望，表现十分出色，唐尧很满意。"于是，尧乃试典百官，皆治。"[1] 史称："舜年二十以孝闻，年三十尧举之，年五十摄行天子事，年五十八尧崩，年六十一代尧践帝位。"[2] 虞舜任职以后，勤勤恳恳，任劳任怨，取得了突出的政绩，成为中国历史上著名的圣君。

（一）励精图治

据《史记·五帝本纪》记载，虞舜在即帝位以前，主要做了两项工作：第一，建立和完善了各种规章制度。祭祀制度、朝觐制度、巡视制度、礼仪制度、奖惩制度、行政区划制度、刑罚制度和官员考核制度都是虞舜建立起来的，他还完善了历法制度和度量衡制度。第二，流放共工、驩兜，贬逐三苗，诛杀了鲧。惩办这些人以后，既清除了中原地区的不稳定因素，又加强了对边远地区的开发，促进了民族融合。虞舜即帝位以后，主要做了三项工作：第一，重用八恺、八元，使得政通人和、天下大治。虞舜选贤任能，提倡德治，充分调动了各种积极因素，把国家治理得井井有条，内政、外交都取得了重要成就。第二，流放"四凶"，维护了社会稳定。"四凶"指帝鸿氏、少皞氏、颛顼氏、缙云氏的不肖子孙，他们是唐尧时期遗留下来的影响社会稳定的因素。第三，设官分职，建立了考核制度。由于加强了对官员的管理和监督，调动了他们的积极性，这些官员个个恪尽职守、兢兢业业、勤勤恳恳，都取得了很好的政绩。由于虞舜励精图治，大臣们积极配合，中原政权的政治影响不断扩大，已经渗透到了边远少数民族地区。在广大的地域范围之内，人们都亲眼看到了虞舜治理国家的成效。[3] "于是，禹乃兴《九招》之乐，致异物，凤凰来翔。天下明德皆自虞帝始。"[4]《九招》即《九韶》《箫韶》。最后一句话的大

---

[1] （汉）司马迁：《史记》，中华书局1982年版，第34页。

[2] 同上书，第44页。

[3] 参见拙作《虞舜——依法治国的圣君》，《舜文化研究与交流》2016年第1期。

[4] （汉）司马迁：《史记》，中华书局1982年版，第43页。

意是：全国人民认识到德教在治理国家过程中的重要作用是从虞舜开始的。

（二）坚持德主刑辅

虞舜强调德治，坚持德主刑辅，主张以德服人，反对严刑酷法、穷兵黩武。《史记·五帝本纪》曰："于是，帝尧老，命虞舜摄行天子之政，以观天命。……眚灾过，赦；怙终贼，刑。"① 这段话的大意是：如果人们的错误行为没有造成严重后果，就赦免他们，不定罪；如果屡教不改，罪行严重，就判刑，给予严厉惩罚，以儆效尤。这就说明：虞舜用刑很慎重，主张对犯错误的人以教育为主，强调德主刑辅。不仅如此，虞舜对少数民族也采取以德服人的办法。《韩非子·五蠹篇》曰："当舜之时，有苗不服，禹将伐之，舜曰：'不可！上德不厚而行武，非道也。'乃修教三年，执干戚舞，有苗乃服。"②《吕氏春秋·上德》曰："三苗不服，禹请攻之，舜曰：'以德可也。'行德三年，而三苗服。"③ 当时生活在苍梧地区的居民是南蛮（很可能是今瑶族的祖先）。后来虞舜巡视苍梧，就把德教带到了这里，得到南蛮的拥护，既促进了民族融合，又推动了苍梧地区经济和文化发展。

（三）作《南风歌》

虞舜关心民间疾苦，为国富民强殚精竭虑。运城盐池（古代称为"解池"）的池盐生产与南风的关系非常密切。人们将卤水引入盐田以后，曝晒数日，只要南风吹来，一个晚上就可以结晶成盐。④ 运城盐池是北方最大的盐池，是中国古代最重要的池盐产地。这里的池盐生产不仅可以解决北方广大地区食盐供应问题，而且可以给池盐生产者和盐商带来巨大财富，还可以为政府提供相当可观的财政收入。从现有的文献记载来看，这里的池盐生产至少可以追溯到四千多年前的虞舜时期，我们从虞舜创作和

---

① （汉）司马迁：《史记》，中华书局1982年版，第24页。
② （秦）韩非：《韩非子》，上海古籍出版社1989年版，第153页。
③ （秦）吕不韦：《吕氏春秋》，岳麓书社1989年版，第172页。
④ 柴继光：《潞盐生产的奥秘》，载《运城盐池研究》（续编），山西人民出版社2004年版，第118—128页。

弹唱《南风歌》便可以看出这一点。史载："舜恭己无为，歌《南风》之诗，诗曰：南风之时兮，可以阜吾人之财兮；南风之熏兮，可以解吾人之愠兮。"① 这就是说：南风吹来的时候，不仅解除了高温天气给人们造成的酷热，而且促使卤水快速结晶成盐，为人们带来了巨大财富。可见，虞舜对南风很期待。他的心里始终装着老百姓，始终牵挂着国家，经常忧国忧民。

（四）遵守禅让制度

五帝时代，帝位继承人一般是从现任领导人的子孙后裔中挑选的。据《史记·五帝本纪》记载，颛顼便是黄帝之孙、昌意之子，喾为黄帝曾孙、颛顼族子。如果继承人不称职，还可以马上更换。例如，喾去世后，其长子挚继承了帝位。《史记·五帝本纪》曰："帝喾崩，而挚代立。帝挚立，不善，而弟放勋立，是为帝尧。"② 可见，挚继承帝位以后，工作不称职，人们便将其免职，另立唐尧为帝。唐尧时期，帝位继承制度得到发展，出现了禅让制度。该篇又曰："尧知子丹朱之不肖，不足授天下，于是乃权授舜。授舜，则天下得其利而丹朱病；授丹朱，则天下病而丹朱得其利。尧曰'终不以天下之病而利一人'，而卒授舜以天下。"③ 可见，唐尧不把帝位传给自己的儿子丹朱，而是传给德才兼备的女婿虞舜，禅让制度初步形成。虞舜继承和发展了帝位禅让制度，他没有把帝位传给自己的儿子商均，而是传给治水有功的大臣夏禹。该篇又曰："舜子商均亦不肖，舜乃荐禹于天。十七年而崩。三年丧毕，禹亦乃让舜子，如舜让尧子。诸侯归之，然后禹践天子位。"④ 虞舜把帝位传给跟自己没有任何血缘关系的夏禹，表现了大公无私的优秀品质，赢得了数千年以来人们的一致称赞。

（五）因公殉职

《史记·五帝本纪》曰："（舜）践帝位三十九年，南巡狩，崩于苍梧

---

① （唐）杜佑：《通典》，中华书局 1988 年版，第 3698 页。
② （汉）司马迁：《史记》，中华书局 1982 年版，第 14 页。
③ 同上书，第 30 页。
④ 同上书，第 44 页。

之野。葬于江南九嶷，是为零陵。"①《国语·鲁语》曰："舜勤民事而野死。"② 虞舜勤于政事，日日夜夜为国家大事操劳，虽然年事已高，却丝毫没有懈怠，在巡视苍梧时不幸逝世，因公殉职。

从以上论述可以看出，虞舜热爱国家，勤政爱民，鞠躬尽瘁，死而后已，取得了突出的政绩，赢得了各族人民的衷心爱戴。

虞舜对于国家的热爱并不是与生俱来的素质，而是他在成长和工作过程中逐渐形成的优秀品质。他对家庭那么热爱，较好地处理了自己与其他家庭成员之间的关系。他对国家的热爱就是由对家庭的热爱这种美好情感发展而来的。这些美好情感是他治理国家取得辉煌成就的根本保障。

三　结　语

虞舜无论对家庭还是对国家都充满了炽热的爱，其真挚而深厚的家国情怀是他事业成功的根本保障。数千年以来，虞舜一直受到人们的景仰和爱戴，不仅因为他治理国家很成功、政绩很突出，而且因为他热爱家庭、热爱国家，具有真挚而深厚的家国情怀，为人们树立了榜样。

---

① （汉）司马迁：《史记》，中华书局 1982 年版，第 44 页。
② （战国）左丘明：《国语》，上海古籍出版社 1978 年版，第 166 页。

试谈舜帝时代的文化成就

张泽槐

舜帝时代是中华文明起源的重要时期。这一时期，无论是在物质生活、社会管理方面，还是在文化艺术方面，均有诸多建树。其中，在文化建设方面，最重要的就是初步形成礼法，在祭礼、凶礼、宾礼等方面有所规范；音乐得到发展，可以制作多种乐器，并且有了《箫韶》等乐章；绘画已经比较流行，文字也已经出现；人们对天文历法已经有初步认识。这些都对中华文明的形成与发展产生了深远影响。

一　舜帝时代的仪礼

中国为礼仪之邦，仪礼起源甚早。《尚书大传·略说》："黄帝始……礼文法度，兴事创业。"《白虎通义》："黄帝始作制度，得其中和，万世常存。"二者均认为黄帝是礼法制度的创立者。唐代孔颖达在《礼记正义》中，根据古史传说和纬书残篇，详细论述五礼产生的时代和经过："案谯周《古史考》云：'伏羲制嫁娶以俪皮为礼。'则嫁娶嘉礼始于伏羲也。案《帝王世纪》云：'神农始教天下种谷，故人号神农。'案《礼运》云：'夫礼之初，始诸饮食，燔黍捭豚，污尊而饮，蒉桴而土鼓。'既云始诸饮食，致敬于鬼神，则祭祀吉礼起于神农也。又《史记》云：'黄帝与蚩尤战于涿鹿。'则有军礼也。《易·系辞》黄帝九事云：'古者葬诸中野。'则有凶礼也。又《论语撰考》云：'轩知地利，九牧倡教。'既有九州之牧，当有朝聘，是宾礼也。若然，自伏羲以至黄帝，吉、凶、宾、军、嘉五礼始具。皇氏云：'礼有三起，礼理起于太一，礼事起于燧皇，礼名起于黄帝。'"① 按孔颖达的说法，在黄帝以前，就已经有"礼理"（产生礼仪的原因）、"礼事"（礼仪活动），但没有形成"礼名"（礼仪名称），到黄帝时代才有了各种礼仪名称。尧舜时代，仪礼得到发展和完善。

（一）舜帝时代的祭礼（吉礼）

祭礼，又称吉礼，即祭祀礼仪。尧舜时代，祭礼是最原始的礼制。祭祀的对象，最先为上帝天神。后来祭拜的范围进一步扩大，五岳，四渎（长江、黄河、淮河、济水），丘陵，坟衍也成为祭祀对象。同时，祭祀祖先的制度也出现了。祭祀的方式有类、禋、望等。"类"，是当时祭天名称。它不是一种规定的祭祀制度，而是一种非常规的祭祀方法，时间上具有不确定性。《礼记·王制》："天子将出，类乎上帝。"上帝，就是天帝。类于上帝，就是祭祀天帝。禋，一种升烟祭天的祭祀仪式，《说文》解释为"絜祀也，一曰精意以享为禋"。望祀，为一种遥望祭祀的仪式。尧舜时代祭祀的规模比较大。山西襄汾陶寺遗址中发现有祭祀区，祭祀区内发现大型单体建筑，其形状奇观，规模宏大，结构复杂，集观测与祭祀功能于一体②。

舜帝非常重视祭祀。舜帝摄政后所做的第一件事，就是"在璇玑玉衡，以齐七政。遂类于上帝，禋于六宗，望于山川，辩（一作徧）于群神。"③ 所谓"在璇玑玉衡，以齐七政"，即观察北斗七星的变化，使国家实行的各项政策措施与北斗七星的变化相适应。关于璇玑玉衡，古有二说：一说北斗七星。北斗七星的名称是天枢、天璇（或作天璿）、天玑、天权、玉衡、开阳、摇光（或作瑶光）。前四星叫斗魁，又名璇玑，后三星叫斗杓或斗柄。一说我国古时测量天体坐标的仪器。"在"，观察。"在璇玑玉衡"即观察天象。舜帝"摄行天子之政"之初，就急急忙忙去观察天象，以使自己采取的治国举措符合天象的变化，符合天意。所谓"遂类于上帝，禋于六宗，望于山川，辩于群神"，就是祭天帝，祭六宗，

---

① 参见（清）阮元《十三经注疏》，中华书局1990年版，第1223—1224页。

② 中国社科院考古研究所山西队、山西省考古研究所、临汾市文物局：《陶寺城址发现文化中期墓葬》，《考古》2003年第9期。

③ （汉）司马迁：《史记》，中华书局1982年版，第24页。

祭山川，祭群神。六宗，为古时所尊祀的六神。关于六宗，汉以来有多种说法。有谓天、地、四时，有谓天、地、四方，有谓水、火、雷、风、山、泽，有谓日、月、星、河、海、岱，有谓星、辰、司中、司命、风师、雨师，等等。《今文尚书》欧阳、夏侯认为："六宗者，上不及天，下不及地，旁不及四时，居中央，恍惚无有，神助阴阳变化，有益于人，故郊天并祭之。"① 禋于六宗，就是祭祀六神。望于山川，就是采取望祀方式祭祀山川。辩于群神，就是将自己摄天子之位一事告知于各路神灵。

在祭礼天帝、山川诸神的同时，尧舜时代已经出现祭祀祖先的礼制。《史记·五帝本纪》："舜受终于文祖。文祖者，尧大祖也。"《史记集解》郑玄曰："文祖者，五府之大名，犹周之明堂。"《史记索隐》引《尚书帝命验》云："五府，五帝之庙，苍曰灵府，赤曰文祖……唐虞谓之五府，夏谓世室，殷谓重屋，周谓明堂，皆祀五帝之所也。"《尚书·舜典》载："归，格于艺祖，用特。"这些表明，舜帝继承尧帝的帝位后，要祭祀尧帝的先祖。舜帝每次巡狩四岳回来后，都要用特（公牛）来祭祀祖先。

（二）舜帝时代的凶礼

凶礼亦称丧礼，是哀悯唁忧患之礼。《周礼·春官·大宗伯》："以凶礼哀邦国之忧。"尧舜时代，除了祭祀天神、地祇、人鬼的吉礼外，凶礼也已经出现。《尚书·尧典》："二十有八载，帝乃殂落。百姓如丧考妣。三载，四海遏密八音。"② 这一记载表明，尧舜时丧礼已经存在，以丧礼哀死亡。

墓葬是丧礼的组成部分。尧舜时代，墓葬已经有较为固定的规定，按照一定的礼仪制度进行。这从陶寺遗址的考古资料中可窥见一斑。当时人死后，一般要用麻类纺织物殓尸。墓塘为长方形，其木棺视死者生前贫富而定，中型墓葬有葬具。棺内底板上铺网状麻类纺织物，死者裹以平织物，富有者还在棺盖上覆麻类纺织物一层，两侧垂于棺底。用麻绳束棺。少数墓发现撒朱砂或涂朱砂现象，包括部分没有葬具的墓，这反映了人们原始的宗教意识。从葬式上看，几乎所有的墓都是仰身单人葬，大都头向

---

① （清）皮锡瑞：《今文尚书考证》，中华书局1989年版，第50页。
② 同上书，第69—70页。

东南①。墓葬中有随葬品，大型墓的随葬品种类丰富，而中小型墓中的随葬品却相当少，有的小型墓无随葬品。随葬品的摆设有一定布局。一般来说，死者的右侧主要放置炊具和饮食器具，左侧主要放置乐器、工具、武器、玉器等。装饰品的摆放也有一定的习俗，如梳、笄、头饰都放在头顶，琮或臂环套在或放在右臂尺骨、桡骨上等。到陶寺文化中期，早期大墓习见的世俗隐患、木器、石礼器等器物减少，随葬器更多的是玉器、漆器和彩绘陶器②。

（三）舜帝时代的宾礼

宾礼，接待宾客之礼。《周礼·春官·大宗伯》云："以宾礼亲邦国。"舜帝时代，宾礼也已经出现。舜帝摄政之前，曾经在明堂四门外迎接部落首领。《尚书·尧典》载："宾于四门，四门穆穆。""既月乃日，觐四岳群牧，班瑞于群后。"更能详细反映宾礼的是"五载一巡狩，群后四朝"。《史记集解》引郑玄曰："巡狩之年，诸侯见于方岳之下。其闲四年，四方诸侯分来朝于京师也。"这则材料提供了舜帝时代的朝觐和会同之礼。朝觐指四方首领轮流去拜见舜帝，其名称为"春见曰朝，夏见曰宗，秋见曰觐，冬见曰遇"③。会同之礼指舜帝在巡狩之年，四方首领同时到"方岳"拜见舜帝。

二　舜帝时代的乐舞

音乐和舞蹈是紧密关联的艺术形式，合称乐舞。音乐又与礼制密切相关，合称礼乐。黄帝时代已有乐舞。《吕氏春秋·古乐》："昔黄帝令伶伦作为律。"《路史·后纪五》罗泌引《晋志》："黄帝作律。"《云笈七签·轩辕本纪》："容成子有道，知律者，教黄帝以五十弦。"《初学记》卷九引《归藏·启筮》："黄帝杀之（蚩尤）于青丘，作《鼓之曲》十章。"

---

① 中国社科院考古研究所山西队、山西省考古研究所、临汾地区文化局：《陶寺遗址1978—1980年山西襄汾陶寺草地发掘简报》，《考古》1983年第1期。
② 中国社科院考古研究所山西队、山西省考古研究所、临汾市文物局：《陶寺城址发现陶寺文化中期墓葬》，《考古》2003年第9期。
③ （清）孙诒让：《周礼正义》，中华书局1987年版，第1348页。

到舜帝时代，音乐得到很大发展，形成了完整的礼乐制度。

（一）舜帝时代的乐制

尧舜时代，音乐被赋予特定意义，并具有一定社会功能。《礼记·乐记》："律之小大之称，比始终之序，以象事行，使亲疏、贵贱、长幼、男女之理皆形见于乐。"《郭店楚简·唐虞之道》："礼，守乐孙民教也。"舜帝本身就是一个音乐高手，并对礼乐的教化作用有着极其深刻的认识。因此，舜继帝位后，命夔掌管音乐，并对音乐提出了具体准则与要求。《尚书·尧典》载："帝曰：'夔，命汝典乐，教胄子。直而温，宽而栗，刚而无虐，简而无傲；诗言志，歌永言，声依永，律和声。八音克谐，无相夺伦，神人以和。'夔曰：'於予击石拊石（郑玄认为：石，磬也），百兽率舞。'"① 夔制定音乐的说法，《世本》中也有相关记载。

（二）舜帝时代的乐器

从古代文献典籍记载和考古发现看，舜帝时代的乐器主要有钟、磬、鼓、琴、瑟、箫等。古代文献中，多有尧舜大臣制作乐器的记载。如《礼记·明堂位》："垂之和钟。""叔之离磬。"《世本》："无句（一作毋句）作磬。"《艺文类聚》："夷作鼓。"除此之外，当时的乐器还有琴、瑟。《史记·五帝本纪》载："尧乃赐舜绤衣与琴，为筑仓廪，予牛羊。"这是尧赐舜的琴，后来瞽瞍和象谋害舜后，象就想占有舜的琴。《尚书·皋陶谟》："夔曰戛击鸣球、搏拊、琴瑟。"这是当时用琴的明证。舜帝的父亲瞽瞍是一位乐师，也是一位乐器制作者。《吕氏春秋·古乐》载："瞽瞍乃拌五弦之瑟，作以为十五弦之瑟。"这反映当时使用的乐器有瑟。史料还记载舜发明了箫。《世本》载："舜造箫，其形参差象凤翼，长二尺。"

尧舜时代乐器的存在，在考古发掘中得以印证。据中国社会科学院考古研究所山西工作队、临汾地区文化局《1978—1980 年山西襄汾陶寺草地发掘简报》（《考古》1986 年第 9 期）记载，陶寺遗址大型墓葬中出土大量乐器，如异形陶鼓、石磬和鼍鼓。石鼓系青灰色石灰岩打制

---

① （清）皮锡瑞：《今文尚书考证》，中华书局 1989 年版，第 82—84 页。

而成，上端两面对钻一孔，通长80厘米。鼍鼓为鳄鱼皮蒙鼓，鼓身竖立桶形，由树干挖制而成，外壁着彩绘，鼓腔内还常发现一些黑褐色低温陶的小圆锥体，起调音作用。展开陶器形似长颈葫芦，筒状高颈，圆鼓腹，腹底中央凸出一孔，周围又有三小孔，颈、腹之间置双耳。这种器物上下口连通，在大型墓葬中每每与鼍鼓、石磬同出，可能是古文献中"以瓦为匡"的"土鼓"。这些乐器的出土，真实反映当时礼乐制度的存在。

（三）舜帝时代的乐章

除乐器制作发明外，舜帝时代还有专门的乐章。《吕氏春秋·古乐》载："舜立，命延乃拌瞽瞍之所为瑟，益之八弦，以为二十三弦之瑟。帝舜乃令质修《九招》《六列》《六英》，以明帝德。"《尚书·皋陶谟》则记舜时乐章为《箫韶》："箫韶九成，凤凰来仪。"《箫韶》亦即《九招》。《史记·五帝本纪》载："于是禹乃兴《九招》之乐。"《索隐》云："'招'，音'韶'，即舜乐《箫韶》。九成，故曰《九招》。"

舜时不仅有乐章，而且舜帝还亲自演奏《南风歌》。《史记·乐书》载："昔者舜作五弦之琴，以歌《南风》。"张守节《史记正义》云："《世本》'神农作琴'，今云舜者，非谓舜始造也，改用五弦琴，特歌《南风》，始自舜也。"舜唱《南风》之歌，又见于《韩非子》《淮南子》《越绝书》《说苑·建本》《孔子家语》《礼记·乐记》等古代文献。《南风歌》的内容，见于《孔子家语·庙制》："昔者舜弹五弦之琴，造《南风》之诗，其诗曰：'南风之薰兮，可以解吾民之愠兮；南风之时兮，可以阜吾民之财兮。'"

三　舜帝时代的绘画与文字

尧舜时代，绘画得到很大发展。相传舜帝同父异母的妹妹敤首是当时杰出画家，并被后世奉为画祖。在绘画发展的同时，文字也有很大发展。

(一) 舜帝时代的绘画

中国绘画的最早遗迹，可上溯到远古的岩画和繁荣于新石器时代彩陶器上的装饰纹样。黄河上游、中游是彩陶繁盛的地区。这一时期的绘画，主要见于彩陶和木器上。据中国社科院考古研究所山西工作队、临汾地区文化局《1978—1980年山西襄汾陶寺草地发掘简报》(《考古》1986年第9期) 记载，从陶寺出土的陶器来看，彩陶是在陶器烧成后进行绘画。制作彩陶一般是以黑色陶衣为底，上施红、黄、白彩。陶器上制作的花纹也多种多样，有圆点纹、条带纹、几何形纹、涡纹、回纹、龙纹、变体动物纹等。陶寺墓葬出土的陶壶，一般在肩部施以彩绘，肩部以磨光黑陶衣为地，或者用红、白色进行彩绘；或者用红、黄色彩相间绘出圆点勾卷纹。陶瓶彩绘在颈、肩和上腹施以红色为底色，用白彩勾画图案，或者用红、白相互映托形成图案。陶盆在上腹着磨光黑陶衣为地，用红、白色进行几何图案的绘画。陶寺遗址草地中还出土了彩绘蟠龙的陶盘。外壁饰隐线绳纹，内壁磨光，以红、白彩绘一条卷屈身、双行鳞甲、有鳍、张口露齿、嘴衔羽毛的龙图案。该图案线条匀称、图像为平涂，不仅是迄今中原地区有关龙图像的最早标本，龙的图像具有特定的社会意义，同时也是一件具有重要意义的艺术精品。

陶寺遗址出土的木器，主要是在器身外壁上进行彩绘，绘图时多以红彩为地，以白、黄、黑、蓝、绿等色绘出图案。也有一部分器物只用红色进行彩绘，而且彩绘构图已有规划，线条婉转流畅，显出一定功力。"木器上面的彩绘花纹，与仰韶彩陶花纹迥然不同，已经图像化、抽象化，甚至有些神秘的韵味。"[1]

相传舜帝同父异母的妹妹敤首，是舜帝时代的杰出画家，也是中国历史上记载最早的以画入史的画家，被奉为中国画祖，又称画嫘。明朱谋垔《画史会要》说："画嫘，舜妹也。画始于嫘，故曰'画嫘'。"《汉书·古今人物表》里亦有记载：敤首舜妹。《列女传》盛赞她善画，"造化在心，别具神技"。

---

① 中国社科院考古研究所山西工作队、临汾地区文化局：《1978—1980年山西襄汾陶寺草地发掘简报》，《考古》1986年第9期。

（二）舜帝时代的文字

中国文字创制大约始于黄帝时代。《拾遗记·卷一》："黄帝……始造书契。"《韩非子·五蠹》则说："古者仓颉之作书也，自环者谓之私，背私谓之公，公私之相背也，乃仓颉固以知之矣。"《论衡·订鬼》云："及仓颉造书，鬼夜哭。"到尧舜时代，文字逐步趋于成熟。1984 年，在陶寺遗址考古发掘中，出土一只残破扁壶，上有红色印迹，赫然现出一个类似甲骨文中"文"字的符号。随后，又在扁壶背面发现一个奇怪符号。后来，考古工作者在不同的遗址，分别发现与毛笔朱书同一时期的文字。经李健民、何驽、王连成、高炜等众多考古学家、文字学家考证，陶寺遗址出土扁壶上的毛竹朱书"文"字，与甲骨文非常接近，是比较成熟的文字。这一发现，将中国的成熟文字系统提前到四千年以前，比商代甲骨文提前八百多年。证明早在甲骨文之前，中国已有比较成熟的文字。同时，陶寺扁壶朱书的考古发现，也填补了从仓颉造字到甲骨文形成之间的历史空白。

从"以和为贵"到"以德服人"：
古代文献所见舜孝子形象的建构与演变

李　斯

虞舜之道的内涵十分丰富，就道德层面而言，表现为孝悌、谦和、诚信和仁爱；就政治层面而言，表现为重民、尚贤和尚德。千载以降，人们推崇与宣扬虞舜之道，其原因不是偶然的。虞舜文化的核心思想不仅对儒家文化的主体思想及理论体系有着直接影响和塑造作用，而且与中华文化核心价值观一脉相承，对于我们今天如何更好地构建和谐社会，也具有重要的借鉴意义与参考价值。如果仔细考察古代文献中关于舜孝子形象的记载，不难发现其演变趋势的复杂性和多元化。这种变化，或许也很容易使人联想到顾颉刚先生关于中国古史的"层累说"。从古代文本和传说故事的变迁比较入手进而加以考察，可能有助于推进舜孝子形象与舜文化发展的相关认识。

一　"层累说"与早期文献当中的舜形象

"古史辨"派代表人物、著名历史学家、民俗学家顾颉刚先生，曾在20世纪20年代对中国古史及传说有过系统整理，进而发表"古史是层累地造成"① 的学说，认为古代的史实记载多由神话转化而成。"层累地"造成的中国古史说概括起来主要有三点：第一，"时代愈后，传说中的古史期愈长"；第二，"时代愈后，传说中的中心人物愈放大"；第三，"我

① 顾颉刚：《与钱玄同先生论古史书》，《读书杂志》1923 年第 9 期。

们在这上，即不能知道某一件事的真确的状况，至少可以知道某一件事在传说中的最早的状况。"关于舜的记载，顾颉刚先生根据春秋晚期的两篇铭文，说春秋时期人"都不言尧舜""最古的人王只有禹"。① 同时，他认为禅让说起源于墨家，其失误之处在于以孟子、荀子对禅让的态度代表了战国时代整个儒家的态度，并且认为儒家著作中完全肯定禅让的内容，都只能出自荀子之后受墨家影响的儒家之手。因此，关于尧、舜、禹的德行及其"禅让"记载，可能主要出自后世儒家学者的建构。

尽管"层累说"从问世之初就受到众多学者质疑②，但直到今天在学界仍有一定影响。特别是顾颉刚先生所总结的古圣先王形象演变规律："古史传说中的帝王都有神性，都是从神演化为人，古书中所讲的古史，是由不同时代的神话传说一层一层地积累起来的，神话传说发生时代的先后次序，也和古书所记载的古史系统排列的先后恰恰相反。"③ 为此，他又举出虞舜的例子，说："如舜，在孔子时只是一个'无为而治'的圣君，到《尚书·尧典》就成了一个'家齐而后国治'的圣人，到孟子时就成了一个孝子的模范了。"④ 不可否认的是，早期儒家学说与虞舜的联系确实较为紧密，文献多有涉及。《礼记·中庸》曾提道："仲尼祖述尧舜，宪章文武；上律天时，下袭水土。辟如天地之无不持载，无不覆帱，辟如四时之错行，如日月之代明。万物并育而不相害，道并行而不相悖，小德川流，大德敦化，此天地之所以为大也。"⑤ 《孟子·滕文公上》亦云："孟子道性善，言必称尧舜。"由此可见，虞舜之道乃是以孔子和孟子为代表的先秦儒家最直接的思想源头。

尧、舜同是先秦时期儒墨两家推崇的古圣先王。而舜对于儒家，又有特别的意义。儒家的学说重视孝道，舜的传说也是以孝著称，所以他的人格形象正好作为儒家伦理学说的典范。孟子继孔子之后对儒学的发展有巨

① 顾颉刚：《古史辨》，上海古籍出版社1982年版，第264—267页。
② 参见张荫麟《评近人对于古史之讨论》；陆懋德《评顾颉刚〈古史辨〉》；绍来《整理古史应注意之条件——质顾颉刚的〈古史辨〉》，参见顾颉刚《古史辨》上海古籍出版社1982年版。近来有学者提出张荫麟先生所说的"默证"，是一个伪命题，参见彭国良《一个流行了八十余年的伪命题——对张荫麟"默证"说的重新审视》，《文史哲》2007年第1期。
③ 顾颉刚：《与钱玄同先生论古史书》，《读书杂志》1923年第9期。
④ 同上。
⑤ （宋）朱熹：《四书章句集注》，中华书局1983年版，第37页。

大贡献，他极力推崇舜的孝行，而且倡导人们努力向舜看齐，做舜那样的孝子。《孟子·离娄下》："舜人也，我亦人也。舜为法于天下，可传于后世，我由（犹）未免为乡人也，是则可忧也。忧之如何？如舜而已矣。"①他甚至设想，舜为天子，而瞽瞍杀人被捕，舜虽不会利用权力破坏刑律而将其赦免，但一定到监狱里偷偷地把父亲背出来，一起逃到海滨，过无忧无虑的日子，为了共享天伦之乐而忘掉天子的地位。由于儒家的宣传，有关舜的传说事迹在中国文化传统中留下极深刻的影响。但是，如果仅仅因为这些就认为舜的形象出自后世儒家的"建构"，未免有些"推论过当"。由于顾颉刚先生所处的时代，尚不能见到很多相关考古资料，所以对于他由古史传说整理而得出的"层累说"，或许不应过多苛求。事实上，顾先生所说春秋时期及其之前的人"都不言尧舜"，并不符合后来的考古信息认知。上海博物馆藏战国楚竹书《容成氏》："舜有子七人，不以其子为后，见禹之贤也，而欲以为后。"郭店楚简《唐虞之道》："唐虞之道，禅而不传。"这些竹书都在荀子之前成书，甚至早于孟子。因此有学者指出：不仅墨家主张禅让，儒家也鼓吹禅让，禅让说是战国早期普遍的社会思潮，并非某家专有。战国时期，学派间相互攻讦，墨家、儒家都认可尧舜禹禅让，可见禅让当有一定史实依据，并非墨家凭空杜撰。② 近年来又有学者根据新出考古资料，系统地梳理"层累说"的相关逻辑及论据，认为其说"恐难成立"。③ 笔者也曾撰文加以讨论。不过"层累说"的研究者大多认为，顾先生探索中国系统信史起点的这种学术自觉，"仍然是很有学术意义的。"

有学者总结了古代文献关于舜的记载，认为舜帝形象历来"较为复杂"，至少包括"三张面孔"：实实在在的历史人物；神话传说中包含幻想与想象的主人公；诸子百家所阐释的文化符号。④ 应当说这一评价是公允且合乎历史事实的。尽管舜的"孝子"形象确有如顾颉刚先生所说"层累地"构成因素，但不容否认的是，其基本故事情节的确立时间是比

---

① （清）焦循：《孟子正义》，中华书局 1987 年版，第 596 页。

② 刘光胜：《在主观与客观之间——从顾颉刚难题到层累说的变型》，《学术探索》2009年第 6 期。

③ 李锐：《由新出文献重评顾颉刚先生的"层累说"》，《人文杂志》2008 年第 6 期。

④ 周甲辰：《舜帝形象的文化蕴含与历史影响》，《船山学刊》2011 年第 2 期。

较早的。关于舜的出身及孝行，《史记·五帝本纪》记载较为详细：

> 虞舜者，名曰重华。重华父曰瞽叟，瞽叟父曰桥牛，桥牛父曰句望，句望父曰敬康，敬康父曰穷蝉，穷蝉父曰帝颛顼，颛顼父曰昌意：以至舜七世矣。自从穷蝉以至帝舜，皆微为庶人。
>
> 舜父瞽叟盲，而舜母死，瞽叟更娶妻而生象，象傲。瞽叟爱后妻子，常欲杀舜，舜避逃；及有小过，则受罪。顺事父及后母与弟，日以笃谨，匪有解。
>
> 舜，冀州之人也。舜耕历山，渔雷泽，陶河滨，作什器于寿丘，就时于负夏。舜父瞽叟顽，母嚚，弟象傲，皆欲杀舜。舜顺适不失子道，兄弟孝慈。欲杀，不可得；即求，尝在侧。①

由此可见舜的家世甚为寒微，虽然是帝颛顼的后裔，但五世为庶人，处于社会下层。舜的遭遇更为不幸，父亲瞽叟，是个盲人，母亲很早去世。瞽叟续娶，继母生弟名叫象。舜生活在"父顽、母嚚、象傲"的家庭环境里，父亲心术不正，继母两面三刀，弟弟桀骜不驯，几个人串通一气，必欲置舜于死地而后快；然而舜对父母不失子道，十分孝顺，与弟弟十分友善，多年如一日，没有丝毫懈怠。舜在家里人要加害于他的时候，及时逃避；稍有好转，马上回到他们身边，尽可能给予帮助，身世如此不幸，环境如此恶劣，虞舜却仍旧想以仁义孝悌之心感化家人，不让父母背上恶名。及至舜登帝位，回家拜见父母，仍然非常恭敬，未敢有丝毫懈怠，表现了崇高的仁德秉性。

清华大学所藏战国竹简中有《保训》篇，其主要内容为周文王临终前对太子（周武王）的遗言，其中提到了两段历史故事，一则便与虞舜有关。简文说："昔舜旧作小人，亲耕于历丘，恐求中，自稽厥志，不违于庶万姓之多欲。厥有施于上下远迩，乃易位迩稽，测阴阳之物，咸顺不扰。舜既得中，言不易实变名，身滋备惟允，翼翼不懈，用作三降之德。帝尧嘉之，用受厥绪。"舜家境清贫，故从事各种体力劳动，经历坎坷。他在历山耕耘种植，在雷泽打鱼，在黄河之滨制作陶器，在

---

① （汉）司马迁：《史记》，中华书局 1959 年版，第 31—32 页。

寿丘制作家用器物,还到负夏做过小本生意,总之生计艰难,颠沛流离,为养家糊口而到处奔波。舜为家庭生计而四处奔波的辛苦经历,应该是能够得到传世文献印证的历史事实。简文所谓"求中"与"得中",李学勤先生认为便是"中道"①。《保训》简文说的是舜怎样从客观实际出发,通过不断努力以求取"中道"。"中道"内涵十分丰富,就家庭伦理层面而言,表现为孝悌、谦和、诚信和仁爱。所谓"中",即言行合乎准则。就个人而言,是要克己复礼,合于规范。一个人只有先从自身求取"中道",进而家庭和谐,才能最终使得社会和谐。

二 后世典籍与传说故事对舜孝子形象的再塑造

自司马迁以降,历代文献对《史记·五帝本纪》中有关舜的记载又有扩展和补充。例如,汉代刘向编《列女传》"有虞二妃"条,涉及舜家庭关系的基本梗概便已稍有不同:

> 舜父顽母嚣,象敖游于嫚。母憎舜而爱象。尧妻以二女,以观厥内。二女助舜耕种,思尽妇道。瞽瞍与象欲谋杀舜,使涂廪。舜告二女,舜从二女言,不死。象与父母复欲害舜,使舜浚井。舜复告二女。舜潜出不死。杀舜不成,瞽瞍欲以毒酒害舜。舜告二女。舜往饮而不死。舜践帝位,封象于有庳。事瞽瞍犹若焉。

不难发现,《史记·五帝本纪》与刘向《列女传》的文本虽应同源,但后者的叙事结构和故事情节已有丰富和变异。例如,有意加入"二妃"的智慧叙述,虽然没有详细描写,但暗示舜之所以能安然逃脱实有赖于二妃的帮助。特别是当中加入的"难题考验"情节,有学者以为也深具世界性的民俗学意蕴。论者以为:"如果从文化人类学角度去追寻《难题考验》母题的渊源,我们会发现早期人类的生存方式就常常与考验密不可

---

① 李学勤:《重说〈保训〉》,《深圳大学学报》(人文社会科学版)2014年第1期。释文参见清华大学出土文献研究与保护中心《清华大学藏战国竹简〈保训〉释文》,《文物》2009年第6期;李学勤《论清华简〈保训〉的几个问题》,《文物》2009年第6期。

分。在舜所处的原始社会时期，部落首领必须经过一系列严峻的考验，才能取得资格。"① 在人类漫长的发展史中，人在宇宙生存中的基本处境就是与各种对立力量进行永无休止的斗争。这一点也在家庭生活中常有体现。例如在婚俗中，人们向求婚者提出难题来加以考验，同样是司空见惯的事情。传统儒家所谓"修身、齐家、治国、平天下"的人生追求与理想境界，其实就是通过一次次艰苦磨炼的矛盾冲突来达成的。正所谓："天将降大任于斯人也，必先苦其心志，劳其筋骨，饿其体肤，空乏其身。"故有学者认为："如果说《五帝本纪》是舜孝传说文本代表的早期形态，那《列女传》就可算是舜孝传说文本代表的中期形态。"② 从文本比较和史实考证的角度来说，这一论断应当是可以成立的。值得注意的是，《列女传》当中的舜孝子形象更为丰满，而并未像《史记·五帝本纪》中那样一味退让，并加入了妻子的帮助这一情节，家庭冲突的具体情节显得更为真切自然，更加贴近平民百姓的生活认知。

唐、五代时期的敦煌变文中有《舜子变》故事，去除了《史记》以来历代文本当中一些不尽合情理的描述，可能更加符合汉唐以降人们心目中舜孝子的形象。王庆菽先生校《敦煌变文集》乙卷，凡五则《舜子变》故事，其故事情节大概为：

> 舜子者，冀邑人也。早丧慈母，独养老父瞽瞍。父取后妻，妻谮其夫，频欲杀舜。令舜涛井，与石压之，孝感于天，澈东家井出。舜奔耕历山，后闻米贵，将来冀都而粜。及见后母，就舜买米。舜识是母，密与其钱及米置囊中。如此数度，〔后母〕到家，具说上事。〔瞽〕腴（瞍）拟（疑）是舜，令妻引手，遂往市都。高声唤云："子之语声，以（似）吾舜子。舜知是父，遂拨人向父亲抱头而哭，与（以）舌舐其父眼，其眼得再明。市人见之，无不惊怪。"诗曰：
>
> 瞽瞍填井自目盲，舜子从来历山耕。
>
> 将来冀都逢父母，以舌舐眼再还明。

① 黄阳艳、莫顺斌：《舜帝传说情节单元与民间故事母题试探》，《湖南科技学院学报》2008 年第 3 期。

② 侯红良：《论舜孝传说在广西的流变》，《民族文学研究》2008 年第 3 期。

又诗云：

孝顺父母感于天，舜子涛井得银钱。

父母抛石压舜子，感得穿井东家连。

通过比较，可以发现《舜子变》对于舜的家庭和出身并未沿袭《史记·五帝本纪》的传统说法，既不说舜出自圣王之后，也没有任何神奇光环，只是出自一个普通家庭，父亲瞽瞍，母亲乐登夫人。"乐登夫人染疾，在床三年不起"，临终前殷殷嘱托丈夫，请他善待儿子，"立（妾）有孤男孤女，留在儿婿手头，愿夫莫令鞭耻。"相对《史记》"舜父瞽瞍盲而舜母死"的简单叙述，变文对故事情节进行了扩展，增加了舜母临终嘱托的情节和父子间关于续娶的一段对话。舜母死后三年瞽瞍打算再娶，当他问舜子"阿耶取一个继阿娘来，我子心里何似"时，舜子回答"阿耶若取得继阿娘来，也共亲阿娘无二。"有学者以为，这种扩展"让整个故事更加曲折，更富有生活气息"，从而也"更容易使接受者对他的不幸遭遇产生一份感同身受的同情。"①

另外值得一提的是，《史记·五帝本纪》载"舜父瞽瞍盲而舜母死"，《舜子变》则改变了这一情节，把瞽瞍失明放在了他和后妻几次谋害舜，舜被迫离家躬耕历山之后。其用意可能是：通过瞽瞍"有目却不能分辨好恶"，对有眼无珠、善恶不分的昏聩丑恶予以强烈讽刺。瞽瞍在谋害舜子之后，由上天降下惩罚而失明，又经舜"以舌舐其父眼，其眼得再明"，不仅符合当时社会上流行的因果报应观念，也更突出了舜"孝感于天"的伟大与神奇之处。同时，这样使得故事开始时瞽瞍外出经商的情节有了更为合理的解释，使整个故事更符合逻辑，更符合当时的社会状况。

三　虞舜之道对构建当代和谐家庭的意义与启示

中华文明从一开始就把和谐作为价值观的最高准则。追求和谐，是中华文化精神和民族精神的一个显著特点。中国人以和为贵、以和为善、以

---

① 杨宏：《从上古神话到敦煌变文〈舜子变〉看舜故事的嬗变》，《楚雄师范学院学报》2008 年第 2 期。

和为美。和谐文化造就了中国人崇尚和谐、爱好和平，主张多民族和睦共存，多元文化融合共生，重视人自身、人与人、人与社会、人与自然统一性的文化传统。而造就这一文化传统的最早源头，应该就是虞舜文化。

有关虞舜文化的道德垂范作用的表述，还见于郭店楚简的《唐虞之道》：

　　　　唐虞之道，禅而不传。尧舜之王，利天下而弗利（己）也。禅而不传，圣之盛也。利天下而弗利也，仁之至也。故昔贤仁圣者如此。身穷不悆，没而弗利，穷仁矣。必正其身，然后正世，圣道备矣。

　　　　尧舜之行，爱亲尊贤。爱亲故孝，尊贤故禅。孝之方，爱天下之民；禅之传，世无隐德。孝，仁之冕也；禅，义之至也。六帝兴于古，皆由此也。爱亲忘贤，仁而未义也；尊贤遗亲，义而未仁也。

有学者认为，这篇简牍文字所反映的虞舜之道有三个道德层面，即人伦道德（孝）、社会道德（仁）和宇宙道德（和）。以总概念"和谐"为统辖，梳理出人伦道德中的"孝"、社会道德中的"仁"、宇宙道德中的"和"这三个不同层次的核心道德来达到家庭、社会和天地的和谐。

司马迁在《史记·五帝本纪》中曾这样赞颂虞舜文化："天下明德，皆自虞帝始。"虞舜作为"五帝"的最后一位，处在中华文明成立并繁荣发展的重要时期，舜帝的"明德"思想集中体现为重德治、行教化、主张入世、讲求社会和谐和孝道，坚持以伦理道德作为维系社会道德的根本，主张刚健自强的人生态度，提倡"和而不同，执两用中"，具有强大的同化力和顽强的生命力。而儒家思想的核心"仁"和"孝悌"，即起源于虞舜之德，并继承发扬虞舜思想，成为中国传统文化的核心。因此，虞舜是道德文明的鼻祖，虞舜文化是中华传统文化的重要母源。

当代社会主义下的孝文化是可以为社会主义社会服务的，尤其是在社会主义家庭道德建设方面。虞舜的孝文化不仅仅是我们传统孝文化的起源，更是我们中华民族精神文明中的鲜明特征。在当今社会，践行和弘扬虞舜之道的孝文化，使老年人老有所养，情有所寄，不仅有利于家庭关系的和谐，而且对国家和社会的安定繁荣也必将产生重要的促进作用。

家庭、社会的和谐实践与理念流变

潘雁飞

目前关于舜帝的史料较早的当是《尚书》和《左传》，西汉司马迁《史记·五帝本纪》以《尚书》为蓝本，综合《左传》等史书、《孟子》等子书关于舜帝的材料，勾勒了舜帝的一生。

所以《史记·五帝本纪》中舜帝材料的主要来源，一是亲自实地考证，二是《尚书·尧典》，三是《孟子》，四是《左传》。之所以选择这些材料，是司马迁自己深受儒家的影响（青年时受教董仲舒《公羊春秋》，从孔子后裔孔安国学《古文尚书》）。他自己在《史记·五帝本纪》中说："《尚书》独载尧以来，而百家言黄帝，其文不雅驯，荐绅先生难言之……余并论次，择其言尤雅者"。看来，司马迁是将《尚书》《孟子》中的材料当作雅言的。

由于司马迁是以史笔写舜，又是用以人物为中心的传记笔法，他就不再是为了服从某一家一派的观念，而是塑造自己乃至百姓心中普遍认同的一个高大完满的从事和谐社会建设的化身。如果我们承认有舜帝其人的说法，那么在上古的中国世界里，政治家们所致力于低生产力水平为基础的和谐社会的建设是从家庭和谐建设开始的。

我们看看司马迁将舜塑造成了怎样一个人：

（1）舜与家庭："舜父瞽叟顽，母嚚，弟象傲，皆欲杀舜。舜顺适不失子道。兄弟孝慈。欲杀，不可得；即求，尝在侧"。①

（2）舜与妻妾："于是尧乃以二女妻舜以观其内……舜居妫汭，内行

---

① （汉）司马迁：《史记》，中华书局 1982 年版，第 32 页。

弥谨。尧二女不敢以贵骄事舜亲戚，甚有妇道"。①

（3）舜与他人："使九男与处以观其外……尧九男皆益笃。舜耕历山，历山之人皆让畔；渔雷泽，雷泽之人皆让居；陶河滨，河滨器皆不苦窳。一年而所居成聚，二年成邑，三年成都"。②

（4）舜与社会："舜举八恺，使主后土，以揆百事，莫不时序。举八元，使布五教于四方，父义，母慈，兄友，弟恭，子孝，内平外成"。③

（5）舜与自然："舜入于大麓，烈风雷雨不迷，尧乃知舜之足授天下"。④

（6）舜与精神教化："以夔为典乐，教胄子，直而温，宽而栗，刚而毋虐，简而毋傲；诗言意，歌长言，声依永，律和声，八音能谐，毋相夺伦，神人以和。"⑤

（7）舜与政治：禹平水土、弃播百谷、契敷五教，皋陶作士，垂为共工，益为朕虞、伯夷典三礼。

（1）是作为儿子对和谐家庭的建设，（2）是作为丈夫对和谐家庭的建设。不仅如此，司马迁还将一些属于民间，但有助于表现舜的和谐的传说故事记入《史记·五帝本纪》中，如"舜穿井为匿空旁出"后，仍然"复事瞽叟，爱弟弥谨"。

刘向《列女传》"有虞之二妃"注重从夫妻之道来建设和谐家庭，除《史记》中耳熟能详的故事外，舜受迫害的故事，还增加了"饮酒"一事，舜父拟"醉将杀之"，但借助二妃药浴，饮酒不醉。人物增加了一个舜的妹妹（敤首或媒首）。

刘向《孝子传》中舜的故事增加了"舜舐父目"情节，着眼于有矛盾的父子，从父子之道角度来建设和谐家庭，以显其孝。

敦煌变文《舜子变》走向世俗化、情节化、细节化，人物关系复杂化。如有声有色地描述了舜生母病危与托孤的情状。与正史落笔于尧对舜的考核不同，《舜子变》全篇故事则基本上落笔于家庭的和谐建设，人物

---

①　（汉）司马迁：《史记》，中华书局1982年版，第33页。

②　同上书，第33—34页。

③　同上书，第35页。

④　同上书，第38页。

⑤　同上书，第39页。

已没有神性、传说性，已是完全现实中的人物，均以家庭内部人伦关系为题材，表现父子、母子、兄弟间关系的故事。

　　这种变化，至少说明人们认为社会的和谐更多地取决于家庭的和谐，家庭的和谐助推了社会和谐。事实上《舜子变》在观念上就融入了儒家观念与佛教观念。如舜母死后，舜守孝三年，舜每次受后母迫害后，便回到"书堂"，先念《论语》《孝经》，后读《毛诗》《礼记》。舜帝时代当然不可能有上述图书，但却说明社会观念上已然强调先修身齐家再治国了。

　　（3）到（7）基本上是社会的和谐建设。《尚书·尧典》在舜登帝位前首先记载了他能为社会、诸侯之间、人与自然带来和谐："慎徽五典，五典克从。纳于百揆，百揆时叙。宾于四门，四门穆穆。纳于大麓，烈风雷雨弗迷。"① 《左传·文公十八年》分别从家庭、人际社会、诸侯之间作了很好的注脚，也有相似的记载："舜臣尧，举八恺，使主后土，以揆百事，莫不时序，地平天成。举八元，使布五教于四方，父义、母慈、兄友、弟恭、子孝，内平外成。"又说："舜臣尧，宾于四门，流四凶族浑敦、穷奇、梼杌、饕餮，投诸四裔，以御魑魅。……故《虞书》数舜之功，曰'慎徽五典，五典克从'，无违教也。曰'纳于百揆，百揆时序'，无废事也。曰'宾于四门，四门穆穆'，无凶人也。"② 说明舜为臣之时就已很注重和谐，正因为社会和谐，所以舜德合于天地，才能带来人与自然的和谐，导致风调雨顺，乃至"烈风雷雨弗迷"，在《左传·昭公四年》"大雨雹"时，季武子问于申丰的对话里很能看出这一点："雹可御乎？"对曰："圣人在上，无雹，虽有，不为灾。……冬无愆阳，夏无伏阴，春无凄风，秋无苦雨，雷不出震，无灾霜雹，疠疾不降，民不夭札。"③ 同时，这也从另一面看到了我们的祖先很早就开始关注人与自然的和谐问题了。

　　舜帝执政以后，更是完全沿着他和谐的执政思路来任命百官，其出发点和终极目的都是："往哉！汝谐！"如他让禹作司空平水土，后稷播百

① （清）孙星衍：《尚书今古文注疏》，中华书局 2004 年版，第 32 页。
② （清）洪亮吉：《春秋左传诂》，中华书局 1987 年版，第 390—392 页。
③ 同上书，第 658—659 页。

谷，契作司徒敬敷五教，皋陶作士使"五刑有服"，垂作共工，益作朕虞，伯夷作秩宗典三礼，夔作典乐。仍然是沿着家庭、社会、诸侯之间、人与自然这几个方面来展开，而且在这里，他开始特别重视礼乐文化对于建构和谐社会的重要性，已有典礼、典乐的专门官职来从事当时先进的礼乐文化建设。从《尚书》中材料所体现的礼乐施行的过程、目的及作用看，就是在乎"敬敷五教，在宽"（施行父义、母慈、兄友、弟恭、子孝的教育，要注意宽厚）；在乎"夙夜惟寅、直哉惟清"（早晚恭敬行事，要正直、清明）；在乎"直而温，宽而栗，刚而无虐，简而无傲"，最终达到"无相夺伦，神人以和"的至高境界。

所以要考察舜这一个特定时代带有传奇色彩的历史人物，排除其神性、传奇性。单就其家庭建设、服务于社会、服务于百姓而言，单就其人格魅力而言，笔者以为正在于他永恒的"亲和力"。"亲和力"原指两种或两种以上的物质结合成化合物时互相作用的力。笔者在这里则指的是他的精神核心的张力。这种张力，这种亲和力，实际上也可以用一个"和"字来概括。

"和"是我国古代的一个哲学观念。《国语·郑语》记载，西周末年周太史史伯说："和实生物，同则不继。以他平他谓之和，故能丰长而物生之。若以同裨同，尽乃弃矣。"① 可见，"和"是创造的源泉，"和"是多样的统一。考诸舜的史实，其实，史籍各家所言说的都是大同小异而已，只是所取的角度稍有不同，后世或庙堂或民间，均将他的故事世俗化、社会化，强化了家庭伦理的和谐内容。将舜帝从家庭与社会道德化身角度加以不断强化，彰显了他致力于家庭和谐、社会和谐建设的特点与功绩。考诸舜的行事，舜所做的实质上是使个人与家庭、个人与婚姻、个人与社会、国家与百姓、人类与自然，个体的灵与肉等方面，都通过我们自身的努力，由不平衡（一种失衡）发展到平衡，由不和谐发展到和谐。我们再换一种方式展示一下《尚书·尧典》《左传》《孟子》《史记·五帝本纪》中的材料（见表1），就会看得更加明显：

---

① （清）马骕：《绎史》，中华书局2002年版，第861页。

表1

	失衡（不和谐）	平衡（和谐）
舜与家庭	父顽、母嚚、弟傲，皆欲杀舜。	克谐，以孝。顺适不失子道。
舜与妻室	尧以二女妻舜，以观其内（地位、贫富落差大）。	尧二女不敢以贵骄事舜亲戚，甚有妇道。
舜与他人	（尧）与九男与处，以观其外。 （舜）耕历山、渔雷泽、陶河滨。	一年所居成聚，二年成邑，三年成都。
舜与社会政治	舜举八恺，主后土，揆百事。禹平水土，弃播百谷，垂为共工，益为虞、龙主宾客……	莫不时序。 水土平、百谷茂、百工功、山泽辟、远人至……
舜与自然	舜入于大麓，烈风雷雨。	不迷。
舜与诸侯关系（当时的天下）	昔帝鸿氏有不才子，掩义隐贼，好行凶慝，天下谓之浑沌。少皞氏有不才子，毁信恶忠，崇饰恶言，天下谓之穷奇。颛顼氏有不才子，不可教训，不知话言，天下谓之梼杌。此三族世忧之。至于尧，尧未能去。缙云氏有不才子，贪于饮食，冒于货贿，天下谓之饕餮。天下恶之，比之三凶。	舜宾于四门，乃流四凶族，迁于四裔，以御螭魅，于是四门辟，言毋凶人也。 流共工于幽州，放驩兜于崇山，窜三苗于三危，殛鲧于羽山，四罪而天下咸服。宾于四门，四门穆穆。
舜与礼乐教化（精神）	举八元，布五教于四方，契敷五教，伯夷典三礼、夔典乐，教稚子。	父义、母慈、兄友、弟恭、子孝、内外平成、百姓亲和；直而温，宽而栗，刚而毋傲；诗言意，歌长言，声衣永，律和声，八音能谐，毋相夺伦，神以人和。

很明显，舜的行为目的就是要达到这种多样的"和谐"。多样的统一正是和谐宇宙的大法则，它包含了人类、国家、种族，也包括了某一个个体，既包括了个体的肉，也包括了个体的灵。因为无论是过去还是未来，家庭内部之间、家庭与家庭之间、人与自然之间、国家与国家之间、民族与民族之间、人与人之间，灵与肉之间都应该"和而不同"，和谐相处。正如《尚书·尧典》开篇所言："克明俊德，以亲九族。九族既睦，平章百姓。百姓昭明，协和万邦，黎民于变时雍。"

"非难"难非家与国

——从韩非子的"非难"看虞舜的家国情怀

骆正军

韩非子是战国时期法家思想的代表和集大成者,约生于周赧王三十五年(前280年),卒于秦王政十四年(前233年),仅活了47岁左右,是战国后期出色的政治理论家和思想家。

他曾师从荀子,作《韩非子》一书,共十万余字,分为55篇。就其主体而言,它实际上是一部政治学巨著,主要论述君主如何才能管理臣民、稳固江山、富国强兵,也就是古人所津津乐道的"帝王之学"。此书旁征博引,辞采斐然,反映了作者渊博的历史知识与超人的文学才华。除了论述法术、权势等主要内容,也论述了一些君主应该注意的道德修养、政治策略。同时,书中还有一些韩非对世道人情的剖析与感慨,对《老子》一书部分内容的解说,对论说素材、历史故事的辑录,以及求见国君们的上书。

笔者曾认认真真地浏览、通读过数遍,发现这流传于世的55篇文章中,涉及虞舜的达15篇之多,占其总数的27.3%,可见虞舜在韩非子心目中的分量之重。具体篇目是《十过》《奸劫弑臣》《饰邪》《安危》《难一·之二》《难三·之四》《难势》《守道》《功名》《外储说·右上》《外储说·右下》《说疑》《五蠹》《显学》《忠孝》。有的文章,对虞舜的评点仅只言片语,有的文章则长篇大论,或褒或贬,质疑、非难,借人说事;有的文章,观点前后自相矛盾,难圆其说,不一而足。其中一些涉及虞舜的事例与论说,存在值得思考与探讨之处,也有可资批评、甄别与借鉴的地方。现剖析如下,以期抛砖引玉,求教于方家。

一 如何"非难"虞舜

何谓"非难"？其原意是批评、指摘和责备，还包括责难、谴责、责怪、驳诘、诘难、诘问、责问、诘责等意思。韩非子的"非难"，是对各种历史人物的言、行，进行诘难和辩驳，借此阐发他的政治思想，文章思路开阔，振聋发聩，读之使人有耳目一新的感觉，但其中观点偏颇，言辞激愤，似是而非，有待甄别。

例如，韩非子的《难一·之二》，借"虞舜救败"这件事，以及孔子对这件事所做的评论，加以诘难和反驳，批评儒家所赞美的"德化"政治，认为"以德化人"太难，而应当用赏罚取代德化，简便易行，且见效快。

但笔者认为，韩非子这一段话，实际上有几个误区，一是他的"过错论"，将虞舜所改变的"风气"视为普通的"过错"，低估了虞舜所取得的成绩和意义；二是他"朝令夕改"的观点，看问题过于简单化，很多东西——尤其是不良的淫风恶俗——往往"积重难返"，并非一朝一夕可以奏效；三是他的"难易之论"，轻视了虞舜"弃易就难""迎难而上"的积极主动的奉献精神。

此外，他的《忠孝》，全文以虞舜为例，论述其守法事君、为父养亲的忠孝观，进而批判儒家所宣扬的有违于忠孝之行的尧、舜、汤、武之道，以及古今"烈士"不忠不孝的"乱术"。此文对虞舜的"非难"，可谓达到了登峰造极的地步，几乎全面否定了虞舜的"仁孝"思想及所行所为。

如："所谓忠臣不危其君，孝子不非其亲，今舜以贤取君之国，而汤、武以义放弑其君，此皆以贤而危主者也，而天下贤之。古之烈士，进不臣君，退不为家，是进则非其君，退则非其亲者也。且夫进不臣君，退不为家，乱世绝嗣之道也。是故贤尧、舜、汤、武而是烈士，天下之乱术也。"① ——韩非子的大意是说，所谓忠臣，应该不危及他的君主；所谓孝子，应该不非议（违背、妨碍）他的亲人（长辈）。现在

_____

① （清）王先慎：《韩非子集解》，中华书局1998年版，第467页。

虞舜凭借贤能夺取了君主的国家，而商汤、周武凭借道义放逐、杀害了他们各自的君主，这都是由于贤能而危及君主的人，天下反而赋予他们以贤能的名声。古代刚烈的人士，入朝不臣服君主，退朝不治家赡养亲人，他们就是这种进则危及君主、退则祸及亲长的人。更严重一点地说，上朝不向君主称臣，退朝又不治家养亲，可谓是扰乱社会、断子绝孙的行径。因此，既称颂尧、舜、汤、武的贤能，又肯定那些刚烈的人士，简直是唯恐天下不乱的做法。

又如："瞽瞍为舜父而舜放之，象为舜弟而杀之。放父杀弟，不可谓仁；妻帝二女而取天下，不可谓义。仁义无有，不可谓明。"① 他觉得，瞽瞍是舜的父亲，却被舜流放了；象是舜的弟弟，却被舜杀死了。舜流放父亲、杀害弟弟，不能称为仁；把君主的两个女儿娶来做妻子，从而取得天下，不能称为义；仁、义全然没有，不能称为明智。

再如："烈士内不为家，乱世绝嗣；而外矫于君，朽骨烂肉，施于土地，流于川谷，不避蹈水火，使天下从而效之，是天下遍死而愿夭也，此皆释世而不治是也。"② 他的意思是说，刚烈人士的行为，对内不为家庭着想，扰乱社会，断绝后代；在外跟君主唱反调，肆意妄为对着干，即使尸骨腐烂，散在野地，流入河谷，也不惜赴汤蹈火。假若让天下的人都去仿效他们，就会造成天下尸横遍野的乱象，而大家都至死不悟。这些所谓的"烈士"，都是置社会于不顾，且不想把它治理好的渣滓。

韩非子"非难"虞舜，认为他"既不仁又不义""更不明智"，所作所为，扰乱社会，无视民生，都是"断子绝孙"的行径。这样的评价，简直把虞舜贬谪到了"十恶不赦""人人都应唾弃"的地步。

二　为何"非难"虞舜

自古以来，虞舜都是人们普遍肯定、极其赞许的对象之一，在中国先秦儒家的四书（《论语》《孟子》《大学》《中庸》）五经（《诗经》

---

① （清）王先慎：《韩非子集解》，中华书局1998年版，第467页。
② 同上。

《书经》《礼经》《易经》《春秋经》）之中，对虞舜所作所为的赞誉之辞，更是比比皆见，唯独韩非子对其进行过"非难"。那他为什么要"非难"虞舜，其出发点与动机何在？笔者以为，可以归纳成"愤懑、立说、顺势"三大缘由。

1. "愤懑"。从韩非子短暂而坎坷的生平道路来看，他身为韩国宗族的公子，却没享受过贵族的待遇。由于家族的没落，导致其家境穷困、生活清贫、教养缺失等，都可想而知。他的文章之中，充满了愤世嫉俗的言辞，如同当今社会的"愤青"，时时、处处、事事，都看不惯，但因没有钱财贿赂，无法结交权贵，进身无门，人微言轻，无处发泄，只好倾泻于竹简、笔端。

如《孤愤》："今人主不合参验而行诛，不待见功而爵禄，故法术之士安能蒙死亡而进其说，奸邪之臣安肯乘利而退其身！故主上愈卑，私门益尊。"① 他认为，当今君主不验证、核查，动不动就实行诛戮，不等建立功勋，随随便便就授予爵禄，因此法术之士怎能冒死去陈述自己的主张呢？奸邪之臣又怎么会在有利时机而自动引退呢？所以君主的地位就会越来越低，重臣的权势也就会越来越大。

"今大臣执柄独断而上弗知收，是人主不明也。与死人同病者，不可生也；与亡国同事者，不可存也。今袭迹于齐、晋，欲国安存，不可得也。"② 他觉得，现在的大臣掌权之后独断专行，而君主不知收回（控管），这是因为君主不够明智。和死人的症状相同，已经无法救治；和亡国的行径相似，当然无法久存。如果现在继续沿袭齐、晋的老路，想要国家安然存在，是断断不可能的。

"不以功伐决智行，不以参伍审罪过，而听左右近习之言，则无能之士在廷而愚污之吏处官矣。"③ 韩非子认为，不按功劳而裁决人的才智和品德，不通过事实的多方验证就审处人的罪行和过错，一味听从左右亲信的话，那么没有才能的人就会在朝廷中当政，愚蠢腐败的官吏就会窃居要职。

---

① （清）王先慎：《韩非子集解》，中华书局1998年版，第81页。
② 同上书，第82页。
③ 同上书，第84页。

　　"大臣挟愚污之人，上与之欺主，下与之收利侵渔，朋党比周，相与一口，惑主败法，以乱士民，使国家危削，主上劳辱，此大罪也。臣有大罪而主弗禁，此大失也。使其主有大失于上，臣有大罪于下，索国之不亡者，不可得也。"① 他断定，大臣挟持愚蠢腐败的人，对上和他们一起欺骗君主，对下和他们一起掠夺财物，拉帮结派，串通一气，惑乱君主，败坏法制，以此扰乱百姓，使国家面临危机，君主忧劳受辱，这是不可饶恕的大罪。臣下有了大罪而君主却不察觉而及早禁止，这是无法挽回的重大过失。假如上面的君主存在重大过失，下面的臣子也存在重大罪行，国家要想求得不亡，那是绝对不可能的。

　　由上可见，他的这篇《孤愤》，不仅反映了当时权奸当道的严峻的政治现实，也充分抒写了当时那些法术之士们自诩"英雄无用武之地"的孤独与愤慨，用词慷慨激昂，笔端充盈真情实感。

　　2. "立说"。从韩非子求学求仕的经历来看，韩国是战国七雄中最弱小的一个，常常受邻国的欺凌。他拜在荀子的门下，寒窗苦读，学识日渐渊博，对人、对事、对社会，都有了自己比较成熟、独到的见解。目睹韩国日趋衰弱，青年时代的韩非子就曾多次进谏，希望韩王励精图治，但韩王却置若罔闻，始终未予采纳。失望和愤慨之余，韩非子针对现实中的种种弊端，总结历史上的兴亡成败，撰写了《孤愤》《五蠹》等几十篇文章，借史说事，抨击时事，激扬文字，标新立异，从而成为一家之说，流传于世。

　　他的老师荀子（约前313—前238年），名况，战国末期赵国（今山西南部）人，先秦著名的思想家。早年游学于齐，学问博大，曾三次担任齐国"稷下学宫"的"祭酒"（学宫之长）。约公元前264年，应秦昭王之聘，西游入秦。后来荀子受楚春申君之用，为兰陵（今山东苍山县兰陵镇）令，晚年从事教学和著述。

　　荀子学识渊博，继承了儒学并有所发展，还能吸收一些别家之长，故在儒家学者中自成一派。他主张性恶论，认为人性向善是教化的结果。在天道观方面，提出"制天命而用之"的人定胜天的思想。荀子对礼很重视，宣扬儒家的王道思想，认为"水能载舟，亦能覆舟"。

---

　　① （清）王先慎：《韩非子集解》，中华书局1998年版，第85页。

荀子流传于世的 32 篇文章中，有 4 篇（《成相》《子道》《尧问》《不苟》）与舜相关。《成相》中说："尧让贤，以为民，泛利兼爱德施均。辨治上下，贵贱有等明君臣。尧授能，舜遇时，尚贤推德天下治。"① 荀子认为，尧让帝位给贤人，全是为了老百姓，一心造福、普爱众人，恩德布施、公平均匀。上上下下都能得到治理，贵贱有别、君臣等级分明。尧把帝位传给贤能之人，虞舜遇上良好的时辰，由于推崇贤能与德行，因此天下治理得享太平。

韩非子虽然是荀子的学生，也继承和发展了他的法术思想，但并不拘泥于师传的"帝王之术"，而是敢于突破世俗的窠臼，提出自己独到的见解，纵横捭阖，自成体系。

如《忠孝》："天下皆以孝悌忠顺之道为是也，而莫知察孝悌忠顺之道而审行之，是以天下乱。皆以尧、舜之道为是而法之，是以有弑君，有曲于父。尧、舜、汤、武或反君臣之义，乱后世之教者也。尧为人君而君其臣，舜为人臣而臣其君，汤、武为人臣而弑其主、刑其尸，而天下誉之，此天下所以至今不治者也。"② 其大意是说，天下的人都认为孝悌忠顺之道是正确的，却没有什么人知道进一步对孝悌忠顺之道加以认真考察，然后再去慎重实行，因此天下混乱。都认为尧舜之道正确而加以效法，因此才发生杀死君主、背叛父亲的事情。尧、舜、汤、武或许正是违反君臣之间道义、扰乱后世教令的人物。

3. "顺势"。从韩非子所处时代的情势来看，他生活在战国（前475—前221年）末期，齐、楚、燕、韩、赵、魏、秦各国，混战不休，旧的制度、旧的统治秩序被破坏，新的制度、新的统治秩序开始确立，新的阶级力量不断壮大。隐藏在这一过程中并构成这一社会变革的根源，则是以铁器为特征的生产力的革命。因生产力的发展最终导致各国的变革运动和封建制度的确立，也导致了思想文化的大繁荣，百花齐放，百家争鸣，批儒崇法之风盛行，纵横学说蔓延，崇尚武力、急功近利的主张，治标不治本的主张，放弃空谈、贵在实用的主张等观点，大行其道。

---

① （清）王先谦：《荀子集解》，中华书局 1988 年版，第 462 页。

② （清）王先慎：《韩非子集解》，中华书局 1998 年版，第 465—466 页。

韩非子深受时代的影响，广泛吸收儒、墨、道诸家的一些观点，比较各国变法之得失，着重总结了商鞅、申不害和慎到的思想，把商鞅的法、申不害的术和慎到的势融为一体。他十分推崇商鞅和申不害，同时指出，申商学说的最大缺点是没有把法与术结合起来，其次，申、商学说的第二大弊端在于"未尽""申子未尽于术，商君未尽于法也"。[①] 他在兼收并蓄的基础上，提出自己"以法为主"，法、术、势相结合的独到理论，强调"严刑""重罚"，主张"刑过不避大臣，赏善不遗匹夫"，对于清除贵族特权、维护法律尊严，产生了积极的影响。

他的《奸劫弑臣》篇说："无捶策之威，衔橛之备，虽造父不能以服马；无规矩之法，绳墨之端，虽王尔不能以成方圆；无威严之势，赏罚之法，虽尧、舜不能以为治。今世主皆轻释重罚严诛，行爱惠，而欲霸王之功，亦不可几也。"[②] 其意是说，没有马鞭的威力、马嚼子的配置，即使善于驾车的造父也不能驯服马匹；没有规矩作为准则、墨线用来校正，即便能工巧匠王尔也不能画好方圆；没有威严的权势、赏罚的法令，就算是圣人虞舜也不能治理好国家。当代君主都轻易放弃重罚严刑，实行爱惠，却想建立霸王功业，那也是没多少可指望的。

"故其治国也，正明法，陈严刑，将以救群生之乱，去天下之祸，使强不凌弱，众不暴寡，耆老得遂，幼孤得长，边境不侵，君臣相亲，父子相保，而无死亡系虏之患，此亦功之至厚者也。"[③] 他认为，治理国家，应该明正法令，设置严刑，用来解救百姓的祸乱，消除天下的灾难，使强不欺弱，众不侵寡，老年人得享天伦之乐，幼子孤儿得以顺利成长，边境不受侵犯，君臣亲密相处，父子互相呵护、抚养，没有死亡和被俘的忧患，这才是最为重大的功绩啊！其中，蕴含着他对理想社会的一种憧憬和神往。

他的《难势》说："且夫百日不食以待粱肉，饿者不活；今待尧、舜之贤乃治当世之民，是犹待粱肉而救饿之说也。"[④] 况且一百天不吃去等待好饭菜，挨饿的人就活不成；现在要等待尧、舜这样的贤人来治

---

① （清）王先慎：《韩非子集解》，中华书局 1998 年版，第 399 页。
② 同上书，第 105 页。
③ 同上书，第 102 页。
④ 同上书，第 393 页。

理当代的民众，这好比等将来的好饭菜来解救饥饿的说法一样。

《亡征》篇中还说："简侮大臣，无礼父兄，劳苦百姓，杀戮不辜者，可亡也。"① 简慢凌辱大臣，不知尊敬亲长，劳累百姓，杀戮无辜的人，可能会灭亡。

由上分析可见，韩非子"非难"虞舜，既是其"愤世嫉俗"主观情感的流露，也是"亟待君主青睐"，以便"出头露面""一展身手"的内在需求，因而不得不"顺应时势""投其所好"，被客观环境所迫之为。

三　"非难"虞舜的困惑

学者刘冰曾在他的《韩非思想中的"非理想主义"与"理想主义"》一文中指出："韩非始终对法术之士忠君忠国的救世理想怀抱着一腔热诚，以君主作为国之大利的当然代表。加之法术之士自身在政治生活中的弱势地位，致使韩非自然而然地将其法治理想和救国救民的希望寄托在君主身上，更对君主保障法制的实施寄予了不切实际的厚望，导致其思想陷入了另一种意义的'理想主义'，这是韩非思想中不可避免的矛盾和缺陷。"②

在韩非子"非难"虞舜的一些文章中，有的观点极为偏颇，但也流露出自己的矛盾心理。他在《难一·之二》中，讲了一个"楚人卖矛又卖盾"的故事，告诫人们，不能被刺穿的盾和没有什么刺不穿的矛，是不可能同时存在的。但他自己却经常陷于此类自相矛盾、前后矛盾的论辩之中，而不能自拔。

该文中说："圣人明察在上位，将使天下无奸也。今耕渔不争，陶器不窳，舜又何德而化？舜之救败也，则是尧有失也。贤舜则去尧之明察，圣尧则去舜之德化，不可两得也。"③ 其意是，圣人处在君位之上，明察一切，可以使天下没有坏的风气存在。如果种田的、打鱼的没有争执，陶器也不粗劣，舜又何必用道德去感化他们呢？舜去纠正败坏的风气，不是

---

① （清）王先慎：《韩非子集解》，中华书局1998年版，第111页。

② 刘冰：《韩非思想中的"非理想主义"与"理想主义"》，东北师范大学硕士论文，2006年。

③ （清）王先慎：《韩非子集解》，中华书局1998年版，第350页。

证明尧有过失吗？如果认为舜贤，就是否定尧的明察；认为尧圣，就是否
定舜的德化：不可能二者都对。现在尧和舜不能同时称赞，与上面矛和盾
的故事一样，二者不能同时存在。

笔者认为，韩非子此文所引的事例不当，以偏概全，否定了整体
与局部、个别与一般、普遍与特殊的认识规律，前提谬误，结论当然
更加不妥。

尧的"圣"与"明察"，是从他一生的业绩与修为的整体来看，不能
因为个别部落中尚且存在"种田的、打鱼的相互争执，陶器粗劣"的现
象，就否定了尧"举舜为帝，仁爱百姓"之德；同样，舜"以身为苦、
期年而后化民"，不辱使命的践行与修为，不仅体现了他自身的"贤德"
与"仁孝"，也反证了尧借"躬藉处苦、救败化民"，既"察舜"又"化
民"这一举措之"英明"。拿"尧圣否定舜的德化"及"舜贤否定尧的
明察"，其本身无疑就是一道"自相矛盾的伪命题"。

此外，韩非子在《忠孝》一文中，将虞舜几乎贬得一无是处，但在
另一篇《安危》中，又说"尧无胶漆之约于当世而道行，舜无置锥之地
于后世而德结。能立道于往古，而重德于万世者之谓明主。"[①] 认为，尧
和当时的国民并没有订立牢靠的盟约，但其治国原则能够畅通无阻；舜并
没有立锥之地留给他的后代，却在百姓中结下了仁德的果实。能够把古代
尧舜作为榜样来确定治国原则，并把恩德永久留传给后代的君主，才能称
之为英明的君主。

可见韩非子的"非难"，仅仅是出于论辩的需要，"借事说理"，信手
拈来，往往前言不搭后语，自相矛盾，而且未能充分考虑其论据是否真
实，逻辑关系是否严密等。说明在他的内心之中，有着难解的困惑，自己
尚未"提拎清楚"，为了博取"语不惊人誓不休""危言耸听"的最佳效
果，而有意率性而为。

四 "非难"无损虞舜的"仁孝"思想

从先秦诸子百家的经典著作来看，虞舜的"仁孝"思想，早已成为

---

① （清）王先慎：《韩非子集解》，中华书局 1998 年版，第 201 页。

人们普遍赞美、推崇的共识。

如《礼记·大学》中说："尧舜率天下以仁，而民从之；桀纣率天下以暴，而民从之。"① 尧舜带领天下百姓实行仁德，民众都跟随着崇尚仁德；桀纣带领天下暴虐无道，百姓也跟着抢夺作乱。《孟子·滕文公上》："孟子道性善，言必称尧舜。"② 孟子讲解人的本性善良，引经据典，几乎开口不离尧舜。《易·系辞下》："黄帝尧舜，垂衣裳而天下治，盖取诸乾坤。"③ 黄帝尧舜，示天下以礼，无为而治，是借鉴了《乾》《坤》二卦中的道理。

"尧舜之道"的说法，在诸子百家的典籍中，也比比皆是。孟子的《公孙丑下》《离娄上》《万章上》《告子下》《尽心下》共5篇；墨子的《尚贤上》《尚贤中》《尚贤下》《节葬下》共4篇；庄子的《至乐》；荀子的《性恶》等。④

在韩非子涉及虞舜的15篇文章之中，除了《忠孝》《难一·之二》《十过》这几篇，对虞舜有所"非难"之外，其余均为肯定、褒扬之辞。

如《难势》说："今以国位为车，以势为马，以号令为辔，以刑罚为鞭策，使尧、舜御之则天下治，桀、纣御之则天下乱，则贤不肖相去远矣。"⑤ 意思是，假如把国家当作车，把权势当作马，把号令当作缰绳，把刑罚当作马鞭，让尧、舜来驾驭，那么天下就会太平；而让桀、纣来驾驭，天下就将混乱，可见贤和不贤相差实在太远了。

《五蠹》："当舜之时，有苗不服，禹将伐之，舜曰：'不可。上德不厚而行武，非道也。'乃修教三年，执干戚舞，有苗乃服。"⑥ 他认为，在舜当政的时候，苗族不驯服，禹主张用武力去讨伐。舜却说："不行。我们推行德教还不够深入就动用武力，不合乎道理。"于是便用三年时间加强德教，拿着盾牌和大斧跳舞，苗族终于归服了。

荀子在他的《不苟》篇中，也曾说过："盗跖贪凶，名声若日月，与

---

① 陈戌国点校：《四书五经》，岳麓书社1991年版，第292页。

② （清）焦循：《孟子正义》，中华书局1987年版，第315页。

③ （清）李道平：《周易集解纂疏》，中华书局1994年版，第627页。

④ 彭敏：《"尧舜之道"与"唐虞之道"》，《湖南科技学院学报》2009年第2期。

⑤ （清）王先慎：《韩非子集解》，中华书局1998年版，第390页。

⑥ 同上书，第445页。

舜、禹俱传而不息；然而君子不贵者，非礼义之中也。"① 他的意思是，盗跖贪婪凶残，其名声就像太阳、月亮一样，经常挂在人们嘴边，和舜、禹等一起流传而永不磨灭；然而君子并不推崇、看重盗跖，是因为他不合礼义的中正之道。

孔子《礼记·礼运大同》篇说："大道之行也，天下为公，选贤与能，讲信修睦。故人不独亲其亲，不独子其子，使老有所终，壮有所用，幼有所长，矜、寡、孤、独、废疾者皆有所养，男有分，女有归。货恶其弃于地也，不必藏于己；力恶其不出于身也，不必为己。是故谋闭而不兴，盗窃乱贼而不作，故外户而不闭，是谓大同。"② 黄帝、尧舜、汤武时期，被人们称为"大同"，是先秦诸子百家都推崇的至圣至德社会。孔子有言："巍巍乎！舜、禹之有天下也，而不与焉。"意思是说舜、禹握有天下，而不据为己有，足见虞舜的"仁孝"与"德政之风"，影响之广泛与深远。

《管子》说："舜非严刑罚，重禁令，而民归之矣；去者必害，从者必利也。先王者善为民除害兴利，故天下之民归之。"③ 其意是说，舜并没有采用严厉的刑罚和禁令，而民众都乐于跟从他。因为离开他必然受害，跟着他必然有利。先代圣王，正是善于为民除害兴利，所以天下民众都愿意归附于他。

而韩非的文章，充满了斗争哲学的思想，他鼓吹独裁、尊君抑民、无视人权、"非难"虞舜，排斥百家、禁绝思想自由，其中存在许多缺陷或谬误。他在《奸劫弑臣》《解老》及《六反》等文章中，曾经描绘过一个"强不凌弱，众不暴寡，耆老得遂，幼孤得长，边境不侵，君臣相亲，父子相保，而无死亡系虏之患""圣人不引五色，不淫于声乐；明君贱玩好而去淫丽""论其税赋以均贫富，厚其爵禄以尽贤能，重其刑罚以禁奸邪，使民以力得富，以事致贵，以过受罪，以功致赏"的理想社会，是以严厉的法治为背景、以强力为根基的法治社会。显然没有虞舜这种"孝感天下""德被四海""天下为公"，乃至"老吾老以及人之老，幼吾

---

① （清）王先谦：《荀子集解》，中华书局 1988 年版，第 39 页。
② （清）朱彬：《礼记训纂》，中华书局 1996 年版，第 331—332 页。
③ 黎翔凤：《管子校注》，中华书局 2004 年版，第 926 页。

幼以及人之幼"的"人称尧天舜日,以歌颂二帝之德"的大同理想社会,更加来得实在,更加令人崇拜和一心向往。

陈仲庚教授在《舜文化传统与和谐境界》"'孝'以齐家与家庭和谐"中认为,儒家是中国传统文化的核心,仁学是儒家的核心,孝道是仁学的核心。[①] 张京华教授在《湘楚文明史研究》"虞舜论·说孝"一文中指出:"'孝'的推广义,学者谓'仁'之一字,可以为一切美德的总称,'孝'亦同之。"[②]

由上可见,尽管韩非子曾经有过"非难"虞舜的几篇"奇文"流传于世,但他未曾深思熟虑"信口开河"的那些"不实之词",终究难以"三人成虎",无损虞舜"仁孝"思想的光辉;如同历史的长河,尽管有过逆流、浊浪或漩涡,仍然难阻大江东去,一泻千里。

五 "非难"无损虞舜的家国情怀

据史籍记载,公元前234年,秦王嬴政读过韩非子的《孤愤》《五蠹》之后,大加赞赏:"嗟乎,寡人得见此人与之游,死不恨矣!"此话大意是,哎呀写得真好,寡人如果能够见到写书之人,并与之交往,纵然死了也没有遗憾!

嬴政不知道这两篇文章是谁写的,就向李斯询问。李斯回答说,是自己的同学韩非子写的。嬴政为能得到这位高人,立即发兵攻打韩国。韩王迫不得已起用韩非子,派他出使秦国。嬴政见到韩非子非常高兴,然而并没打算重用他。

韩非子上书秦王,出于自己对家乡桑梓之地的一片热爱与眷顾,反复分析"存韩"与"攻韩"的利弊,劝说嬴政"暂缓攻打韩国",以免进退两难,耽误了兼并六国、称霸天下的大好时机。李斯和姚贾等乘机陷害,说韩非子"终为韩不为秦",建议嬴政"以法诛之"。嬴政信以为然,把韩非打入大牢。公元前233年,李斯派人送去毒药,令他自杀,韩非子申诉无门,被迫自尽。嬴政后来懊悔,派人赦免他,但韩非子已经死了。

---

① 参见陈仲庚《舜文化传统与和谐境界》,湖南人民出版社2011年版。
② 张京华:《湘楚文明史研究》,华东师范大学出版社2012年版,第211页。

李斯（前 284—前 208 年），战国末期楚国上蔡（今河南上蔡）人，秦代著名的政治家、文学家和书法家。他早年做过郡中小吏，后来拜在荀子门下，学习"帝王之术"，学成入秦。开始被吕不韦任以为郎，后提出了"先灭韩，以恐他国"的主张，劝说秦王嬴政吞并诸侯、成就帝业，被任命为长史。秦王采纳了他的计谋，派遣谋士持金玉珠宝，游说关东六国，离间各国君臣，又提升他为客卿。秦王嬴政十年（前 237 年）由于韩人间谍郑国入秦，秦王下令驱逐六国客卿。李斯上《谏逐客书》加以阻止，被秦王所采纳，不久官为廷尉。他在秦王嬴政剿灭六国的事业中，起了较大的作用。

秦统一六国之后，李斯与王绾、冯劫议定尊秦王嬴政为皇帝，并制定有关的礼仪制度，被任命为丞相。他反对分封制，坚持郡县制；建议拆除郡县城墙，销毁民间的兵器；又主张焚烧民间收藏的《诗》《书》等百家典籍，禁止私学，以加强中央集权的统治；还参与制定了法律，统一车轨、文字、度量衡制度，成为秦朝的一代名相。

李斯虽然也是法家的代表人物之一，但文章不多，流传于世的仅有《谏逐客书》《论督责书》《言赵高书》《狱中上书》4 篇文章，以及《泰山封山刻石》《琅琊刻石》《邹峄山刻石》《之罘刻石》《东观刻石》《碣石刻石》《会稽刻石》等七通碑铭。因此，有的专家认为，他不过是一位法家思想路线的执行者罢了。

韩非子与李斯同学，比其年轻，学问更好，学识更加渊博，且兼收并蓄，自成体系；入秦之后，如果受到秦王嬴政的重用，势必会危及李斯的前程和地位。因此，李斯对他心怀嫉妒，并加以陷害，是毫无疑问的。与鬼谷子先生门下的张仪、苏秦、孙膑、庞涓四位高足相似，都上演过同门相轻甚至相残的闹剧。

司马光在《资治通鉴》中曾说，"臣闻君子亲其亲以及人之亲，爱其国以及人之国，是以功大名美而享有百福也。今非为秦画谋，而首欲复其宗国，以售其言，罪固不容于死矣，乌足悯哉！"① 大意是，我听说君子亲爱自己的亲人，而推及别人的亲人，热爱自己的祖国，而推及别人的祖国，因此能够成就一番事业，且享有盛名与各种幸福。如今韩非子既要替

---

① （宋）司马光：《资治通鉴》，岳麓书社 1990 年版，第 67 页。

秦国出谋划策，又要暗中庇护自己的家国，兜售他的"帝王之术"，当然罪不容诛，有什么值得怜悯、同情的呢?!

俗话说，"狐死首丘""人非草木，孰能无情?"韩非子虽然因"作《说难》之书而卒死乎说难"①，可谓"咎由自取"。但他眷念、庇护家国的情怀，仍然值得今人借鉴与充分肯定。

曲折的人生经历，使得韩非子早就看透了世态炎凉。他曾在《六反》一文中，针砭时弊，分析人性的善恶："且父母之于子也，产男则相贺，产女则杀之。此俱出父母之怀衽，然男子受贺，女子杀之者，虑其后便，计之长利也。"② 其意是说，况且有的父母对于子女，生了男孩就互相祝贺，生了女孩就把她杀了。子女都出自父母的怀抱，然而是男孩就受到祝贺，是女孩就杀了的原因，是考虑到今后的方便，从自己的长远利益而打算。"重男轻女"之恶习、陋习，古已有之!

《爱臣》："爱臣太亲，必危其身；人臣太贵，必易主位；主妾无等，必危嫡子；兄弟不服，必危社稷。"③ 意思是，若过于亲近宠臣，必定危及君主自身；臣子地位太高，必定取代君主的皇位；妻妾不分等级，必定危及嫡子；君主兄弟不服，必定危害国家。

《八奸》："其于父兄大臣也，听其言也必使以罚任于后，不令妄举。"④ 对于父兄和大臣，在听取他们意见的时候，一定要使他们知道必然受罚的后果，不能随意荐举。

《扬权》："一家二贵，事乃无功。夫妻持政，子无适从。"⑤ 大意是说，一家有两个尊贵的，事情就会没有成效。夫妻共同当家，孩子就无所适从。

《亡征》："后妻淫乱，主母畜秽，外内混通，男女无别，是谓两主；两主者，可亡也。后妻贱而婢妾贵，太子卑而庶子尊，相室轻而典谒重，

---

① （宋）司马光:《资治通鉴》，岳麓书社1990年版，第67页。

② （清）王先慎:《韩非子集解》，中华书局1998年版，第417页。

③ 同上书，第24页。

④ 同上书，第56页。

⑤ 同上书，第52页。

如此则内外乖；内外乖者，可亡也。"① 其言是说，后宫妃子淫乱，太后养奸，内外混杂串通，男女没有分别，这样就形成了两个权力中心；形成两个权力中心的，可能带来灭亡。正妻贱而婢妾贵，太子卑而庶子尊，执政大臣轻而通报官吏重，这样就会内外乖戾；内外乖戾的，可能招致灭亡。

韩非子在他这些文章中，直斥人类的恶劣情欲——贪欲和权势欲，深刻揭示了社会的冷漠与阴暗。君主虽然手握大权，高高在上，却惶惶不安，日夜担心臣子和妻妾、子侄谋权夺位、害死自己，只好把自己内心的欲望、爱好隐藏起来，带着喜怒不形于色的假面具示人；大臣们则个个心怀鬼胎，对君主的权力虎视眈眈，处心积虑地算计君主，以满足自己的欲壑奢望；甚至连父母和子女，为了自己的一己私利，都在相互埋怨和算计不停。

他的这些怨愤之辞，虽然有些尖利和刻薄，但反过来说明了和谐家庭与和谐社会建设的重要，也反证了虞舜"无置锥之地于后世而德结"的难能可贵。

《史记·五帝本纪》中说："举八元，使布五教于四方，父义，母慈，兄友，弟恭，子孝，内平外成。"② 其意是说，虞舜任用八元，大力传播与弘扬"父义、母慈、兄友、弟恭、子孝"这五种伦理道德，百姓们都自觉遵从，没有违背。

虞舜"一是不失子道、不失兄道，以'孝'齐家，家和而万事兴；二是不贪财、不争利，以'礼'服众，化民成风；三是不奢靡、不懈怠，以'仁'治国，庶绩咸熙；四是不谋私、不恋栈，以'义'禅让天下，鞠躬尽瘁，死而后已"③。

他"象以典刑""流宥五刑"，与韩非子的"严刑重罚"截然不同，不仅注重法治的警戒与警示作用，而非惩罚之作用；并且更加着力于"仁孝与德治"的引导和内化作用，足见其意义之伟大和非凡。

"家是最小国，国是千万家""我爱我的国，我爱我的家。"有一个情

---

① （清）王先慎：《韩非子集解》，中华书局 1998 年版，第 112 页。

② （汉）司马迁：《史记》，岳麓书社 1988 年版，第 3 页。

③ 骆正军：《试谈虞舜的"仁孝"与法制、和谐社会建设》（www.doc88.com/p. 2016 - 5 - 23）。

感是共同的，"为什么我的眼里常含着泪水，因为我深爱着脚下的土地。"
"古之欲明明德于天下者，先治其国；欲治其国者，先齐其家；欲齐其家
者，先修其身。"① 两千多年前，这段在《大学》里论述的文字，将国家、
社会、家庭和个人串连成一个密不可分的整体。这种被称之为"家国情
怀"的情感，奠定了国人修身、齐家、治国、平天下的道德理想和行为
准则。

　　"家国情怀"是一个人对国家和人民的深情大爱，是对国家富强、
人民幸福的理想追求。它是对自己国家高度的认同感、归属感、责任
感和使命感的体现，是一种深层次的文化心理密码。虞舜如此，韩非子
同样如此，上下五千年，中国历朝历代所有的仁人志士，几乎同样
如此。

　　总而言之，正如习近平总书记所曾经指出的那样："历史是一面镜
子，从历史中，我们能够更好看清世界、参透生活、认识自己；历史也是
一位智者，同历史对话，我们能够更好认识过去、把握当下、面向未来。
'观古今于须臾，抚四海于一瞬'。""中华文化延续着我们国家和民族的
精神血脉，既需要薪火相传、代代守护，也需要与时俱进、推陈出新。要
加强对中华优秀传统文化的挖掘和阐发，使中华民族最基本的文化基因同
当代中国文化相适应、同现代社会相协调，把跨越时空、超越国界、富有
永恒魅力、具有当代价值的文化精神弘扬起来，激活其内在的强大生命
力，让中华文化同各国人民创造的多彩文化一道，为人类提供正确精神
指引。"②

　　作为中华道德文明的始祖，舜帝一生施仁行孝，集诸多美德于一身，
乃道德人伦之楷模、"修身""齐家"之样板、"治国平天下"之圣君。
他始终践行个人身心道德之"诚"、家庭道德之"孝"及社会道德之
"礼""仁"和"义"；最大限度地维系了家国和谐，给予炎黄子孙和百
姓万民以无尽的教益及启迪。虞舜从家的"和睦"开始，到邻里的"和
美"，再到国的"和顺"、社稷的"和稳"，践行了"以仁孝治天下"的
美好愿景，对于当今的法治社会与和谐家庭、和谐社会的建设，都有着极

大的借鉴和参考作用。他之"家国情怀",并未因为韩非子曾经有过的"非难",而黯然失色,与此相反,更加光彩灿烂,与日月同光,经天纬地,历久而长盛不衰。

虞舜亲亲论

周甲辰

　　作为中华道德文明创始人，舜既确定了家庭的重要地位，也确定了家庭生活的道德准则，同时还在践行这些准则方面树立了后人难以企及的标杆。舜关于家庭建设的理念与准则产生了深远影响，中国传统社会特别重视家庭，而且公私不分，公德意识匮乏，认人不认理等现象比比皆是，所有这些均与舜德传统的负面影响有关。

一

　　家庭在舜心目中的地位是崇高的。只有得到父母欢心，家庭和睦，舜才感觉到幸福与满足。据史料记载，"舜耕历山，以失爱于父母，日号泣于旻天，不敢怨怼"（《稽古录·有虞氏上》），可见，对于舜而言，"不顺于父母"确实是人生最大的痛苦。因为特别在乎父母的感受，舜直到三十岁以后才成亲，而且还是不告而娶。孟子说："告则不得娶。男女居室，人之大伦也。如告则废人之大伦，以怼父母，是以不告也。"① 孟子还记载说："帝使其子九男二女，百官牛羊仓廪备，以事舜于畎亩之中。天下之士多就之者，帝将胥天下而迁之焉。为不顺于父母，如穷人无所归。"② 在孟子看来，舜帝要是没有得到父母的欢心，即便拥有整个天下，他也会像鳏寡孤独的人一样，找不到精神依靠。有人曾向孟子提出这样的问题："舜为天子，皋陶为士，瞽瞍杀人，则如之何？"孟子回答说，舜

---

① （清）焦循：《孟子正义》，中华书局1987年版，第618页。
② 同上书，第611页。

应该先依法让人把瞽瞍关起来，然后"窃负而逃，遵海滨而处，终身欣然，乐而忘天下。"① 孟子认为，在舜的价值体系中，最重要的是父母。天下与之比较起来，就如同"敝屣"而已。由此出发，孟子曾这样描述舜："天下之士悦之，人之所欲也，而不足以解忧。好色，人之所欲，妻帝之二女，而不足以解忧；富，人之所欲，富有天下，而不足解忧；贵，人之所欲，贵为天子，而不足以解忧。人悦之好色富贵，无足以解忧者，惟顺于父母可以解忧。"② 或许正因为特别孝顺父母，舜在登上帝位之后，才会"载天子旗，往朝父瞽瞍，夔夔唯谨，如子道"。③

　　舜不仅大孝，而且还非常关爱自己的弟弟。舜有一个同父异母的弟弟象，其人狂傲顽劣，"以为子则不孝，以为弟则傲"（王阳明《象祠记》），人品很差，为谋夺舜的两个妻子及财产，象曾多次策划和参与针对舜的谋杀行动。但是，舜在继承王位以后，不但没有加以惩处，反而封赏了他。关于这一封赏很多史料都曾涉及，《后汉书·袁绍传》记载说："象傲，终受有鼻之封"；《三国志·魏志·乐陵王茂传》记载说："昔象之为虐至甚，而大舜犹侯之有鼻"。对此，孟子曾评论说："仁人之于弟也，不藏怒焉，不宿怨焉，亲爱之而已矣。亲之欲其贵也，爱之欲其富也。封之有庳，富贵之也。"④ 但是，同时《孟子》也记载了前人对于这一封赏的质疑："舜流共工于幽州，放驩兜于崇山，杀三苗于三危，殛鲧于羽山，四罪而天下咸服，诛不仁也。象至不仁，封之有庳，有庳之人奚罪焉？仁人固如是乎？在他人则诛之，在弟则封之。"⑤ 这一质疑确实不无道理，舜对象的封赏显然有违公平公正原则，损害了法律制度的尊严。但是，也正是这一封赏，再次清楚表明家庭及家人在舜心目中占有十分重要的地位，舜的价值体系与道德观念中都存在一个家庭优先原则。所以，孟子说："尧舜之道，孝悌而已矣。"⑥ 受此影响，在传统中国社会，人们的家

①　（清）焦循：《孟子正义》，中华书局 1987 年版，第 931 页。
②　同上书，第 615 页。
③　（汉）司马迁：《史记》，中华书局 1982 年版，第 44 页。
④　（清）焦循：《孟子正义》，中华书局 1987 年版，第 631 页。
⑤　同上书，第 628 页。
⑥　同上书，第 816 页。

庭观念具有稳定性和至上性，重视家族利益成为家庭伦理的主导精神和价值取向。①

二

据《尚书·舜典》记载，舜曾下令说："契，百姓不亲，五品不逊。汝作司徒，敬敷五教，在宽。"② 关于"五教"的具体内容，《左传·文公十八年》中的解释是"父义、母慈、兄友、弟共、子孝"。孔安国、马融、郑玄、裴骃、孔颖达、韦昭等人都认可这一解释。根据这一解释，"五教"仅涉及家庭内部关系，而且其中每一"教"都有特定的适用对象。基于此，有学者提出："'五教'是父、母、兄（姐）、弟（妹）、子（女）五种家庭成员角色应当遵循的道德准则，是处理家庭关系的伦理规范。"③ 与以上理解不同，孟子以"父子有亲，君臣有义，夫妇有别，长幼有序，朋友有信"④ 来解释"五教"，其解释曾被朱熹等人所接受。孟子所理解的"五教"所涉及的范围虽然更为宽泛，但其核心依然是家庭关系，而且"亲""义""别""序""信"等也都"只适用于特殊对象"，同样"属于特殊主义"。⑤

舜所倡导的"五教"不仅"只适用于特殊对象"，而且还具有单向性和绝对性。在父（母）子（女）、夫妻、兄（姐）弟（妹）等关系中，一方遵循角色所要求的道德准则，不应受对方品行好坏的影响，也不能因对方身份高低而有所改变。舜本人遵循"五教"准则就完全是无条件的。"舜孝之难是根本性的"⑥，他生长在一个极其特殊的家庭，生母握登早逝，父亲瞽瞍双目失明，愚昧固执。"瞽瞍更娶妻而生象，象傲。瞽瞍爱后妻子，常欲杀舜""舜避逃，及有小过，则受罪"，但是，舜一直"顺

---

① 杨威、李培志：《论中国传统家庭伦理的主导精神》，《道德与文明》2007 年第 6 期。
② （清）皮锡瑞：《今文尚书考证》，中华书局 1989 年版，第 76—77 页。
③ 王钧林：《关于当代中国核心价值观的思考》，《齐鲁学刊》2012 年第 5 期。
④ （清）焦循：《孟子正义》，中华书局 1987 年版，第 386 页。
⑤ 李国鼎：《经济发展与伦理建设——第六伦的倡立与国家现代化》，《联合报》1981 年 3 月 15 日第 2 版。
⑥ 张祥龙：《舜孝的艰难与时间性》，《文史哲》2014 年第 2 期。

适不失子道"，小棰受，大棰辞，使得父母兄弟"欲杀，不可得；即求，
尝在侧"（《史记·五帝本纪》），最后父母兄弟都被感化。舜的夫妻关系
也极为特殊，他与尧的两个女儿地位相差悬殊，一夫二妻关系也非常复
杂，但是，舜与二女互敬互爱，共同度过了一系列危难，"舜居妫汭，内
行弥谨。尧二女不敢以贵娇事舜亲戚，甚有妇道"。① 因而，他们的结合
一直被奉为理想的婚姻典范，留下了众多优美的传说。家庭关系尤其是血
缘关系，对于在家庭中任何一个角色的人来说都是无法选择的既定事实，
个人遵守角色所规定的道德准则不能将对方的品性、身份等设置为前提条
件，否则，道德准则的落实就会大打折扣甚至流于空谈。舜忍让克己，无
条件地坚守为子、为兄、为夫之道，既是一种无奈的选择，也是一种合理
的选择。当然，能在十分艰难的条件下，始终坚持这一选择，这确实凸显
了舜的过人之处。同时，舜的选择也清楚地表明，在尧舜时代，以维护家
庭和谐为核心的"五教"在整个道德规范与价值体系中处于核心位置与
优先位置。

三

　　舜的视野与努力都没有局限于家庭，早在青年时代他就将构建和谐家
庭的基本准则运用于社会治理，很好地解决了"百姓不亲，五品不逊"
的问题。《韩非子·难一》记载说："山之农者侵畔，舜往耕焉，期年，甽
亩正。河滨之渔者争坻，舜往渔焉，期年而让长。东夷之陶者器苦窳，舜
往陶焉，期年而器牢。"② 《尸子》记载说："舜兼爱百姓，务利天下，其
田历山也，荷彼耒耜，耕彼南亩，与四海俱有其利。其渔雷泽也，旱则为
耕者凿渎，险则为猎者表虎。故有光若日月，天下归之若父母。"舜家境
贫寒，地位低微，经历坎坷，而且没有特殊技能，他之所以能得到四岳的
举荐并最终得到尧的任用，显然离不开他在构建和谐家庭与和谐社会方面
所付出的艰苦努力。尧在挑选接班人过程中，曾先后否决丹朱、共工和鲧
等人选，最后才接受四岳的举荐，对舜进行考察。四岳举荐的理由是舜

---

① （汉）司马迁：《史记》，中华书局1982年版，第33页。
② （清）王先慎：《韩非子集解》，中华书局1998年版，第349页。

"克谐以孝烝烝，乂不格奸"，① 意思是说舜孝顺和美，治理天下不至于太差吧。为考察舜，尧将两个女儿娥皇、女英嫁给舜，还让自己的九个儿子跟着舜办事。可见，无论是四岳的举荐，还是尧的考察，其核心内容都是舜的家庭道德，尤其是其践行"五教"的情况。舜经受住了严格考察，最后才有幸登上帝位，实现了天下大治。

《尚书·尧典》称赞尧："克明俊德，以亲九族。九族既睦，平章百姓，百姓昭明，协和万邦，黎民于变时雍。"② 比较尧与其接班人舜，我们不难发现二人实现人生价值的途径惊人地相似。他们都是基于个人超人的道德修养，从治理家庭、家族开始，进而治理社会、治理国家，最后到抚平四海，协和万邦。由此可见，尧舜时期一个人在家庭生活中所表现出来的美德，不仅关系到他个人的声誉与前途，关系到家庭和睦，邻里和谐，还关系到国家及天下的治理。换言之，舜之"五教"虽然主要是关于家庭生活的道德准则，但其影响决不仅仅局限于家庭。在某种程度上，可以说，它还是当时社会道德构架的基石、价值体系的出发点与核心。后世所谓"父父、子子、兄兄、弟弟、夫夫、妇妇，而家道正，正家而天下定矣"（《易·家人卦》）；"亲亲，仁也。敬长，义也。无他，达之天下也"③；"不爱其亲而爱他人者，谓之悖德，不敬其亲，而敬他人者，谓之悖礼"（《孝经·圣治章》）等，都是基于此而做出的逻辑推断。儒家的修身、齐家、治国、平天下八条目也正是基于此而构建起来的。

四

西方哲学与文化追究过本原、数、存在、理式等一系列范畴和概念，但却漏掉了与人最直接相关的那部分，漏掉了人生的第一经验——以"家"这个字为代表的那些基于最亲密经验的哲理，因而是一部没有家的历史。西方思想家虽然有时也讲到"家"，但其所讲只是诗意栖居的家园，其中并没有真正的家人及其伦理。④ 中国的情况则有所不同，从尧舜

---

① （清）孙星衍：《尚书今古文注疏》，中华书局 2004 年版，第 30 页。
② 同上书，第 6—9 页。
③ （清）焦循：《孟子正义》，中华书局 1987 年版，第 899 页。
④ 参见张祥龙《家与孝：从中西间视野看》，生活·读书·新知三联书店 2017 年版。

开始，因为高度重视家庭及家庭伦理，"在中国，简直可以说，除家族外，就没有社会生活。"① "中华传统道德重要的社会根源是家，其道德意识和范畴体系的起点是家。"② 在以人伦道德为中心的中国古代哲学文化中，与家相关的理念与术语，比如孝悌、阴阳、尊卑、和合、亲疏等，一直据有核心地位。"家庭伦理在中国传统文化中的影响，几乎弥漫于各个领域，渗透于各个层面。"③ 哈克·布登认为，中国"家庭成了整个社会，因此，我们可以说中国的社会，就是中国的家庭制度。"④ 钱穆先生也说："中国文化，全部都从家族观念上筑起。"⑤

值得注意的是，以"五教"为核心内容的舜德文化传统，在凸显家庭地位与作用，重在化民成俗的同时，由于相对忽视了社会，其负面影响不可低估：一是在中国人的价值体系与道德构架中，社会的地位往往被边缘化了。"人每责备中国人只知有家庭，不知有社会。实则中国人除了家庭，没有社会。"⑥ 同时，由于"特别强调家庭私德对于社会公德不仅具有本根性，而且具有至上性，结果就使它所提倡的社会公德（仁）受到了家庭私德（孝）的严重压抑，而在二者出现冲突的情况下甚至还会被后者所否定"⑦，从而造成民众公德意识的匮乏。二是在中国人的思维观念里，家国同构，国与家总是联系在一起的，家是小小国，国是最大的家。中国人常用理家的思维对待国家治理，统治者习惯于以家长身份进行管理，包办一切；被统治者习惯于逆来顺受，坚守本分。公私不分、公权私用的现象屡见不鲜，民主与法治的推进十分艰难。三是在中国人的日常生活中，关系显得尤为重要，关系学成为全社会最高深、最实用，同时也是最普及的显学。由于"五伦观念中实已包含有等差之爱的意义在内"，

① 韦政通：《儒家与现代中国》，上海人民出版社1990年版，第72页。
② 伍雄武：《家——中华传统道德之根》，《伦理学研究》2006年第3期。
③ 张炳生、丁雯：《浅议家庭伦理对中国传统文化的影响》，《科学经济社会》2009年第3期。
④ ［美］哈克·布登：《中国的文化传统》，高等教育出版社2005年版，第43页。
⑤ 钱穆：《中国文化史导论》（修订本），商务印书馆1994年版，第51页。
⑥ 卢作孚：《建设中国的困难及其必循的道路》，载凌耀伦、熊甫编《卢作孚文集》（增订本），北京大学出版社2012年版。
⑦ 刘清平：《儒家伦理与社会公德——论儒家伦理的深度悖论》，《哲学研究》2004年第1期。

社会关系模式呈现为"差序格局"。中国人待人总要区别远近亲疏，在公共生活与公共权力方面，不能对所有人一视同仁，爱有差等，只要是一家人就必定好说话，重人情而轻王法。"朝里有人好做官""一人得道，鸡犬升天"以及攀远亲、认干亲、走后门、讲私情等往往成为社会普遍现象，有时甚至连佛陀、神仙等也都不能免俗。综上所述，我们认为，随着经济文化全球化时代的到来和我国"一带一路"倡议的深入实施，正确认识和对待舜德传统，进一步加强民族道德文化建设，就显得十分重要与紧迫。

透视虞舜"至孝"的大智慧

张映华

孝为百善之首，它既能促成家庭的和谐，又能促进社会的安宁。照观"二十四孝"中虞舜的例子，我们不难发现，虞舜既是仁孝的典范，也是智孝的榜样。在和谐家庭的打造上，虞舜的例子给了我们有益而深刻的启示：一味提倡仁爱之孝是远远不够的，还必须同时大力提倡智慧之孝。

基于这种观点，笔者试从个体、夫妻、社会三个角度透视虞舜的"至孝"，为其中所含的大智慧定影显形。

一 以柔克刚的智慧之孝，让虞舜在问题家庭中逢凶化吉

《史记·五帝本纪》里有这样的记载：

> 舜父瞽叟盲，而舜母死，瞽叟更娶妻而生象，象傲。瞽叟爱后妻子，常欲杀舜……
>
> 舜父瞽叟顽，母嚚，弟象傲，皆欲杀舜。

幼年虞舜的家庭里充斥着暴力，在一批问题亲人的夹缝里求生存，他的生命权随时都有可能被剥夺，他的成长至为不易。好在虞舜有他的应对策略："舜顺适不失子道，兄弟孝慈。欲杀，不可得；即求，尝在侧。"（《史记·五帝本纪》）

"皆欲杀舜"的生存危机逼着"顺事父及后母与弟，日以笃谨"的小虞舜玩起了"小棒则受，大棒则走"的"躲猫猫"游戏："欲杀，不可得；即求，尝在侧。"看得出来，他的机智脱险之法其实就是他的智慧尽

孝之法。

古人对虞舜这种"小受大走"的尽孝之法推崇备至,认为这种家庭"麻雀战"练就了虞舜"欲杀不可得,急求常在侧"的化骨柔功,既可维护严父的形象,又可恪尽孝子的义务。

比如在《孔子家语·六本》中,孔子盛赞虞舜的德行:"汝不闻乎?昔瞽瞍有子曰舜,舜之事瞽瞍,欲使之,未尝不在于侧;索而杀之,未尝可得。小棰则待过,大杖则逃走,故瞽瞍不犯不父之罪,而舜不失烝烝之孝。"

《韩诗外传》(西汉韩婴著)卷八中有类似的评述:"汝不闻昔者舜为人子乎?小棰则待笞,大杖则逃。"

《说苑·建本》(西汉刘向著)有言:"舜之事父也,索而使之,未尝不在侧,求而杀之,未尝可得。小棰则待,大棰则走,以逃暴怒也。"

《后汉书·隗嚣传》(南朝范晔编著)曰:"昔虞舜事父,大杖则走,小杖则受。"

在"父顽母嚚弟傲"的恐怖家庭气氛里,为了尽孝而"尝在侧"是小虞舜的职责,为了保命而"不可得"也是小虞舜的义务。"大棒"下的"走"是极其必要的,这能让"皆欲杀舜"的算盘打空,使自己免死于家庭暴力之下,也就保住了尽孝的"本钱"。假如不"走",小虞舜既会陷自己于绝境之中,又会陷父母兄弟于杀人的不义之中。

对于一个幼儿来说,"大棒"之下的"走"也不见得每次都能逃脱,但起码能将家庭暴力暴露在光天化日之下,暴露在众目睽睽之中,这就容易使施暴者受到大众舆论的监督和天地良心的谴责,从而收敛其行为以遮掩其图谋。

相对于"大棒则走"而言,"小棒则受"是一种消极的、被动的反抗,因为"小棒"照样能把人打得皮开肉绽,甚至夺人性命。小虞舜的"小棒则受"与"即求,尝在侧"是连环配套的,属于以柔克刚,属于"忍得一时之气,免得百日之忧",这足以显见小小年纪的他心地的善良、心胸的广阔与心智的聪明。

尤其难能可贵的是,事后的虞舜不再记在心上,还帮家人隐恶扬善,侍奉父母关爱弟弟更加勤勉。这是仁智之孝的突出表现。

虞舜认了与"小棒""大棒"周旋的"命",用自己赤诚的孝悌之心感化家人，有他深层的智慧：孝悌之道是"求为变心易志"（《越绝书》卷三），可以形成对"父顽母嚚弟傲"的道德审判力。他这样做，能制止家人品德的进一步滑坡，进而变冲突为和缓，变和缓为和睦。

你有三尺坚冰，我有大智大孝。周旋于"小棒""大棒"之中的大孝子虞舜遇难成祥，逢凶化吉，终于熬到了"年二十以孝闻"的出头之日，生存危机基本解除。

仔细想来，史家之言"舜年二十以孝闻"为我们传达出了下面三条信息：

1. 虞舜矢志不移，在亲情的极度低温中捧出了一颗炽热的孝悌之心，这使他在家庭生活中经受住了炼狱一般的考验，活到了"年二十"，终于长大成人；

2. 虞舜至孝的名声是"年二十"之前逐渐传开，从姚墟传至四面八方的。"年二十"只不过是他成为天下"闻"人的一个时间节点，是他获得与今天的"感动中国十大人物"相类似的社会美誉的一个时间节点；

3. 既然"孝"被公认为人类美德，"皆欲杀舜"之类的行为被公认为人间恶德，那么对于虞舜而言，"年二十以孝闻"会让他"年二十"以后的尽孝活动变得方便顺当一些，那时候家人想把"小棒""大棒"在他面前挥过来挥过去就会变得比较困难……

《礼记·礼运》有言："父子笃，兄弟睦，夫妇和，家之肥也。"[1] 好在有虞舜持之以恒的仁智之孝，好在有"舜年二十以孝闻"，他的家人不得不改变态度，转而成为虞舜的同道，走在了"父子笃、兄弟睦、夫妇和"的康庄大道上。

二 夫妻搭档的智慧之孝，让"金石为开"的目标得以实现

因为虞舜"年二十以孝闻"，他终于成家立业，命运发生了重大转机："三十而帝尧问可用者，四岳咸荐虞舜，曰可。于是尧乃以二女妻舜

---

[1] （清）朱彬：《礼记训纂》，中华书局1996年版，第354页。

以观其内，使九男与处以观其外。舜居妫汭，内行弥谨。尧二女不敢以贵骄事舜亲戚，甚有妇道。尧九男皆益笃……尧乃赐舜缔衣，与琴，为筑仓廪，予牛羊。"①

对于有知遇之恩的帝尧，虞舜当然会视同亲生父母，并且会很自然地把真心感念转移到娥皇女英的身上，善待这一对姊妹花，让她们少受委屈，不受委屈。多担当、进一步做好自己，是丈夫虞舜对妻子娥皇女英最好的调教之法。"内行弥谨"的平民虞舜从我做起，做出榜样，这是"甚有妇道"的娥皇女英"不敢以贵骄事舜亲戚"和"尧九男皆益笃"的奥秘所在。

在朝夕相伴的零距离接触中，娥皇女英会更加了解和钦佩"至孝"者虞舜的为人，从而身依着他，心贴紧他，学习他，成就他，爱他胜过爱自己。向近在身边的男神看齐的她们自然恪守妇道，考虑特别周详，处事特别机敏，在相夫教子、孝敬公婆、和睦邻里方面做成功男人背后的伟大女性。

有了这样的心心相印，虞舜与娥皇女英的结合就成了世界上最幸福、最美好的结合，风雨同舟的好夫妻同时也就成了至孝至悌的好晚辈、好兄嫂。在他们的共同经营下，新家庭就组成了一个"孝心大联盟"，大家庭也就逐步走向了和谐。

细读《史记·五帝本纪》和《列女传·有虞二妃》，我们不难发现，娥皇女英奇谋解横祸，是帮助虞舜事业腾飞的两只翅膀。顽父嚚母傲弟能够顽石点头、彻底醒悟，这绝对不是虞舜的一己之力，而是得益于他们的夫唱妇随，心往一处想，劲往一处使，精诚所至，金石为开。

家事显本性，危难见真情。我们不妨通过史料对在虞舜遇险的特殊情况下娥皇女英的孝悌行为作一番研判，发现她们在家庭生活中的高超智慧与突出贡献。

《史记·五帝本纪》载："……瞽叟尚欲杀之，使舜上涂廪，瞽叟从下纵火焚廪。舜乃以两笠自扞而下，去，得不死。后瞽叟又使舜穿井，舜穿井为匿空旁出。舜既入深，瞽叟与象共下土实井，舜从匿空出，去。瞽叟、象喜，以舜为已死。象曰：'本谋者象。'象与其父母分，于是曰：'舜妻尧二女，与琴，象取之。牛羊仓廪予父母。'象乃止舜宫居，鼓其

---

① （汉）司马迁：《史记》，中华书局1982年版，第33—34页。

琴。舜往见之。象鄂不怿，曰：'我思舜正郁陶！'舜曰：'然，尔其庶矣！'舜复事瞽瞍爱弟弥谨。"①

《列女传·有虞二妃》这样写道："二女承事舜于畎亩之中，不以天子之女故而骄盈怠嫚，犹谦谦恭俭，思尽妇道……瞽瞍与象谋杀舜。使涂廪，舜归告二女曰：'父母使我涂廪，我其往。'二女曰：'往哉！'舜既治廪，乃捐阶，瞽瞍焚廪，舜往飞出。象复与父母谋，使舜浚井。舜乃告二女，二女曰：'俞，往哉！'舜往浚井，格其出入，从掩，舜潜出……"

两宋之间的洪兴祖在《楚辞补注》中引古本《列女传》说："瞽瞍与象谋杀舜，使涂廪。舜告二女。二女曰：'时唯其戕汝，时唯其焚汝，鹊汝裳，衣龙工往。'舜既治廪，旋捐阶，瞽瞍焚廪，舜往飞出。……复使浚井。舜告二女。二女曰：'时亦唯其戕汝，时其掩汝，汝去裳，衣鸟工往。'舜往浚井，格其入出，从掩，舜潜出……"

拿《史记·五帝本纪》和《列女传·有虞二妃》有机联系，互相补充，我们容易把"承事舜于畎亩之中，不以天子之女故而骄盈怠嫚，犹谦谦恭俭，思尽妇道"的娥皇女英的品德看个明白：

1. 娥皇女英深明大义，支持丈夫的事业，对于和谐家庭建设有自己的计划和作为，对孝悌重要性的认识并不在虞舜之下。比如父母提出"涂廪""浚井"的要求，虞舜去征求妻子的意见，娥皇女英口口声声都是"往哉"，孝悌之心由此可见。

2. 她们谋事周详，在协助丈夫行孝尽悌的同时记挂丈夫的安危，做丈夫的保命真神。虞舜"涂廪""浚井"时的随身之物"两笠"和"龙工""鸟工"应该就是娥皇、女英提供的，在危急关头它们发挥了救生的作用，使虞舜转危为安。

3. "谦谦恭俭，思尽妇道"的娥皇、女英特别能够忍受，为了不乱孝悌的"大谋"，让一家人能相安而处，对不良企图看穿而不揭穿。在虞舜遭遇"焚廪""实井"之难后，杀兄夺嫂阴谋的实施者"象乃止舜宫居，鼓其琴"，娥皇、女英为了避免兄弟结下深仇大恨，没有哭哭闹闹把脸撕破。这与其说是给足了象的面子，不如说是给足了象洗心革面的机会，预留了"舜复事瞽瞍爱弟弥谨"的空间。估计虞舜做了帝王后封象

---

① （汉）司马迁：《史记》，中华书局1982年版，第34页。

于有庳,让他有了造福百姓的用武之地,也是由于娥皇、女英的提议。

4. 娥皇、女英能自觉发挥孝悌的"补台"作用,尽到虞舜所难能尽到的职责,深入持久地推动和谐家庭建设。作为"公家人"的虞舜身在朝廷,必须向天下推行"五教",必须为打造"尧天舜日"恪尽职守,回家尽孝行悌的次数相当有限,家中的孝悌重担自然落在了娥皇、女英的肩上。所以我们要把史书上"终身慕父母""事瞽瞍犹若初焉""夔夔唯谨,如子道"(《列女传》)之类的话既当成是对虞舜的褒扬,又当成是对娥皇、女英的嘉奖。

有虞舜夫妇孝悌之心的感化,父母终于醒悟到"至惭",异母所生的弟弟象终于改邪归正,成了造福百姓的一方诸侯。这是夫妻搭档的智慧之孝换得的巨大胜利。

三 内外联动的智慧之孝,让坚冰化暖流人间荡春潮

私欲膨胀,恶俗流行,"百姓不亲,五品不驯"(《列女传》),这把一个时代推到了重要的历史转折点上。虞舜在"父顽母嚣弟傲"(《尚书·尧典》)的家庭氛围中成长,还必须承受民间"侵畔""争坻"不良风气造成的重大压力。内忧外患使平民虞舜认识到,"百姓不亲,五品不驯"的民风就是"父顽母嚣弟傲"存在的土壤,他必须"躬藉处苦"、奋勇当先,团结一切可以团结的力量,启动实现家庭与社会内外联动的改造工程,与"不亲""不驯"作坚决的斗争。于是他和他的志同道合者既扫自家"门前雪",又管他人"瓦上霜",从改造小家庭的小打小闹中走出来,站在了"救败"的最前线,打响了以礼让者转化侵夺者、以好的社会风气带动好家风的"人民战争",从而让人心的坚冰融化,让人间的春水流淌。

历史典籍里对改造社会道德风尚的虞舜的"救败"事迹多有记载。

《韩非子》里说:"山之农者侵畔,舜往耕焉,朞年,甽亩正。河滨之渔者争坻,舜往渔焉,朞年而让长。东夷之陶者器苦窳,舜往陶焉,朞年而器牢。仲尼叹曰:'耕、渔与陶,非舜官也,而舜往为之者,所以救败也。舜其信仁乎!乃躬藉处苦而民从之。故曰:圣人之德化乎!'"[1]

---

[1] (清)王先慎:《韩非子集解》,中华书局1998年版,第349页。

《淮南子·原道训》载:"昔舜耕于历山,朞年,而田者争处垆埆,以封壤肥饶相让;钓于河滨,期年而渔者争处湍濑,以曲隈深潭相予。当此之时,口不设言,手不指麾,执玄德于心,而化驰若神。"①

《史记·五帝本纪》如此描述虞舜对民风产生的辐射影响:"舜耕历山,历山之人皆让畔;渔雷泽,雷泽上人皆让居;陶河滨,河滨器皆不苦窳。一年而所居成聚,二年成邑,三年成都。"②

清代惠栋整理的《尸子辑本·卷上》这样记载平民虞舜的利他举措和超强凝聚力:"舜兼爱百姓,务利天下,其田历山也,荷彼耒耜,耕彼南亩,与四海俱有其利。其渔雷泽也,旱则为耕者凿渎,俭(险)则为猎者表虎(穿上用虎皮缝制的衣服)。故有光若日月,天下归之若父母。"

《韩非子》等史料告诉世人,风气的转好离不开仁者的"务利天下"之心,离不开"以德化人"者的率先垂范,离不开"须把乾坤力挽回"的优秀群体的联合作战。而"圣人之德"由孝悌之心派生,"务利家人"的延展就是"务利天下"。

借助史料,我们可以把虞舜还原成这样一个挺拔伟岸而又真实可信的历史人物形象:他"让"字当头,宽厚仁慈,"与四海俱有其利",把生产资料和智力资源拿出来与众人共享,是个特别能够以德化人的人;他干一行爱一行专一行,耕、渔与陶的本领超群,传授的技艺能发展生产力,是个特别能够以能服众的人;他广交朋友,广结善缘,"耕于历山而友益,陶于河滨而友禹"(《鲁连子》),"舜事亲养兄,为天下法,其游也得六人,曰雄陶、方回、续牙、伯阳、东不訾、秦不空,皆一国之贤者也"(《尸子》),是个特别能够以魅力聚众的人。他非但事亲养兄为天下法,在立足社会、为人处世方面也是众人学习的楷模。寒流坚冰有尽时,不信东风唤不回。人们从他的身上看到了"救败"的希望,就开始追随他,效仿他,跟他一起撸起袖子加油干,移风易俗换新天。

观其外可以知其内。虞舜吃自家饭,操百家心,以高尚的情操感染人,以模范的言行引导人,因此他的人气指数飙升,"一年所居成聚,二年成邑,三年成都"(《史记·五帝本纪》)。家家户户以做他的邻居为荣,

---

① (汉)刘文典:《淮南鸿烈集解》,中华书局1989年版,第23页。
② (汉)司马迁:《史记》,中华书局1982年版,第33—34页。

至孝至公的他也就成了事实上的民众领袖。

心里有杆秤的邻里乡亲深信，在公众面前"高大上"的人肯定不会在"私众"面前变得"低小下"。这样一来，"贬"虞舜的人越来越少，"顶"虞舜的人越来越多，如果家里还有人想冒天下之大不韪，除了问心有愧之外，恐怕也难以找到机会了。家外团结如一人，试看家中谁能敌？被他宽容、受他孝悌的父母兄弟当然会扪心自问，然后与他相亲相爱，同他一道合力建造"父义母慈兄友弟恭子孝"的和谐家庭了。

成书于秦汉之际的《孝经》曰："爱亲者不敢恶于人，敬亲者不敢慢于人。"像虞舜那样在家中做"爱亲者"和"敬亲者"，在家外自然"不敢恶于人""不敢慢于人"，成为利他主义者。《孟子·离娄章句下》有言："爱人者人恒爱之，敬人者人恒敬之。"① 孟子告诉我们，利他主义者终将被他人所利，虽然这并不见得就是利他者的出发点和最终目的。

《礼记·礼运》里说："……百姓以睦相守，天下之肥也。"② 虞舜对内孝敬父母，友悌兄弟，实现了"家之肥"，对外出于公心，致力于"以睦相守"的民风，为走向"天下之肥"起到了导向作用。像他这样打外围战，以社会包围家庭，用民风改良家风，以"天下之肥"来促进"家之肥"，则是更大的孝行，更高层次的尽孝智慧。

人们之所以将虞舜推向政坛，让他去做帝尧的接班人，是因为他们从虞舜的"至孝"里看出了他的家庭责任感和社会良知，发现了尚处在"畎亩之中"的虞舜的过人智慧与出色才华，预见了他的凝聚力、号召力即将释放出的巨大正能量。帝尧"求忠于孝子之门"，无非是想让和谐家庭建设的示范者做和谐社会建设的中流砥柱，结果是"舜有五人而天下治"，官民改天换地的积极性和创造性得到了最大限度的调动与发挥，"尧天舜日"的宏伟蓝图变成了美好的社会现实。

---

① （清）焦循：《孟子正义》，中华书局 1987 年版，第 595 页。
② （清）朱彬：《礼记训纂》，中华书局 1996 年版，第 354 页。

修身行孝　养性致和

——《孝经》悟读

吴同和

一

许慎《说文解字》曰："孝，善事父母者。从老省，从子。子承老也。"谓"孝"之本义是"子"在下面侍奉上面的老人。甲骨文的"孝"字像个曲背的老人手抚幼子之头，表示长辈对于晚辈的亲爱之意。西周铭文中，"孝"被定义为"追思""孝祀""孝养"。

中华天道信仰认为，家庭是社会的细胞，民族的组织单元；对于人类社会稳定与发展，它举足轻重。因为人是家庭的元素，自古以来，对"人"的基本要求，在于其最大限度地维系家庭和谐；而欲达此目的，"人"首先必须践行"孝道"。儒家"仁者人也，亲亲为大"，[①] 孔子"夫孝，天之经也，地之义也，民之行也。天地之经，而民是则之，则天之明，因地之利，以顺天下"（《孝经·三才章第七》）等论述，彰显"孝"具超时空之永恒性意义。在孔子看来，孝道犹如天上日月星辰运行，地上万物自然生长，是人类最首要的品德。正因为如此，相传孔子自作，或以为孔子"七十子之徒之遗言"[②] 的《孝经》，虽不在"五经"之列，古今圣贤官民却奉为经中之经。

"孝道"植根于对生命创造者的敬畏之心与感恩之情，"孝亲"是天道的重要内容，历来为儒法释墨诸家所崇。孔子曰："弟子入则孝，出则

---

① （宋）朱熹：《四书章句集注》，中华书局 1983 年版，第 28 页。

② （清）纪昀：《四库全书总目》。

弟，谨而信，泛爱众而亲仁。行有余力，则以学文。"① 意思是，无论是谁，首先必须遵循基本孝道行事，才有资格讲仁义做学问。

孝道具有根源性、原发性、综合性等特点。从远古到现当代，始由孔子、孟子等诸子百家精心阐析，经时代反复实践验证，终成中华民族认定并共同遵行的道德准则。

孔子总结远古先民生产生活形成的一种尊敬和赡养长辈的美德，结合当时社会实际，加以归纳，提炼出中华民族子孙共同遵行的重要道德规范："今之孝者，是谓能养。至于犬马，皆能有养；不敬，何以别乎?"②"孝子之事亲也，居则致其敬，养则致其乐，病则致其忧，丧则致其哀，祭则致其严，五者备矣，然后能事亲"（《孝经·纪孝行章第十》），"教民亲爱，莫善于孝。教民礼顺，莫善于悌。移风易俗，莫善于乐。安上治民，莫善于礼。"（《孝经·广要道章第十二》）这些语录格言，凝聚了孔子"孝道"思想精华，使"孝道"上升至理性与情感相与为一的层面。

"孝"者，上行下效也，圣贤行而君子效，父祖行而子孙效。孔圣人全面承接华夏神州固有文化传统，删述《诗》《书》，殿以《孝经》，论"三才"，析"孝治""圣治"，绘"至孝""达孝"之图。此孔子之"孝"也，此孔子之"作"也！何"述而不作"耶？然则君臣士民，遵古训，行孝道，"自西自东，自南自北，无思不服"③，"心乎爱矣，遐不谓矣？中心藏之，何日忘之?"④ 理固宜然也！

孟子继承并发展孔子的孝道思想，建立了更完备的孝道观念。

孟子认为，立孝是人德之本，尽孝乃做人本分。天下基础在于国家，国家基础在于家庭，家庭和谐是天下太平的保证；而处理好家庭关系，又应以孝悌为本，关键在于一个"孝"字。

　　天下之本在国，国之本在家，家之本在身。
　　人人亲其亲，长其长，而天下平……不得乎亲，不可以为人；不顺乎亲，不可以为子。舜尽事亲之道而瞽瞍底豫，瞽瞍底豫而天下

---

① 程树德：《论语集释》，中华书局1990年版，第27页。
② 同上书，第85页。
③ （清）方玉润：《诗经原始》，中华书局1986年版，第499页。
④ 同上书，第464页。

化，瞽瞍厎豫而天下之为父子者定，此之谓大孝。

苟能充之，足以保四海，苟不充之，不足以事父母。

——《孟子·离娄上》

事孰为大？事亲为大；守孰为大？守身为大……事亲，事之本也；孰不为守？守身，守之本也。

——《孟子·公孙丑上》

人之所不学而能者，其良能也；所不虑而知者，其良知也。孩提之童，无不知爱其亲者，及其长也，无不知敬其兄也。亲亲，仁也；敬长，义也；无他，达之天下也。

——《孟子·尽心上》

无父无君，是禽兽也。

——《孟子·滕文公下》

孟子认为，必须切实做到慕亲、尊亲、顺亲、得亲、谅亲、谏亲，让父母精神充实愉悦，才能称得上真孝。

"慕亲"者，眷念父母也。《孟子·万章上》曰："人悦之、好色、富、贵，无足以解忧者，惟顺于父母可以解忧……大孝终身慕父母，五十而慕者，予于大舜见之矣。"[1]

"尊亲"者，尊敬父母也。《孟子·万章上》曰："孝子之至，莫大乎尊亲。"[2]《孟子·尽心上》曰："食而弗爱，豕交之也。爱而不敬，兽畜之也。恭敬者，币之未将者也。恭敬而无实，君子不可虚拘。"[3]

"谅亲"者，谅解父母也。孟子以大孝之至的舜为例，训诫世人应谅解父母的过错，真正像大舜那样，做到"父母爱之，喜而不忘；父母恶之，劳而不怨"[4]。

关于"顺亲""谏亲"，孟子提出了"度"。《孟子·告子下》曰："亲之过大而不怨，是愈疏也。亲之过小而怨，是不可矶也。愈疏，不孝

---

① （清）焦循：《孟子正义》，中华书局1987年版，第615—616页。
② 同上书，第640页。
③ 同上书，第936—937页。
④ 同上书，第610页。

也。不可矶，亦不孝也。"① 凡事应把握"度"，过犹不及：亲人过错大却毫无怨言，甚至盲目顺从，不言不谏，导致关系更加疏远，是不孝也；亲人过错较小却一味抱怨，做子女的一点刺激也受不了，亦不孝也！

"孝道"内涵丰富，外延宽广；故而"行孝"有起点，但并无上限。真孝之人，应广及他人，以达"老吾老，以及人之老"② 的境界，此为做人行孝之最高目标。

对于"孝道"的内容，诸子百家亦各有见解，各有增益。

曾子是儒家正统思想传人，勤奋好学，颇得孔子真传。他一生积极实践、推行以仁孝为核心的儒家主张，孜孜不倦地传播儒家思想；其"修齐治平"的政治观，以孝为本的孝道观，影响中国两千多年，至今仍具有极其宝贵的社会意义和实用价值，是当今建构和谐社会的有效资源。

曾子析"孝"，凝练精辟：

> 孝有三：大孝尊亲，其次不辱，其下能养……故居处不庄，非孝也；事君不忠，非孝也；莅官不敬，非孝也；朋友不信，非孝也；战陈无勇，非孝也。五者不遂，灾及乎身，敢不敬乎？……父母爱之，喜而不忘；父母恶之，惧而无怨；父母有过，谏而不逆；父母既殁，以哀，祀之加之。如此，谓礼终矣。
>
> ——《大戴礼记·曾子大孝》

墨子视"君惠臣忠""父慈子孝""兄友弟悌"为理想社会，力主"为人君必惠，为人臣必忠，为人父必慈，为人子必孝，为人兄必友，为人弟必悌"③。曰"君臣不惠忠，父子不慈孝，兄弟不和调，此则天下之害也"④，曰"人君之不惠也，臣者之不忠也，父者之不慈也，子者之不孝也。此又天下之害也"⑤，体现了儒墨同源，以孝规天下的道德观。

荀子认为，"兴孝悌"是安民、安政的措施之一。庄子则从道家角度

---

① （清）焦循：《孟子正义》，中华书局 1987 年版，第 820 页。

② 同上书，第 86 页。

③ （清）孙诒让：《墨子闲诂》，中华书局 2001 年版，第 126 页。

④ 同上书，第 100—101 页。

⑤ 同上书，第 113 页。

论及行孝有六个阶段，与儒家观点一致：

> 以敬孝易，以爱孝难；以爱孝易，而忘亲难；忘亲易，使亲忘我难；使亲忘我易，兼忘天下难；兼忘天下易，使天下兼忘我难。
>
> ——《庄子·天运》

《吕氏春秋·孝行览》曰："凡为天下，治国家，必务本而后末。所谓本者，非耕耘种植之谓，务其人也。务其人，非贫而富之，寡而众之，务其本也……夫孝，三皇五帝之本务，而万事之纪也。夫执一术而百善至，百邪去，天下从者，其惟孝也！故论人必先以所亲，而后及所疏；必先以所重，而后及所轻。今有人于此，行于亲重，而不简慢于轻疏，则是笃谨孝道。"① 这段话的大意是，帝王统治天下，治理国家，必先致力于根本。根本者，"其惟孝也"；修身齐家亦然：对"所亲"行孝道，对"所疏"也不怠慢，为"务其本"也！

法家也看到"行孝"对于治国齐家的意义。《韩非子·忠孝》曰："臣事君，子事父，妻事夫，三者顺则天下治，三者逆则天下乱。"② 其"顺治逆乱"的表述，是法家对"孝"的肯定；而"所谓忠臣不危其君，孝子不非其亲"③ 的警示，"人生必事君养亲，事君养亲不可以恬淡"④ 的训诫，对孝子要求"家贫则富之，父苦则乐之"⑤ 等，与儒家孝道一般无二。

回视华夏封建帝国两千多年统治史，乃知"孝道天下，则世平；孝道衰微，则国乱"之客观规律。由此可知，"孝行天下"，治国良策也！

汉代首推"以孝治天下"，大汉王朝由是持续四百余年（前202—220年），成为我国历史上封建王朝最长的朝代。史载，刘邦和刘秀以外，皇帝多以"孝"为谥号，如孝惠帝、孝景帝、孝武帝、孝昭帝、孝宣帝、孝元帝、孝成帝等，表明朝廷的政治诉求和对"孝"的尊崇。汉代选拔

---

① 许维遹：《吕氏春秋集释》，中华书局2009年版，第306—307页。
② （清）王先慎：《韩非子集解》，中华书局1998年版，第466页。
③ 同上书，第467页。
④ 同上。
⑤ 同上书，第466页。

官员也以是否孝顺父母、长辈作为重要的考核标准。曾几何时，将《孝经》作为启蒙读物在全国推广，倡孝道，奖孝悌，举孝廉，孝悌力田……从此，孝道由家庭伦理上升为社会伦理、政治伦理，甚至为道德规范，并成为社会思想道德体系的核心。

此后，魏晋亦标榜"以孝治天下"，颇有汉代遗风。隋唐时期，孝行被进一步推广。唐玄宗亲自为《孝经》写序、注释，并诏令颁行天下。两宋时期，孝行遍天下，孝道发展到了登峰造极的地步。明太祖朱元璋虽倡议"治乱世用重典"，但仍诏谕臣民们兴"孝道"，用"孝道"维系皇权帝制。《明通鉴》曰："垂训立教，大要有三：曰敬天，曰忠君，曰孝亲。君能敬天，臣能忠君，子能孝亲，则人道立矣。"① 清顺治帝为《孝经》写过序，康熙帝数次颁发圣谕，提倡孝道，敕令全国广泛宣传。他认为，帝王治天下要"首崇孝治""孝为万事之纲，五常百行皆本诸此"（《清圣祖圣训卷一》）。

改朝换代，盛衰之象如戏；新桃旧符，"孝道"之树长青。于是可知，《孝经》理念不朽也！

二

东汉末年的经学大师郑玄（127—200 年）在《孝经注》自序曰："《孝经》者，三才之经纬，五行之纲纪。孝为百行之首；经者，不易之称。"

《中庸》曰"大经大本"者，治理国家大事，创制天下法规之谓也。郑玄解之曰："大经谓《六艺》，而指《春秋》也；大本，《孝经》也。"

晚清经学大家皮锡瑞（1850—1908 年）《经学历史》曰："汉人推尊孔子，多以《春秋》《孝经》并称……《百石卒史碑》云：'孔子作《春秋》，制《孝经》。'盖以《诗》《书》《易》《礼》为孔子所修，而《春秋》《孝经》乃孔子所作也。"因之，历朝历代奉《孝经》为经中之经。

《大学》曰："大学之道，在明明德，在亲民，在止于至善……古之欲明明德于天下者，先治其国；欲治其国者，先齐其家；欲齐其家者，先

---

① （清）夏燮：《明通鉴》，中华书局 2009 年版，第 376 页。

修其身；欲修其身者，先正其心；欲正其心者，先诚其意；欲诚其意者，先致其知；致知在格物。物格而后知至，知至而后意诚，意诚而后心正，心正而后身修，身修而后家齐，家齐而后国治，国治而后天下平。"①

《孝经》各章节阐析"孝道""孝行"，似与《大学》不分伯仲；反复咀嚼磨研，有所悟焉！

盖修身、齐家、治国、平天下，乃"孝"之几个层级；尊为帝王天子、贵为诸侯官宦、身为黔首庶民者，各有"行孝"之则；名高位重之人，"孝"之等级自然更高。

　　　爱亲者，不敢恶于人；敬亲者，不敢慢于人。爱敬尽于事亲，而德教加于百姓，刑于四海。盖天子之孝也。

　　　　　　　　　　　　　　　　　——《孝经·天子章第二》

　　　在上不骄，高而不危；制节谨度，满而不溢……然后能保其社稷，而和其民人。盖诸侯之孝也。

　　　　　　　　　　　　　　　　　——《孝经·诸侯章第三》

　　　非先王之法服不敢服，非先王之法言不敢道，非先王之德行不敢行……三者备矣，然后能守其宗庙。盖卿大夫之孝也。

　　　　　　　　　　　　　　　　　——《孝经·卿大夫章第四》

　　　以孝事君则忠，以敬事长则顺。忠顺不失，以事其上，然后能保其禄位，而守其祭祀。盖士之孝也。

　　　　　　　　　　　　　　　　　——《孝经·士章第五》

　　　用天之道，分地之利，谨身节用，以养父母，此庶人之孝也。故自天子至于庶人，孝无终始，而患不及者，未之有也。

　　　　　　　　　　　　　　　　　——《孝经·庶人章第六》

遑论天子诸侯大夫士官如何"治国平天下"，大夫士官如何尽忠职守，而庶民"行孝"，则当修身养性，纪孝行，广要道，广至德，广扬名，晓谏诤，慰祖先……为建构和谐家庭而孳孳为善，鞠躬尽瘁！

"孝"有四式，曰养曰敬曰安曰卒。有养无敬者，难以言孝，能安无

① 　（清）朱彬：《礼记训纂》，中华书局1996年版，第866页。

卒者,亦难以言孝也!《吕氏春秋·孝行览》引曾子曰:"养可能也,敬为难。敬可能也,安为难。安可能也,卒为难。"① 意思是,行孝者,奉养—恭敬—使舒适—始终如一,似登四梯阶级,后者较前者而难为也。

> 孝子之事亲也,居则致其敬,养则致其乐,病则致其忧,丧则致其哀,祭则致其严。五者备矣,然后能事亲。事亲者,居上不骄,为下不乱,在丑不争。居上而骄则亡,为下而乱则刑,在丑而争则兵。三者不除,虽日用三牲之养,犹为不孝也。
>
> ——《孝经·纪孝行章第十》

孝子奉侍父母,须做到居敬、养乐、病忧、丧哀、祭严等"五事";五者缺一,则未为能。与此同时,还需修炼"居上不骄,为下不乱,在丑不争"的品德,真正做到"内养外防",以保证家庭生活的和谐稳定。

"养"有五道。《吕氏春秋·孝行览》曰:"养有五道:修宫室,安床笫,节饮食,养体之道也。树五色,施五采,列文章,养目之道也。正六律,和五声,杂八音,养耳之道也。熟五谷,烹六畜,和煎调,养口之道也。和颜色,说言语,敬进退,养志之道也。此五者,代进而厚用之,可谓善养矣。"② 行孝之人,须从物质到精神,竭尽全力让父母过得舒服、舒心。"赡养"者,"养体、养目、养耳、养口、养志"也;父母不在乎鸡鸭鱼肉,不在乎绫罗绸缎,不在乎大厦高楼,子女只要能"以己之所有尽事其亲"③,便是"孝之至也",父母定然心身愉悦!

"孝"与"不孝",泾渭分明。

不孝也有等级。《孟子·离娄上》曰:"不孝有三。"东汉末年学者赵岐(约108—201年)注曰:"于礼有不孝者三者,谓阿意曲从,陷亲不义,一不孝也;家贫亲老,不为禄仕,二不孝也;不娶无子,绝先祖祀,三不孝也!"《礼记·祭义》曰:"居处不庄,非孝也。事君不忠,非孝也。莅官不敬,非孝也。朋友不信,非孝也。战陈无勇,非孝也。"④ 故

---

① 许维遹:《吕氏春秋集释》,中华书局2009年版,第309页。
② 同上书,第308页。
③ 王利器:《盐铁论校注》,中华书局1992年版,第308页。
④ (清)朱彬:《礼记训纂》,中华书局1996年版,第714页。

行孝之人，无论贵贱，须牢记：

> 教民亲爱，莫善于孝。教民礼顺，莫善于悌。移风易俗，莫善于
> 乐。安上治民，莫善于礼……所敬者寡，而悦者众，此谓之要道也。
> ——《孝经·广要道章第十二》

"广"者，扩也，张也。"要道"之"要"，重在"所敬者寡，而悦者众"，敬一人而千万人悦。其流程："礼"而后"敬"，"敬"而使"悦"，"悦"而致"和"也。于是可知，"广要道"以"和"为终极目标。

> 君子之教以孝也，非家至而日见之也。教以孝，所以敬天下之为
> 人父者也。教以悌，所以敬天下之为人兄者也。教以臣，所以敬天下
> 之为人君者也。
> ——《孝经·广至德章第十三》

"至德"者，孝道也；"广至德"，推广"至德"也。行孝，需理顺人与人之间长幼尊卑关系，故行孝道，与行弟道、行臣道相类，目的是建立上下和顺的社会秩序，以维系家国的稳定和谐。

> 君子之事亲孝，故忠可移于君；事兄悌，故顺可移于长；居家
> 理，故治可移于官。是以行成于内，而名立于后世矣。
> ——《孝经·广扬名章第十四》

善"居家理"者，可"立身行道，扬名于后世，以显父母"，乃"修身齐家治国平天下"之重要一步，是维系中国"免于销毁"的有力保证。而欲达此目标，根本仍在于"孝"，落点则在于"和"，所谓"家和万事兴"也！

行孝道之人，修身养性，纪孝行，广要道，广至德，广扬名而外，须时刻不忘晓谏诤，慰祖先：

> ……父有争子，则身不陷于不义。故当不义，则子不可以不争于

父，臣不可以不争于君；故当不义，则争之。从父之令，又焉得为
孝乎！

——《孝经·谏诤章第十五》

……修身慎行，恐辱先也。宗庙致敬，鬼神著矣。孝悌之至，通
于神明，光于四海，无所不通。

——《孝经·感应章第十六》

唐玄宗注曰："不争则非忠孝。"《孔子家语·辨政》曰："忠臣之谏
君，有五义焉：一曰谲谏（婉言进谏），二曰戆谏（刚直进谏），三曰降
谏（和颜悦色进谏），四曰直谏（直截了当进谏），五曰讽谏（借助比喻
劝谏）。唯度主而行之，吾从其讽谏。"

反之，做子女的，如果对父母一味顺从，容易堕入"愚孝"的境地，
甚至走向"孝"的反面；做父母的，并不希望自己的孩子唯唯诺诺，没
有主见。因此，在一定时空环境下，子女向父母"诤谏"，也是行孝。

参《孝经》，践孝行，遂悟一理："仁"与"孝"，相通互补，几乎
囊括人类全部美德，同为儒家伦理思想之本源。"施仁行孝"，非特为百
姓庶民做人之最高标准，亦帝王诸侯安邦治政，维系家国和谐之重要保
证。如此，"孝悌仁义"之道，已成为国、为民、为君、为臣、为父、为
子、为师、为生之终生诉求，是所有人实现自己人生价值之目标！是故曰
国曰家，惟君惟亲，且敬且诤，致乐致忧，行孝之大要也！

三

《孝经》是一本中国古代伦理学经典之作，唐代尊其为经书，南宋以
后入列《十三经》。两千多年过去了，《孝经》并不过时。对于解决当今
社会存在的某些问题，对于修炼个人品行，对于构建和谐家国，它仍然有
重要意义。

《礼记·祭义》引曾子曰："夫孝，置之而塞乎天地，溥之而横乎四
海，施诸后世而无朝夕，推而放之东海而准，推而放之西海而准，推而放

之南海而准，推而放之北海而准。"① 作为一种美德，"孝"没有时间和空间的局限，能放之四海而皆准。而于个体的"人"，《孝经·感应章第十六》曰："宗庙致敬，不忘亲也。修身慎行，恐辱先也……孝悌之至，通于神明，光于四海，无所不通。"意即修身养性、谨慎行事，没有忘记祖先的人，其孝悌已达到极致，直可以通达神明，光照四海，无所不通。

　　《隋书·孝行传》曰："孝者，百行之本，人伦之至极也。凡在性灵，莫不如此。"这个命题，非常了不起！它将"孝"推及全人类，甚至自然万物。众所周知，儒家的孝道思想建立在仁爱基础之上，而对于"仁爱"，中国儒法释墨诸家，甚至外国的基督耶稣都一致认为，人与人相爱，是人类普遍的价值追求；而子女孝敬、赡养父母，是人类良知和理性的表现；"爱"与"孝"，如影随形，相得益彰；爱父母、爱亲人、爱众人，进而爱一切生命，直至爱物，实乃人性所致……在这个意义上，可以推知：中国原生态的孝道文化不仅是中华文化，而且是全球性的文化；而践行不断发展的中华孝道，则既是一项文化工程，也是一项精神与物质双向互化工程，它对于构建和谐家庭、和谐社会，对于在全球构建和谐世界，意义重大。

　　因之，学习、宣传、倡导、践行中华孝道，炎黄子孙，责无旁贷，义不容辞！

---

① （清）朱彬：《礼记训纂》，中华书局 1996 年版，第 714—715 页。

二　舜文化与家风

以孝为先　建设社会主义和谐家庭观

吕芳文

党的十八大报告中关于道德建设的一系列重要论述，如"全面提高公民道德素质，这是社会主义道德建设的基本任务""推进公民道德建设工程，弘扬真善美，贬斥假恶丑""推动学雷锋活动、学习宣传道德模范常态化"等，都充分体现党和国家高层对道德模范的深切关怀和对道德建设的高度重视，这对建设社会主义和谐家庭亦是无形而又是强大无比的社会支撑。

一　孝道为先，建设社会主义和谐家庭观

百善孝为先，孝是中华民族优秀传统文化的根本，上溯尧舜之道，下承孔孟儒学。它凝聚民族之魂，闪烁智慧之光。

孟子说："尧舜之道，孝弟而已矣。"① "孝"是舜文化的精髓，其内容丰富无比，影响根深蒂固。孔子说："君子务本，本立而道生。孝悌也者，其为仁之本欤！"② 他解释"孝"的具体内容是："生，事之以礼；死，葬之以礼，祭之以礼。"③ 可见"孝"是以家庭为基础，而成为民族的凝聚力，社会的亲和力。家与国不可分割，国是家的扩大，家是国的缩小，即所谓"家国同构"，"孝"就成了最基本的道德原则。汉代提倡"以孝治天下"，选拔官员也把"孝"作为一个标准，还有"孝廉""孝

---

① （清）焦循：《孟子正义》，中华书局 1987 年版，第 816 页。
② 程树德：《论语集释》，中华书局 1990 年版，第 13 页。
③ （清）刘宝楠：《论语正义》，中华书局 1990 年版，第 46 页。

悌力田"等名目。历代王朝制作了各种制度（包括死律），来保证这一道德规范的实行。《二十四孝》广为流传，影响深远。《二十四孝》为首者便是舜帝"孝感动天"："虞舜，瞽瞍之子。性至孝，父顽、母嚚、弟象傲。舜耕于历山，有象为之耕，有鸟为之耘，其孝感如此。帝尧闻之，事以九男，妻以二女，遂以天下让焉。"舜以大孝化解复杂的家庭矛盾，成为齐家之典范。在治国中他善于行仁政，选贤任能，教化百姓，惩恶扬善，发展经济，建立"尧天舜日"之远古清明社会。

以孝为先，倡导道德持家，提升和谐家庭的文明程度，凝聚其道德文化自信，强固其社会关系的基石，牢筑家庭和谐的基础。践行舜德精神，许多个体家庭制订"爱祖国、爱人民、爱家庭（包括父母、兄弟姐妹）、爱学校（包括老师、同学）、爱共产党"，"不做官、不懒惰、不抽烟、不生气、不扯谎"的"五爱""五不"家训，使之成为建设社会主义和谐家庭观。

二　圣哲先贤们践行虞舜文化的经典示范

在中华民族五千年的文明史中，圣哲先贤们不断总结出"四维""五伦""五常"等社会道德规范与核心价值体系，并树立了大量可歌可泣的典型，成为历史的一面镜子，社会发展的助推器。他们是中国优秀传统文化的象征。

《管子·牧民》曰："何谓四维？一曰礼，二曰义，三曰廉，四曰耻。"[1]又说："国有四维。一维绝则倾，二维绝则危，三维绝则覆，四维绝则灭。"[2]所谓"四维不张，国乃灭亡"是以"礼义廉耻"为治国的四大纲纪。规规矩矩谓之礼，正正当当谓之义，清清白白谓之廉，切实反省谓之耻。宋代欧阳修曾对管子"四维不张，国乃灭亡"之语倍加赞赏，并在《新五代史·冯道传》中演绎说：礼义是治人的大法，廉耻是立人的大节。不廉就会无所不取，无耻就会无所不为，人如果寡廉丧耻，贪得无厌，灾祸就会接踵而至；如果国家大臣寡廉丧耻，恣意妄为，那么国家必定灭亡。

---

① 黎翔凤：《管子校注》，中华书局2004年版，第11页。
② 同上。

"五伦"指人与人之间基本的道德关系，即君臣、父子、夫妇、兄弟、朋友。齐景公向孔子请教国政，孔子回答说："君君、臣臣、父父、子子"。（《论语·颜渊》）君臣父子应该像君臣父子的样子，这就是政治的根本。孟子则将"五伦"解释为"父子有亲，君臣有义，夫妇有别，长幼有叙，朋友有信。"（《孟子·滕文公上》）在《礼记·礼运》中，还有"十义"的说法："父慈、子孝、兄良、弟恭、夫义、妇听、长惠、幼顺、君仁、臣忠。"这是对孟子"五伦"说的具体发挥。"五常"即仁、义、礼、智、信，儒家的核心价值观。孔子曾将"智仁勇"称为"三达德"，又将"仁义礼"组成一个系统，曰："仁者人也，亲亲为大；义者宜也，尊贤为大；亲亲之杀，尊贤之等，礼所生也"①。仁以爱人为核心，义以尊贤为核心，礼就是对仁和义的具体规定。孟子在仁义礼之外加入"智"，曰："恻隐之心，人皆有之。羞恶之心，人皆有之。恭敬之心，人皆有之。是非之心，人皆有之。恻隐之心，仁也。羞恶之心，义也。恭敬之心，礼也。是非之心，智也。仁义礼智，非由外铄我也，我固有之也，弗思耳矣。"②董仲舒又加入"信"，曰："仁义礼智信五常之道"（《贤良对策》）。民间的解释通俗易懂："大忠大爱是为仁，大孝大勇是为义，修齐治平是为礼，大恩大恕是为智，公平合理是为信"（《田家祖训》）。

在中华民族优秀传统文化诸多"祖训""族规""家教"影响下，历朝历代、各别姓氏族群涌现出了一批批定国安邦的良臣将相，以及各行各业的杰出人才，如古代从以死相谏的比干到辅佐周成王的周公，从忠君爱国的屈原到精忠报国的岳飞，从坚贞不屈的苏武，到视死如归的文天祥，刚直不阿的高攀龙、顾宪成，从被尊为"人伦师表""孔孟后人"的理学开山鼻祖周敦颐，到明末清初的王船山、顾炎武、黄宗羲，到清朝中兴名臣曾国藩、左宗棠，直到近现代的孙中山、黄兴、蔡锷、毛泽东、朱德、周恩来、刘少奇、钱学森、袁隆平等，不胜枚举。湖南湘潭县黎氏八兄弟在父亲黎松庵严格家教熏导下，个个成为为国家、为人民作出特殊贡献的人才。他们中有教育家、语言学家黎锦熙，音乐家黎锦晖，矿物学家黎锦耀，平民教育家黎锦纾，铁路桥梁专家黎锦炯，文学家黎锦明、黎锦扬，

---

① （宋）朱熹：《四书章句集注》，中华书局1983年版，第28页。
② （清）焦循：《孟子正义》，中华书局1987年版，第757页。

作曲家黎锦光，他们每一个都有驰名国内外响当当的名号。中国古代有杨家将武略安邦，近现代中国有黎氏八骏文韬救国，他们秉承湖湘文化的"经世致用"精神，在教育、语言文字、文学、音乐学、科学等各领域，致力于文化图强的实践，创造了一个家族的经典传奇，给世人以启迪，值得后人永远深思、学习。

三　忠孝廉节，仍有借鉴价值

"忠孝廉节"内涵丰富，底蕴深厚，在今天仍有借鉴价值。南宋张栻曾任岳麓书院主教，确定"忠孝廉节"为校训，并作为教学的重要理念。如今，永州市冷水滩区岐山吕氏宗祠光裕堂四壁端庄地嵌着"忠孝廉节"四个大字，作为数万族人的族训，在此理念引导下，各支族谱还刊印了各自的族规、家训。

广州玉岩书院收藏有"忠孝廉节"的木匾。福建三明市明溪县东部的沙溪乡梓口坊村黄氏家祠大厅的左右两侧厢房上分别写着"忠孝廉节"四个大字。福建晋江市五店市传统街区的家训，南京高淳蒋山何氏家规都有"忠孝廉节"的内容，江西萍乡莲花县湖塘村现存的十几栋刘氏祠堂都书写"忠孝廉节"的家训。福州鼓山八仙岩的巨石上，刻有"忠孝廉节"四个大字，与湖南的石刻如出一辙，遒劲有力，上款"宋忠臣文信国公书"，下款"后学林可相敬录"。鼓山沿海一带，系文天祥当年抗金转战之地。这一切说明"忠孝廉节"的影响力是多么久远。如何将"忠孝廉节"的中华传统价值观与社会主义核心价值体系相融合，以推进社会主义和谐家庭观的实施，值得关注并重视。

2014年4月，教育部在《完善中华优秀传统文化教育的指导纲要》中指出："以弘扬爱国主义精神为核心，开展以天下兴亡、匹夫有责为重点的家国情怀教育，以仁爱共济、立己达人为重点的社会关爱教育，以正心笃志、崇德弘毅为重点的人格修养教育。"我们完全可以挖掘"忠孝廉节"的精神内涵，寻找与社会主义核心价值观的契合点，突出重点，讲究实效。"忠"是一种仁爱的精神，首先是爱国，忠于祖国，国家至上。"国家兴亡，匹夫有责"。爱国是我们的崇高理想与追求，是取之不尽、用之不竭的精神动力。爱民也是"忠"的题中应有之义。爱国爱民，相辅相成。以民为本，为国效劳，这是"忠"的最好传承。"孝"是中华民族的传统美德，是一颗永远闪耀着人伦道德之光的璀璨明珠。"孝"在历史的长河中不断发展，从家庭扩展到社会，"不独亲其亲，不独子其子"（《礼记·礼运》），对所有年长、年老的人奉献爱心。弘扬孝道，就是要在全社会形成孝老爱亲的大气候，并对自然万物满怀敬畏感恩之心。在当前，要关心养老问题，关爱留守儿童，这是"孝"的重点，是构建和谐社会的基础。"廉"在当今是热门话题，党中央反腐倡廉，力度大、措施硬、效果显著，深得民心。《周礼·天官冢宰》说："以听官府之六计，弊群吏之治。一曰廉善，二曰廉能，三曰廉敬，四曰廉正，五曰廉法，六曰廉辨。"① 廉政建设重点是制度，对象是官员，坚持两手抓，一鼓作气，"老虎""苍蝇"一起打，并加强法纪建设，努力营造使人不想腐、不敢腐、不能腐的风清气正的政治环境。为官清廉应成为从政者的必修课、为官者的座右铭。"节"值得研究，值得宣传。弘扬民族气节，加强人格修养。"三军可夺帅，匹夫不可夺志。"（《论语·子罕》）"富贵不能淫、贫贱不能移、威武不能屈。"（《孟子·滕文公下》）不卑不亢，求道行道，穷则独善其身，达则兼济天下。树立以天下为己任的社会责任感，不计生死为民请命的正义感，可杀而不可辱的自尊精神，不随波逐流的独立人格意识，养成君子的"浩然之气"。

---

① （清）孙诒让：《周礼正义》，中华书局 1987 年版，第 177 页。

虞舜之风是构建当代和谐家庭的源头活水

谭献民　　向绪怀

一　孝悌文化的起源与发展

中国社会自古就倡导家国情怀。家国情怀，是中国人安身立命的根本，是塑造几千年中华文明的基石。作为中华传统文化的主流——儒学所倡导的"修身齐家治国平天下"，把家庭和谐作为国家安定的基础，把家庭中的忠孝道德视为历代中国人民最基本的道德规范。说到忠孝文化，舜孝便是儒家的一个源头范例。孔子曾经这样赞美舜的美德，"子曰：'无为而治者，其舜也与？……'"（《论语·卫灵公》），孟子也是"言必称尧舜"（《孟子·滕文公上》），孔孟对虞舜的赞美和认同很大一部分是因为舜孝与儒家所倡导的道德规范是一致的，领悟虞舜孝悌文化是儒家和中华文明的来源。

虞舜被人们所熟知，最普遍的原因是他在面对父母和异母弟时所体现出的孝悌之情。《尚书·尧典》曾这样记载舜生长的环境："父顽，母嚚，象傲"。《史记·五帝本纪》中有更具体的描述："舜父瞽叟盲，而舜母死，瞽叟更娶妻而生象，象傲。瞽叟爱后妻子，常欲杀舜，舜避逃；及有小过，则受罪。顺事父及后母与弟，日以笃谨，匪有解。"[1] 舜虽然对生父继母十分孝敬，却仍然招来父母和弟弟三人联合谋害，甚至险些丧命。舜一方面设法化解危险，另一方面时刻遵守孝悌的原则，坚持侍奉父母，友爱弟弟，促进家庭的和睦。舜的这种忍害尽孝的精神，令人唏嘘。尽

---

[1] （汉）司马迁：《史记》，中华书局 1982 年版，第 32 页。

管他后来成为天子，对家庭仍保持一颗赤子之心，《史记》中曾记载：
"舜之践帝位，载天子旗，往朝父瞽瞍，夔夔唯谨，如子道。封弟象为
诸侯。"① 并且将"恭敬孝悌，教化万民"当作他执政期间的核心价值
观广泛推广。舜孝心的坚贞，对父母的"敬"与对弟弟的"悌"，是根
植在他天性中的情感，是人性的自然流露，让人难以企及。

　　舜作为中华民族人伦道德的楷模，是后世孝悌文化的发轫，其中儒家
对于唐虞之道的推崇又达到了一个顶峰。儒家倡导"以孝治天下"，并著
《孝经》一书作为理论基础，将孝悌之义发展为"天之经也，地之义也，
民之行也"（《孝经·三才章》）。在传统的封建专制家天下的模式中，孔
子提倡要尊重血缘与亲情，提倡将孝悌作为为人处世的第一要义。《论
语·学而》中曾记载，"子曰：'弟子入则孝，出则悌，谨而信，泛爱众
而亲仁。行有余力，则以学文。'"② 孟子也在《孟子·离娄上》中阐述
了自己对于孝悌的看法："事孰为大？事亲为大。守孰为大？守身为大。"③
也有"不孝有三，无后为大"的孝道观，赞扬舜的大孝。在孔孟以及儒
家学者的几代推崇之下，"以孝治国"的思想被运用在了我国古代政治社
会的各个方面。汉代的察举制，在推选官员的时候，"举孝廉"是一个重
要的用人方式。而后，从东汉开始，官府在选举孝廉的时候开始加入一些
考试科目，隋唐时期国家开始专门设置以"孝悌"为名称的科目考试，
加强国民对于孝悌文化的重视与认同，进一步巩固孝悌文化作为封建道德
文化的主体地位。

　　在封建家天下的格局当中，孝悌文化是当时时代发展的必然产物，是
与社会发展相适应的。"先小家而后国家"的能量积贮，是君王施以仁政
的社会基础，"教"与"养"、"国"与"家"的相互结合，将一个国家
结合成统一的整体。而正是因为有了亲亲之孝、兄弟之悌的家庭风气，才
能够维系家庭的完整与和谐，以此出发去促进一个国家的和谐，造福百姓
万民。

---

① （汉）司马迁：《史记》，中华书局1982年版，第44页。
② 程树德：《论语集释》，中华书局1990年版，第27页。
③ （清）焦循：《孟子正义》，中华书局1987年版，第524页。

二　提倡孝悌文化是现代家风建设的需要

随着时代的变化和发展，中国的家庭模式也在不断地发生变化。从几代同堂的氏族大家开始转变为三口之家的生活模式。同时，社会的发展使人们的生活观念发生了极大的转变。而家庭作为社会生活的基本细胞，对现代家风的建设就显得尤为重要，不管是传统还是现代，家庭风气的好坏都直接影响社风、政风与党风。习近平总书记在 2015 年春节团拜会的重要讲话中指出："不论时代发生多大变化，不论生活格局发生多大变化，我们都要重视家庭建设，注重家庭、注重家教、注重家风，紧密结合培育和弘扬社会主义核心价值观，发扬光大中华民族传统家庭美德。"① 强调现代社会的发展依然不能把家庭与社会相分离，强调家庭风气的建设是社会主义现代化事业的重要环节。根据我国文化的传统，现代家庭建设仍然需要从传统文化中汲取精华，将传统的孝悌道德文化作为现代家风建设的重要依据，同时结合中国共产党人的红色家风历史经验推动社会主义和谐家庭的建设。

（一）发扬五常八德的中华传统家风核心

中华道德发展的历程，积淀出了仁、义、礼、智、信的五常人伦关系规范与孝、悌、忠、信、礼、义、廉、耻的社会八德。家庭作为个人修身的第一个场所，是每个人道德习性养成的起点，所以中国自古就有重视家教，重视家风传承与弘扬的传统。中国古代把家庭风气的好坏与否，看作是一个国家是否兴旺发达的标志，故在上下五千年历史的进程中，中国传统家风被逐渐赋予丰富的内涵。

中国古代经济是以小农经济为标志，家庭既是一个社会单位又是一个生产单位，通过血缘亲情建立起来的小家庭或者是大家族，生产生活过程中都需要遵从一定的原则，尊老爱幼就是处理家庭关系最基本的原则。

---

① 《中共中央国务院举行春节团拜会　习近平发表重要讲话》，《人民日报》2015 年 2 月 17 日第 1 版。

《孝经·广要道章》称："礼者，敬而已矣。"对长辈的尊敬是家庭成员最先要习得的道德品质，是古代传统礼制的开端。《孝经》又称："夫孝，德之本也；教之所由生也。"①只有在家对父母尽孝，在外才能为国尽忠，"忠"是"孝"外延的扩大，中国古代如魏晋推崇以"孝"治理天下，其实就是帝王为加强国家的统治和社会的管理，通过利用"孝"这种自然伦理达到"忠"这种社会伦理。然而，身为家庭中的一分子，不仅对长辈需要做到孝敬，对晚辈也需要拥有仁爱。中国古代非常重视对子女的教育，孔子"庭训"教子学诗学礼，并称"不学诗，无以言；不学礼，无以立"（《论语·季氏》），得到世代传颂；孟母三迁、岳母刺字等也都是中国古代对子女进行教育的典范。中国古代将尊老爱幼作为家庭事亲最基本的原则，对中国传统家风的形成和发展奠定了坚实的基础。《孟子·梁惠王上》曰："老吾老以及人之老，幼吾幼以及人之幼。"就是主张将尊老爱幼的品格由家庭向社会拓展，用家庭的恭敬有礼、长幼有序来促进社会的和谐。

（二）构建尊老爱幼、关爱互助、友好融洽的社会家庭新模式

和谐家庭包含着很多方面的内容，其中应该以尊老爱幼为基调，关爱互助与友好融洽为内容导向构建社会主义家庭的新模式，在传承家庭文化和道德的同时，服务于和谐社会的建设。

以尊老爱幼作为基调，能保证老年人达到老有所养，老有所依。养老是孝悌文化引申出来的最基础的要求，在我国人口老龄化日益增长的社会环境下，作为年轻一代的子女，更应对老年人尽奉养的责任。不管是在物质需要上的满足，还是在意识情感需要上的满足，都是应尽的责任。让老年人在情感和精神上寻找到慰藉与尊重，有效地做到"孝敬父母"。同时还应该对下一代不断关爱，建立起良好的代际关系。

以关爱互助、友好融洽作为和谐家庭新模式的内容。家庭关系中不仅仅是简单的父母与子女、夫妻两种基本的关系，更是有兄弟、邻里之间的相处。如何正确协调处理好家庭关系与矛盾，是真正考验一家之主治家智慧的标准。关爱互助是行为标准，友好融洽是行为的效果，将这二者结合

---

① 《孝经》，经济日报出版社2012年版，第96页。

起来，鼓励家庭的各个成员以积极向上的心态去面对社会生活，以善意的角度去观察这个社会，以饱满的精神去迎接社会的挑战。

（三）弘扬为人民服务的红色家风

马克思主义唯物史观指出，人民群众是历史的创造者，习近平总书记也强调："只要我们永不动摇信仰、永不脱离群众，我们就能无往而不胜。"① 全心全意为人民服务是中国共产党始终坚持的宗旨，把人民的利益放在第一位，做到"权为民所用，情为民所系，利为民所谋"是党的优秀领导干部治国理政的基本原则。

老一辈革命家特别重视自己和群众的关系，不仅要求自己"想人民之所想，急人民之所急"，而且还要求自己的家人深入群众，关注民生，体察民情。罗荣桓自己经历了革命年代的艰辛，深知革命胜利的根本是依靠群众，和平幸福的生活来之不易。他为人处世低调，也经常告诫子女："不能忘本，不能忘了老百姓，不能成为八旗子弟。"习仲勋对子女教育十分严格，不仅生活上要求节俭，在工作上也丝毫不能马虎。他曾教育习近平说："不管你当多大的官，不能忘记勤勤恳恳为人民服务，真真切切为百姓着想。"这些严格的家规家训，不仅是老一辈革命家所信奉的原则，更是他们坚持全心全意为人民服务的光辉典范，彰显出中国共产党人所特有的价值取向。也正是因为有着这样的价值取向，人民对党的信任才不会改变，国家的向心力与凝聚力才不会缩减。

每一个富有健康朝气的家庭，都离不开家长的言语、行为上的表率，为孩子的健康成长作出榜样示范。家长对子女进行理论说服教育，帮助子女建立正确的人生价值观，同时通过家长自身的言谈举止、为人处世的行为，成为孩子在成长过程中模仿的对象。无论是世代相袭的传统家风，还是家长的自我表率，都能为后辈提供思想言行的规范模式，促进知与行的转换。

同时，红色家风并不是被少数人所垄断，它是优秀中国共产党人治理家庭的长期智慧结晶，最终达到由家风带动党风、政风促进社会和谐的效

---

① 习近平:《全面贯彻落实党的十八大精神要突出抓好六个方面工作》，2012 年 11 月，中华人民共和国中央人民政府网（https://www.gov.cn）。

果。由共产党人身体力行，率先示范，在党内和社会形成榜样效应，最终成为红色资源的重要组成部分，成为大众喜闻乐见的精神文化，满足人民群众日益增长的精神文化需求，促进人的全面发展。

三　现代家风建设促进社会和谐

（一）促进家庭人际关系和谐

传统的孝慈观念认为，父母应该给予子女关爱并且抚养其长大，而子女应该为父母养老送终。随着社会功利化与节奏的加快，父母与子女开始有了更多的矛盾，这是破坏家庭和谐的利器。亲子冲突、婆媳冲突、兄弟反目等，在考验着孝悌道德文化的核心地位。我们所倡导的现代家风建设，是汲取了传统家风的精华，同时以符合中国国情的共产党人的红色家风作为导向，去应对现代家风建设中所存在的矛盾和冲突。

现代家风建设，有利于促进父母与子女之间关系的和睦。不管是传统意义上的道德要求，还是现代中国社会的发展现状，继承和发展孝悌文化都是不可以松懈的主题。孝悌文化中的"孝"方面，主要是表达子女对于父母的责任与义务。但是在现代社会中，对于孝文化的传承，需要结合时代精神，取其精华，去其糟粕。剔除传统"愚孝"的部分，在人性平等的层面上履行赡养老人的责任与义务。同时，对孝文化的批判继承，可以促进子女等晚辈给予老人更多的尊重和照顾，帮助老年人享有一个安乐的晚年。

现代家风建设，有利于拉近兄弟之间的情谊。虽然我国在实行了计划生育政策之后，新时代的青年有一些属于独生子女，没有亲生的兄弟姐妹。但是，在家族大家庭中，堂兄弟姐妹、表兄弟姐妹间也需要遵从和谐共处的原则，一同为构建大家庭的和睦作出努力。同时，还可以把"悌"文化范围扩大为跟朋友交往中的真诚与善良，在日常的交往中形成相互帮助、共同进步的良好氛围，通过自身的努力，为家庭和谐的构建与社会风气的转变贡献自己的一分力量。

（二）以现代家风建设带动党风、政风的转变

自党的十八大以来，以习近平为总书记的党中央在分析世情、国情、

党情的变化之后，与时俱进地提出全面建成小康社会、全面深化改革、全面推进依法治国、全面从严治党，即"四个全面"战略思想。"四个全面"战略思想立足于解决我国当前面临的主要矛盾和突出问题而提出，其中全面从严治党思想涵盖了党的思想建设、组织建设、作风建设、制度建设、反腐倡廉建设五个方面，深入阐述了党在现阶段增强自我净化、自我完善、自我革新、自我提高能力的要求。

现代家风建设，是巩固党的执政地位的道德需要。全面从严治党的核心就是始终保持党同人民群众的血肉联系，始终保持党的先进性和纯洁性。在改革开放的社会大环境中，人民生活得到巨大的改善，同时也在社会多个领域内凸显出矛盾与挑战。社会主义市场经济体制下，市场和政府的关系开始出现边界不清等问题，一些党员领导干部受到金钱、权力等多方面的诱惑，世界观、人生观、价值观开始出现了偏差，党同人民群众的血肉关系、党的形象与政府的公信力开始受到挑战。现代家风建设，帮助党员干部树立起正确的世界观、人生观、价值观，切实保证思想源头的纯正性，促进党员领导干部坚定对马克思主义的信仰，人民群众重新认识新时代的执政党，不断明确党的全心全意为人民服务的宗旨，确保党在国家的领导地位。

现代家风建设，是严明党内纪律的道德支撑。党的十八大以来，中共中央出台的《中共中央关于全面推进依法治国若干重大问题的决定》《中国共产党党员领导干部廉洁从政若干准则》与《中国共产党廉洁自律准则》等文件中作出了详细规定，要求加强对党员领导干部的监督、管理和教育，高度重视党的纪律并严肃党内生活。党内规定的出台，是维护公平、正义与利益的有效手段，明确了党员领导干部应当做到的最低的行为标准，但制度规定并不是万能的，仍需要道德作为"软约束"与纪律规定相结合，通过加强道德教育与提高德行修养来推进党内问题的解决。现代家风所包含的道德精神和价值原则，是对中国特色社会主义法律体系的支撑和性质的规定，同时在党内纪律规定的框架下充分地发挥红色家风独特的"德治"能力，用道德去滋养纪律精神，促使纪律不断扩展自己的界面，更好地发挥其强制、权威、规范对党内生活的规约作用，实现党内法治与德治最大限度的统一，促进纪律执行过程中对党员领导干部的道德教化，提高党员领导干部遵纪守法的自觉性，推动全面从严治党方针的落实。

现代家风建设，是发挥反腐利剑作用的现实需要。习近平总书记反复强调坚持党要管党、从严治党的重要性，要求以中央出台的八项规定作为开端，以抓党的作风建设为突破口，全面推进党的群众路线教育实践活动与"三严三实"专题教育为重点，不断完善党的领导方式与执政方式。全面从严治党的根本目标就是要保持党与人民群众的血肉联系，而党员领导干部的行为作风直接影响党在人民群众心目中的印象。党风廉政建设与反腐败斗争并非一朝一夕之事，是一个历史性的课题，关系着中国共产党在九十多年的领导过程中所积累的党的基本经验是否能够薪火相承。深入开展党的作风建设，提高党员的思想道德水平，对于现代家风的学习是不可避免的。通过落实"标本兼治、综合治理、惩防并举、注重预防"的反腐十六字方针，摆脱党内作风"亚健康"状态，始终保持党的先进性与纯洁性，保持党与人民群众的血肉联系，依托红色家风的思想政治教育功能的发挥，促进党内自我净化、自我完善、自我革新与自我提高。

（三）现代家风建设是构建社会主义和谐社会的必由之路

构建社会主义和谐社会，是中国共产党提出的一项社会发展的战略目标，以民主法治、公平正义、诚信友爱、充满活力、安定有序、人与自然和谐相处作为主要内容，旨在建立一个和睦、融洽以及各社会阶层齐心协力的社会状态。和谐，从传统意义上的理想社会，变为现在的社会关系的和谐，离不开组成社会各因素之间的和谐，家庭作为社会的基本单位，家风家教的主要内容也必须与社会主义和谐社会的主要内容相契合。现代家风建设，在事亲、教子、治家、处世的各个方面都与和谐相关联，是社会主义和谐文化在家庭范围内的重要体现，并由家庭向社会蔓延，成为社会主义和谐文化建设重要的组成部分。

现代家风建设，有利于家庭和谐的建设。家庭中包含着夫妻关系、父子关系、兄弟关系等不同的社会关系，家庭成员之间性格各异，却需在共处一室的情况下维持各个关系的和谐，这不仅仅需要一家之主拥有较强的治家智慧，更需要家庭之中有被各个家庭成员所认可的家风家教。现代家风建设就是以家长的言传身教，以身作则向家庭成员传递家庭美德，以此维持亲人相亲相爱，促进家庭和谐。千千万万个家庭的安稳成为国家发展、民族进步、社会和谐的重要起点。

现代家风建设，有利于社会主义民主政治的和谐。集中在党员干部群体中的红色家风建设，是中国共产党全心全意为人民服务宗旨的具体表现。中国共产党党员要求有一心为民的高尚情操，所以建设社会主义和谐社会，保持政治上的政通人和是一个基本要求。首先，党员干部家庭需要起到示范作用，维持干群关系的和谐。党员领导干部家庭在社会家庭中具有重要的影响力，是社会大众关注的焦点，所以党员领导干部的家风建设并不是个人小事，也不是家庭私事，而是政治建设的重要表现。党员领导干部家庭保持良好的家风家教，继承和发扬老一辈革命家的红色精神，不断为红色家风的建设贡献积极力量，在社会上树立起良好的榜样作用，是党员干部深入联系群众，与群众保持良好关系的重要因素，只有发挥红色家风的思想政治教育功能，建设好党员领导干部的家风问题，才能使党员领导干部取信于民。其次，党员领导干部家风建设实质上也是领导干部的作风建设问题，是检验党员领导干部是否符合党和人民要求的重要标准。领导干部在家风建设的过程中，需要特别注重对红色家风的知识学习、情操培育、遵纪守法等各种方面的把握，结合自身情况与现有家庭家风状况，不断作出改善，积极主动向红色家风模范靠拢，提升自我的作风修养，从而促进家庭风气的转变。

现代家风建设，有利于社会和谐的建设。中华民族自古以来就特别注重"家"的概念，特别注重家庭亲情的维系。红色家风中既传承了中华传统的核心美德，又符合当前社会主义先进文化建设的要求，是使我们同根同源的港澳台同胞、海外同胞认同社会主义的重要推力，有利于促进祖国统一事业的发展。同时，红色家风在千万家庭中的传递，通过实践活动在社会中形成正能量，形成家喻户晓、人人皆知的社会文化氛围，同时在企事业单位、城乡社区中开展先进家庭的挖掘活动，为家风建设营造良好的氛围，推动家风建设朝着正确的方向发展，使全体人民群众在共同、崇高的价值观念的引导下，形成正确甄别和判断是非、善恶、美丑的价值标准和辨识能力，引导人们树立正确地世界观、人生观、价值观，帮助人们学会辩证地看待事物、加强人们的文化素养和道德修养，提升人们的精神境界和精神状态，为社会建设和国家振兴贡献自己的力量，为推动社会的全面进步和实现中华民族的伟大复兴提供强大的精神支撑。

浅议"敬敷五教"对和谐家庭建设的现实作用

欧利生

上古时期，舜"以孝闻"，被推荐为尧帝的接班人。尧帝让舜参与政事，任命他为专司五教的司徒，主要职责就是宣传推广"五教"，向社会布施教育。舜帝摄政后，"举八元，使布五教于四方，父义，母慈，兄友，弟恭，子孝，内平外成。"[①] 舜即位之后，便要求四岳（分管四方的诸侯）与十二牧（十二州的主官）推荐可以帮助他治理国家的中央政府官员。大家一致推荐契做司徒，掌管全国民政。舜对契说："契，百姓不亲，五品不逊，汝为司徒，而敬敷五教，在宽。"[②] 他说，现在百姓不亲、家庭不和，你做司徒后要广布五教，宽厚待民。尧舜为什么把任命"司徒"放在首要位置呢？因为当时"百姓不亲，五品不驯"[③]。社会风气不正、天下大乱，这是很严重的社会问题，所以必须选拔人才管理教化。如何管理？当时的说法是"敬敷五教"。"敬"是对司徒任职态度的要求，"圣贤进德修业，不离一敬。"[④] 有着恭敬、谨慎的意思。"敬"的反义词是"肆"，就是随意、放任、不负责的意思。"敷"是传播、流布的意思，即是要传经布道，布五教于四方。舜帝选举布施五教的官员是非常认真的。他深入调查，广泛征求意见，将德高望重的八元部落的后代委以传播五教的重任；将"聪明而仁"的契任命为司徒，"敬敷五教"。"五教"

---

①　（汉）司马迁：《史记》，中华书局 1982 年版，第 35 页。

② （清）皮锡瑞：《今文尚书考证》，中华书局 1989 年版，第 76—77 页。

③ （汉）司马迁：《史记》，中华书局 1982 年版，第 38—39 页。

④ （清）黄宗羲：《明儒学案》，中华书局 2008 年版，第 1062 页。

指的是"父义、母慈、兄友、弟恭、子孝"①五种伦理规范。

尧舜时期，已经由母系社会转为父系社会，出现了较为固定的家庭，有了夫妻、父子、母子、兄弟、姐妹的新型关系，上下左右扩展，也就产生了更为复杂的人际关系。这些关系如何处理？各自扮演的家庭角色如何规范自己的行为？这些问题，都是社会现实中急迫需要解决的问题。

舜帝是东夷人。当时，东夷人不仅拥有发达的经济，还拥有先进的礼乐文化。他们秉性温柔，敦厚和平，礼让不争，崇尚仁德。东汉学者许慎曾用"夷俗仁"三字予以提炼、概括。《后汉书·东夷列传》也指出：东夷人"仁而好生……天性柔顺，易以道御，至有君子、不死之国焉。"②由"夷俗仁"可知，东夷文化的基本特点是重视伦理道德。出身东夷的舜帝，从摄政之初，就着力推行道德文明建设，将东夷人崇尚的仁德推广普及到了全国，并且将仁德具体化为"五教"：父义、母慈、兄友、弟恭、子孝。值得注意的是，由于个人在家庭中所处地位不同，故兼有多种角色，如为父则义，为子则孝，为兄则友，为弟则恭，所以这些品德是每个成员都应具有的。父母、兄弟、子女是家庭关系的三大基石。"父义、母慈、兄友、弟恭、子孝"是处理家庭伦理关系的道德规范，是父、母、兄（姐）、弟（妹）、子（女）每一个体家庭成员应当遵循的道德准则。"五教"的产生，反映了尧舜时代中国社会组织从氏族演变到了家族乃至家庭的基本事实。家庭一经产生，便构成了稳定的社会细胞。家庭的价值受到了普遍的肯定与推崇。五教的内容是通过长期的积累、总结、提炼而形成的。到了尧舜时期，五教内容已经规范，推行五教已经成了建设和谐社会的核心工作。当时，培育后代，以五教为内容；选拔人才，以五教为标准；考察政绩，以五教为尺度。舜帝推行人文教化，将家庭伦理放在首位，把五种家庭角色应当遵守的伦理准则——父义、母慈、兄友、弟恭、子孝，上升为国家普遍奉行的价值准则，当时称之为"五教"，后世视之为"明德"。不难看出，以"五教"为"天下明德"，实际上揭示了"五教"的产生是男权家庭出现的时代要求，是历史的必然，也揭示了"五教"是尧舜时代中国社会的核心价值观，也是中华民族在历史上最早形

---

① （清）黄宗羲：《宋元学案》，中华书局1986年版，第232页。
② （宋）范晔：《后汉书》，（唐）李贤等注，中华书局1965年版，第2807页。

成的核心价值观。因此"五教"是最原始的，经国家规范推广的，历史上最早的公共教材。由于舜帝看重"敬敷五教"，因而起到了"内平外成""百姓亲和"的效果，创造了一个和合万邦的大同世界。

敬敷五教是天下明德的基础工作，当前建设和谐家庭仍然需要"敬敷五教"。

一 "五教"是基德，是普世伦理

在一个社会或社会发展的某个特殊时期被大多数人普遍认同的道德称为基德，因为这些德性又是其他诸德发育及其合理性的基础，因而被称之为母德。传统中国社会的基德或母德就是所谓"父义、母慈、兄友、弟恭、子孝"的五教。尽管后世儒家把它发展为"仁、义、礼、智、信"的"五常"，或者"父子有亲，君臣有义，夫妻有别，长幼有序，朋友有信"的五教，其根本都离不开原始的"五教"。以五教为基础，长期发展而形成的有机的德性体系，与中国传统文明的经济社会已经构成了一个有机的文化生态，五教就是中国传统伦理道德体系的基础。五教是依据人的自然天性，人的本心提炼而成。例如"子孝"，孝敬父母是人类与生俱来的天性，人与人之间最大最直接的爱心，出自人们纯真的赤子之心，是一种朴素的亲情美德，自然而然。父母对子女的慈爱之心也是生而有之，天理良心，教子女做人做事，乃是天职，无以推卸的责任。"义、慈"只是对父母最基本的要求。五教所倡导的普世价值、做人准则一向被视为伦理道德之源、治化之纲，在中国传统思想文化体系中占有非常重要的位置，不但被历代统治者奉为治理天下的至德要道，同时也被普通百姓视为做人的基本道德标准。五教是依据家庭内部与生俱来的五种角色而制定出来的五项准则，如果说，利奥纳德在《走向全球普世伦理宣言》中所提出的几条规则，可以作为"黄金规则"，我想五教所倡导的"伦理"就是"钻石伦理""普世伦理"。

二 "敬敷五教"永不过时

五教是规范家庭成员的道德准则，只要家庭存在，五教就不过时。对于"五教",有人认为这是封建社会的产物,理应随封建社会的消亡而被抛弃。殊不知人类文化,包括道德等在内都具有传承的特点。社会主义道德,甚至共产主义道德,都是此前社会所创造而发展的。家庭是在婚姻和血缘关系的基础上以夫妻子女为基本成员的生活共同体,是社会的细胞,是人们社会生活的基本单位,是社会多维关系的一个交叉点。五教产生于原始社会末期,而不是物质较为丰富的封建时代,体现了为人善良的天性,是家庭成员所要遵守的最基本的道德准则,可视为最根本的义务。家庭符合道德规范,社会也就符合了基本道德规范,家庭和谐,也会带来社会和谐。这一点,古之先哲早有论断:家齐而后国治(《礼记·大学》)。今天我们倡导社会和谐,家庭和谐应是最低要求。

三 "敬敷五教"对和谐家庭建设的现实作用

"五教",其内容是父义、母慈、兄友、弟恭、子孝。"父义"中的"义",大体含有两个方面的内容,一是庄重有礼,态度和善,说话讲理,对内对外都要讲仁义;二是要注意教育子女为人处世的道理。所以,孟子说:"义,人之正路也。"① "母慈",慈者善也,指的是一个母亲对家庭、对社会应该具有的风范。对家庭而言,做母亲的,要善待子女,要善敬长辈,吃苦耐劳、任劳任怨,每时每刻都要体现出慈爱善良;对社会来说,做母亲的,要做到温、良、恭、俭、让,与人为善,对穷人要善施,对坏人要善劝,讲团结,求和谐。"兄友弟恭",其义为哥哥对弟弟友爱,弟弟对哥哥恭敬,形容兄弟间互爱互敬。对家庭是这样,对社会也是这样,也就是说,对全社会的人都要友好相待,温和谦恭、互敬互爱。"子孝"指的是孝顺父母、孝敬长辈,对外要尊重老人、尊重长辈。

但是,我们要分清楚原始状态的"五教"和封建社会时期儒家延展开来的五教。封建社会延展开来的五教,其意义主要是根据统治者的需要,被赋予不同的含义。我认为即使封建社会时期儒家延展开来的五教,也可以被赋予当代新的含义。例如"忠",封建社会指忠君,当代社会则主要指忠于国家,忠于人民。时代不同,忠的对象则异。对于"父义"

---

① (清)焦循:《孟子正义》,中华书局1987年版,第507页。

的"义"的理解，有的学者结合现实解释为：大舜五典中的父义，不仅仅是对家庭而言，而是指全社会。一家之长对内对外都要讲仁义。什么叫仁呢？孟子讲"仁者爱人"，在社会上要平等对待一切人。要严于律己，宽以待人。对穷人，对有难处的人要有同情心，要倾囊相助，帮助弱势群体。对家庭而言，要爱妻爱子，宽容大量。什么叫义呢？要有义心义举，为人处世讲义气，讲信用。别人有难，要挺身而出，义不容辞。而绝不能像父亲瞽瞍一样，助妻为虐，无为迁就，虐待亲子，丧失道德。从广义上去理解，我们才感觉到"义"的真正含义。① 这种解释非常深透，给"五教"增添了现实的生命力。当然，时代不同了，不合时代的就应该被抛弃。我认为，应该被抛弃的是封建社会时期引申出来的糟粕。例如"三从四德"的女性观，"别尊卑、别贵贱"的封建等级观。

　　赋予五教新时代的含义，也就赋予了其新的生命力。舜帝的"敬敷五教"，对于当前构建和谐家庭，解决家庭领域出现的一些受社会普遍关注的热点和难点问题，也就有了现实作用。

（一）"敬敷五教"，培养自觉奉献家庭

　　和谐家庭的共同特征是"爱"，和谐家庭的灵魂、核心也是爱。爱是多维度的，而爱的真谛是奉献。"五教"所阐述的也就是每一个家庭角色所应作的奉献。

　　"父义、母慈"，传递爱心，让孩子健康成长。"父义、母慈"，要求父母亲，要为培养自己的孩子作出奉献，要孩子从小造就爱的精神。特别是父亲，"父不慈，子不孝"。事实上，父爱对宝宝的影响远不止于智力，还涉及体格、情感、性格等方面。父亲对孩子的爱、关心、照顾、情绪的感染，以至父亲的一举一动，都在潜移默化地影响着自己的孩子，对孩子的成长有着独特的作用。大量的研究资料显示，与父亲接触少的宝宝，不仅性格扭曲，体重、身高、动作等方面的发育速度都会落后些，并普遍存在焦虑、多动、有依赖性等表现，被专家称为"缺乏父爱综合征"。因此，父亲再忙，也要抽出时间多与孩子接触。婴儿早期，父亲就应该多抱抱、逗逗、喂喂孩子，满足孩子情感的需求，为孩子的体能、智力、社会

---

① 参见谢玉堂《论大舜》，山东人民出版社 2010 年版。

性的发展创造条件。

"父义、母慈",容纳吸引,升华情感。每个家庭成员都有着爱的最本能的品性。我们不仅要通过"父义母慈",激发爱心,还要把爱的最本能的品性推进到心理上的相互吸引、相互容纳、相互依赖,把人与人的爱,升华到人的心理层面,也就是人的情感方面。家庭成员的思念,家庭成员的心理沟通和心理依赖,就是爱的情感层面。这是建立和谐家庭的原动力。没有情感的爱,就是赤裸裸的动物本能。

"父义、母慈"把握正道,奉献真爱。五教中的"义"强调了家庭的爱要合情、合法、合乎家庭美德。它包含着教人走正道,不能溺爱。离开法律、离开正道、离开高尚品德的教育,则是盲目的爱,也很可能结出的是酸涩的苦果,很可能是与构建和谐家庭背道而驰的爱。这个"义"字说明,家庭的爱,不仅仅是培养情感上的爱,还要培养符合法律的爱,具有高尚道德的爱,是最高境界的爱。

(二)"敬敷五教",创造性格成长的良好环境

文学创作有句名言:性格决定命运。一个人的个性心理特征和个性倾向影响和决定一个人的思维方法和行为方向,甚至直接影响和决定个人与家庭亲友的关系,影响家庭与社会的关系。"敬敷五教",让孩子有个和谐的家庭环境,就能培养出孩子良好的性格。

言传身教,相互作用,恰到好处。推行"父义、母慈",不仅要求有爱心,更要求树榜样。五教规范了父母的言行和态度。性格的形成是个体和周围环境相互作用的过程,而人则是环境中的重要因素。特别是父母的言行和态度,对子女的性格影响最大。家长总是支配孩子,儿童性格便是服从、温和、消极、缺乏主动性;家长过分照料孩子,儿童性格即为幼稚、依赖、被动和胆怯,甚至神经质;家长只是保护孩子,儿童性格就会亲切、情绪稳定、好学深思,但缺乏社会性;家长溺爱孩子,儿童就表现为任性、幼稚、反抗和神经质性格;家长一味顺从孩子,儿童性格则往往为蛮横、无责任心、不服从,具有攻击性。父母是孩子的第一任教师,一言一行都被孩子模仿。教育感化,上行下效。因此,父慈则子孝,兄友则弟恭。父母的榜样作用,决定了孩子的性格。

夫妻和谐,各有分工,温馨全家。推行"父义、母慈",不仅要求父

（母）子之间，更要求夫妻之间互尊互敬，互爱互助，和谐相处。夫妻的关系会对孩子个性形成产生影响。比如在一个父亲非常强势、母亲很弱势、压抑的家庭里的男孩，在严厉强势的父亲面前表达不了心声，又得不到母亲庇护，就会发展成个性压抑、无能感、自卑的个性特征。反过来，在母亲非常强势，父亲只能无条件跟从母亲的家庭里成长的男孩，在女孩面前总是难以自信，并且在性别角色的同一性发展上会有些麻烦。比如内心困扰，不知将来应认同父亲的行为，还是颠覆父亲的行为，表现得优柔寡断。女孩则反之，她会秉承母亲的个性，极其强势地出现在他人面前，所谓野蛮女友。所以父母关系不平衡的家庭会导致孩子个性发展上的种种缺陷。

母慈心细，待人接物，胸怀宽广。推行"母慈"不仅要求母亲慈爱孩子，还要有爱的宽广胸怀。孩子的个性形成还和母亲的待人接物方式有关。一个母亲与他人老死不相往来，客厅终年不出现客人，孩子没有见过宾朋往来的架势，不知道如何待人接物，到青春期就会显现出因为人际处理的能力不足而导致的社交困难，进而形成自卑人格，在他人面前不自然、不轻松，群处时焦虑。母亲对孩子的影响是无孔不入的，如果母亲在待人接物中斤斤计较，样样算计，孩子耳濡目染，将来形成的个性中就会有心胸狭隘、小事聪明、大事愚蠢的特点。如果母亲心口不一，虚情假意，总是将自己的目的隐蔽起来，万事追逐功利，这种母亲培育的孩子就易形成虚伪、不愿帮助他人、自私的个性特征。

"兄友、弟恭"，和睦群处，学会尊重。五教中的"兄友、弟恭、子孝"是培养道德品质的重要内容。在家里，兄弟姊妹友好尊重，在外面，也就能做到长幼有序，同别人友好相处。特别是独生子女或孩子少的家庭，不要把孩子关在家里，要鼓励其与同龄孩子在一起，学会"兄友、弟恭"。如果说，父母是孩子性格的第一位影响者，同龄小伙伴则是孩子形成良好性格、学会为人处事的最好老师。当孩子在社交中表现得合群时，家长要及时鼓励、强化。

总而言之，"敬敷五教"，就是要创造一个民主、和睦、文明的家庭环境，给孩子营造一个温馨、有安全感的家庭氛围，让孩子有着情绪稳定、性格开朗、感情丰富、自信心强的良好性格，为和谐家庭打下良好的基础。

（三）"敬敷五教"，自觉构建社会主义道德家庭

五教是以孝道为核心构筑的价值体系，家庭道德在于"孝"，和谐之道以孝贯通。孝道教育，是培养孩子优良道德的关键，百德孝为先。道德之源，源于"子孝"。孝心本是天性，只要稍加引导，则可唤醒良知，培育孝心。当前，有些独生子女家庭却走入了爱的误区，对孩子过于娇宠，全家人"孝顺""小皇帝"，最后出现了儿子弑母、雇凶杀父的严重后果。乌鸦尚知反哺，况人呼！这是为什么，这是五教未能敬敷，责任在父母。

"敬敷五教"，唤醒孝心，保持本性。古代儿童学习的《三字经》，开篇"人之初，性本善"。人之初不是说人最初的时候，也不是刚出生的时候，这样理解太肤浅了。真正的意思，是指人本来的面目，在父母还没生我们之前那个本来的面目，是什么？性本善。性就是讲我们的心性，本善就是本来是善的，纯善无恶这是我们的本性。"五教"中的"子孝"就是本性的本善。用我们现在的话来讲，是我们每个人本有的爱心。这个爱心对父母表现出来，就是"孝"。"敬敷五教"，就是要唤醒孩子的孝心，并让他始终保持这一本性。如何唤醒？不是说教，而是身教，要让自己孝敬父母的行动教孩子如何尽孝。我们要以真诚的孝心，去供养、去孝敬父母，内心里面没有丝毫的不善、不敬、不诚。不仅让父母吃好、用好，让父母高兴，还要承欢于膝下，顺从、孝敬父母毫无倦色，毫不懈怠。孝敬父母应该是本性使然，不是造作出来的。如果是造作出来的，那会有懈怠的时候。是本性的流露，就会认为应该这么做的，就不会有懈怠，已经是个习惯，如果不这么做反而是怪怪的，反而会不舒服。孝敬父母，更要承传父母的志向，这就是"养亲之志"，父母希望我们做到的我们要努力做到。孝养父母之身、孝养父母之心、孝养父母之志，这种孝才能够称为圆满。

"敬敷五教"，赡养不辱，追求"显名"。在儒家伦理文化中，孝体现为三个层次：最低的要求是"能养"，即能够赡养父母，关心父母的日常生活，满足他们的衣食住行需要。其次是要做到"不辱"，即听从父母的劝诫，不做违法乱纪的事，不让父母担惊受怕，丢失脸面。最高的层次是"显名"，以自己日后的突出成就、衣锦还乡、光宗耀祖来为父母显身扬名。这三个层次并非孤立存在，能养是基础，不辱是发展，

显名是最高境界，逐步上升，更高一层总是以完成低层的要求为条件。一个人即便为父母显名了，也要关心、赡养父母。敬敷五教，就是要从小培养孩子追求"孝"的最高境界，作出突出成就，为父母争光，进而为祖国争光。

"敬敷五教"，注重细微，学而力行。宋代《孝经》邢昺疏序文里面说道，"又虑虽知其法，未知其行，遂说《孝经》一十八章，以明君臣父子之行所寄。知其法者修其行，知其行者谨其法"。这是说孔子当时著《孝经》的时候就想到了这个问题，即使读《孝经》，知道道德仁义之源、君臣父子之法，懂得这些道理，可是不懂得落实，"未知其行"，就是学了还不知道怎么用，从哪里做起。如果只是学了这些道德仁义的辞章，而没有把这些道理用到自己的日常生活当中，这就是"虽知其法，未知其行"，不懂得怎么做。对于这种人，《弟子规》里面批评说，"不力行，但学文，长浮华，成何人"，所以学了要力行，不力行只是增长浮华。《尚书·尧典》述："瞽子。父顽，母嚚，象傲。克谐以孝烝烝。"[①] "克"，即能也；"谐"即和也；"烝烝"即言孝德之厚美也。这里说舜帝是盲人的儿子，父亲非常愚顽，母亲早逝，后母暴虐，后母生弟弟象狂傲，尽管"父顽、母嚚、象傲"，而舜没有因此而对于父母有一点不好的颜色，心里也没有一点抱怨，还是非常承顺，把关系处理得非常和谐，很美满地尽了孝道。舜帝以自己的言行，实践了孝道，最后感动了父母，也感动了天地。在家庭，家长教孩子行孝，要从细微处表现出对自己父母的孝心，孩子才能有效模仿。家庭成员都有孝心，"能养、不辱、显名"何虑家人不走正道？需要指出的是，中国传统孝精神在社会的发展过程中，其愚昧落后的东西正在被摒弃，如父辈视子女为私有财产，要求子女对父辈的绝对服从观念等；提倡"不孝有三，无后为大"等愚孝思想。而适应时代要求新的孝精神正在生发之中。现在，普遍把在社会事业中的成功看成是孝的体现，实际上就把孝与个人的社会责任联系起来了。这无疑使现代家庭伦理道德升华到新的高度，成了家庭形态的最高准则。但是，不同的道德观，必然有不同的家庭道德准则。自觉的社会主义道德，是理性的自觉，是社会进步和个人全面发展的素质积累。只有建立在社会主义道德基础上

---

①　（清）孙星衍：《尚书今古文注疏》，中华书局 2004 年版，第 30 页。

的家庭，才是真正幸福和谐的家庭，也才能真正构建和谐幸福的家庭。没有社会主义道德约束的家庭，永远不会是真正意义上的和谐幸福家庭。

（四）和谐家庭建设需要全面完整地"敬敷五教"

改革开放三十多年，是我国从传统向现代化的转型期，这里的转型就包括道德规范的转型。在转型期内，既有传统道德的裂变、消亡和新生，也有新兴道德的生长、发育和检验，二者融为一体需要一个过程。很长一段时期，我们对传统道德规范批判的多，肯定的少；抛弃的多，继承的少，导致中华民族几千年来积淀的许多优良美好的传统道德被忽视、被抛弃甚至被践踏了。相反，近年来重新认识传统道德以后，有的人又把传统道德中的一些沉渣捡起来了，如官场厚黑学、人不为己天诛地灭等。对传统道德的良莠不分、取舍不当在一定程度上造成人们的思想混乱。我们既要认识到新旧道德激荡碰撞，道德失范现象不可避免，又要认真找出造成这种现象的原因，正本清源。道德之源在哪里，就在五教。正如东汉时期蔡邕《九嶷山铭》所云："逮于虞舜，圣德克明，克谐顽傲，以孝烝烝。"这里的"以孝"之"孝"正是五教内容的集中体现，也是虞舜思想核心的集中体现，而"克谐"之"谐"，正是"以孝"之"孝"的外在表现。所以孔子说"孝悌也者，其为仁之本欤"①。正本清源就是要敬敷孝悌，全面敬敷五教。

1. 保持家庭的完整性，才能有"敬敷五教"的完整性

当前，家庭领域出现的热点、难点问题，主要表现在以下几个方面：第一，婚姻关系稳定性下降，家庭暴力等现象增多，单亲子女增多。第二，教育子女重智轻德。对独生子女教育普遍存在问题，致使许多孩子道德缺失、自私自利、恶语相向，忤逆不孝。第三，"啃老"、弃老现象突出，亲情纽带松弛，家庭关系中普遍以儿孙为轴心。这些问题的产生，其中一个重要因素，就是"五教"缺失，未能全面完整地"敬敷五教"。

第一，对"五教"的含义理解不全面。父义母慈，不仅是针对教养子女而对父母提出的要求，还有着对父母夫妻双方的要求。"义""慈"，包含了夫妻双方的家庭责任、社会责任。把婚姻视同儿戏，随意分离，让

---

① 程树德：《论语集释》，中华书局 1990 年版，第 13 页。

子女置于不完整的家庭之中；或者长期在外打工，把教养子女的责任，抛给老人，自己不闻不问；或者让老人独守旧房，家人很少交流。这都是不"义"、不"慈"。

第二，对"敬敷五教"理解不透彻。"敬敷"不仅在工作态度上要求恭敬、谨慎，还在具体实施的过程中细致、周到，要把"五教"落实到一言一行的养正教育上。在家庭教育上，常出现：大道理说教讲得多，生活细节训练少；对子女要求多，耐心训导少；对家人责备多，鼓励少。"五教"是对家庭成员的行为规范，"敬敷五教"就要落实到养成教育上，使之成为日常习惯。要让"五教"入心，习以为常，这才是敬敷。

第三，缺失"兄友弟恭"的教育环境。由于当今独生子女大多独居独食，没有同胞兄弟姐妹共同生活的经历；生活物资条件比较优越，喜欢攀比，加上有些家长对孩子一直是高标准、严要求，过多地限制着孩子活泼天性的发展。因而，容易使这些孩子形成不善于团结，不善于同情，爱撒谎，以及胆小内向的品质行为。

第四，对象错位，"子孝"成了"父母孝"。一些独生子女家庭，爷爷奶奶、外公外婆及其父母整天围绕独生子女献爱心。他们包办了一切日常生活事务，甚至去学校替代打扫清洁卫生。小孩从小到大基本上都是爷爷奶奶这祖辈和父亲母亲、叔叔阿姨这父辈用爱的蜜汁泡大的。小孩看到的，不是儿子孝顺父母，而是长辈孝顺独子。对象错位，使很多年轻人找不准人生坐标，甚至在踏入社会以后也无法找准自己生存的方向。离开了父母、离开了家庭都无法独立；只知道在父母金钱的浸泡下逍遥，而完全没有独立自主、自我创造的能力。觉得父母对自己的抚养、付出都是天经地义的，应该的。如果不及时满足需求，不能提供好的物质条件，那就横眉冷对，甚至拳脚相加、拔刀相向。

由以上几点可以看出，和谐家庭的建设，必须要有一个相对稳定、完整的家，同时，要全面落实"五教"，完整"敬敷五教"。

2. 借助社会力量，为"敬敷五教"查漏补缺

当今社会，由于农民工进城，出现了大量的留守儿童、空巢老人；由于离婚率上升，增加了单亲家庭的数量；由于计划生育政策，有了较多的独生子女家庭。如何完整地、全面地"敬敷五教"，确实是眼前亟须解决的问题。农民工进城、单亲家庭、独生子女、空巢老人已经导致无法完整

地"敬敷五教",只有借助社会力量,借助现代科技查漏补缺。

我们要借助学校教育,让留守儿童有个温暖的家。农村要尽量发展寄宿制小学,让留守儿童生活在集体中,以老师的关爱弥补缺失的"父义母慈"。我们要借助社会互助,让空巢老人尽享天伦之乐。政府要多建设养老机构,让空巢老人有个去处。要建立志愿者联系制度,让老人不再孤独。要借助现代科技,让爱千里传递无障碍。要有目的地组织可视电话收听看的活动,增强家庭成员的紧密联系,时常传递爱心。要举行不同形式的孝道主题教育,借助社会力量,让孩子有一颗感恩回报的心。

3. 慈爱有度,为独生子女实施孝心教育

独生子女的教育,是关系到祖国前途的大事。据悉,我国独生子女数量已占同龄人数的1/5,虽然比例不大,但他们大多数都生长在城市,其父母有一定的文化水平和经济能力,能享受到更好的医疗保健、教育以及信息资源。因此,独生子女更有可能成为未来社会的主流,他们的发展将深刻影响中国的命运,其人格面貌必将重塑中华民族的精神面貌。

有位儿童教育家说过:只知索取,不知付出;只知爱己,不知爱人,是当前独生子女的通病。①(《浅谈幼儿感恩教育》,范丽芳)这句话,虽然有些偏颇,但也说出了问题的严重性。独生子女杀父母的事例见诸报端的也不少。其实独生子女的性格特点决定于独生环境。如果独生环境使子女受到过分照顾和保护,有可能使儿童缺乏独立性,自我意识太强,不能适应集体生活,缺乏感恩心理等。但这不是独生子女的天然特点。如果能够实施正确的教育,那么由于物质生活条件较好,父母有时间教育孩子等因素,独生子女身体发育和健康状况可处于中上等水平,将有良好的人格特征和行为习惯,智力发展正常或高于平均水平。关键在于独生环境和教育,除父母要实施孝心教育外,学校、社会都要加强孝心教育。孔子曰:"孝悌为人之本"。教育家苏霍姆林斯基曾说过:"一个人如果连自己的父母都不爱,何谈爱祖国,爱人民?"② 我们要汲取古代孝道教育的经验,培养儿童的孝心,让爱在孩子的心灵生根发芽。

---

① 参见范丽涛《浅淡幼儿感恩教育》,《学周刊》2011 年第 25 期。

② 闫旺:《干部"尽孝道"的三种另类表现》,2006 年 10 月,人民网(http://www.people.com)。

古代孝道重在养成教育,《弟子规》对孩子的一举一动都给予了规范,让孩子从小养成孝顺父母的习惯。这一点是值得借鉴的。我们要让孩子了解什么是"孝",要让孩子熟悉一些古今孝子的典型,要让孩子履行"子孝"之责。孩子该做的事,大人不能替代,该尽的礼节,父母不能忽略。

4. 调整生育政策,给孩子一个完整的家

独生子女在家,缺失了"兄友弟恭"的环境体会,没有哥哥、弟弟,没有姐姐、妹妹,将来更没有伯伯、婶婶、叔叔、阿姨,长辈大都不是教育家,难免宠爱有加,不可能都能实施正确的教育。同时,独生子女没有兄弟姐妹,他们更渴求同龄伙伴,希望发展亲密关系,但因为缺少经验和父母、教师的必要指导,导致独生子女在交友方面的痛苦和焦虑,以致性格走向偏激。笔者认为,越富裕越不愿多生,从根本上解决问题,还得要调整生育政策,取消一胎化,让"父义、母慈、兄友、弟恭、子孝"全面完整地落实到每个家庭。

总之,"敬敷五教",为尧舜时期创造了一个大同世界,也为中华伦理道德打下了坚实的基础。现代化发展到一定的规模并面临危机时,需要维持一定的发展速度和社会秩序,需要现代化机制的良性运转,儒家文化的整合价值才能发挥作用。"敬敷五教"对于和谐家庭建设也就有了现实的指导意义和作用。全面完整地"敬敷五教"将会促进和谐家庭建设,达到和谐社会的理想境界。

"五常之教"是和谐家庭建设
颠扑不破的真理

李治军

"人有恒言，皆曰天下国家。天下之本在国，国之本在家，家之本在身。"① 人从小到大，从大到老，都生活在家这个不可或缺的基本单位之中。从为人子弟开始，慢慢成长为人兄、人夫、人父到人祖父……每个角色都要扮演。为了建设和谐社会和和谐家庭，封建社会提出了"三纲五常"。

"三纲五常"是中国儒家伦理文化中的重要思想，由孔子最早提出。儒教通过"三纲五常"的教化来维护社会的伦理道德、政治制度、和谐家庭建设，在漫长的封建社会中起到了极为重要的作用。

"三纲"是指"君为臣纲，父为子纲，夫为妻纲"，要求为臣、为子、为妻的必须绝对服从君、父、夫，同时也要求君、父、夫为臣、子、妻作出表率。它反映了封建社会中君臣、父子、夫妇之间的一种特殊的道德关系。五常又称"五典"，即五种行为规则。语出《尚书·泰誓下》："狎辱五常"。孔颖达疏云："五常即五典，谓父义、母慈、兄友、弟恭、子孝。"

《乾凿度·卷上》说：《易》者，所以经天地、理人伦而明王道。是故八卦以建，五气以立，五常以之行，象法乾坤，顺阴阳，以正君臣、父子、夫妇之义。只要君臣、父子、夫妇之义正了，于是人民乃治，君亲以尊，臣子以顺，群生和洽，各安其性。也就是说，君君臣臣、父父子子、夫夫妇妇的封建道德的三纲是封建社会赖以存在的基础。但是"三纲"

---

① （清）焦循：《孟子正义》，中华书局 1987 年版，第 493 页。

经过两千多年的封建社会后，它为新中国所摈弃，究其原因，"三纲"禁锢人们思想、行为，与和谐社会建设相悖。而"五常"却一直沿用至今，成为和谐家庭建设颠扑不破的真理。

"五常"最早由中华民族的道德始祖舜帝提出。舜帝重华即位之后，便要求四岳与十二牧推荐可以帮助他治理国家的中央政府官员，大家一致推荐契做司徒，掌管全国民政。舜对契说：现在百姓不亲，家庭不和。你做司徒后要广布五教，宽厚待民。这里所说的"五教"其实就是"五常之教"，即"父义、母慈、兄友、弟恭、子孝也"（《尚书·舜典》）。

一　"五常之教"是支撑和谐家庭的顶梁柱

崇尚和谐、爱好和平是中华民族的优良品格。舜帝首倡和践行和谐家庭建设，因此被尧帝推为部落联盟首领。他的仁爱如天之涵养，他的智慧如神之微妙。人们接近他，就像葵盘倾心向日；人们仰望他，就像谷禾期求甘霖润泽。他富有而不骄奢，高贵而不轻慢。头着质素色黄的冕，身穿士人的祭服，坐朱红的车，驾白色的马。能彰显恭顺的德行，使同族九代团结和睦。又能明确百官职责，使其政绩卓著，各方诸侯邦国都能融合协调一致。"舜耕历山，历山之人皆让畔；渔雷泽，雷泽上人皆让居；陶河滨，河滨器皆不苦窳。一年而所居成聚，二年成邑，三年成都。尧乃赐舜絺衣，与琴，为筑仓廪，予牛羊。"[1] 舜帝有如此能耐，他首倡和践行的"五常之教"成为支撑国家和家庭的顶梁柱。

《孟子·滕文公上》："圣人有忧之，使契为司徒，教以人伦：父子有亲，君臣有义，夫妇有别，长幼有叙，朋友有信。"[2] 它的意思是：圣人又为此担忧。于是派遣契担任司徒，教导百姓做人的道理，使他们知道父子要有亲情，君臣要有礼义，夫妇要有分别，长幼要有次序，朋友要有诚信。

《论语·学而》曰："礼之用，和为贵。先王之道，斯为美。小大由

---

[1]　（汉）司马迁：《史记》，中华书局1982年版，第33—34页。
[2]　（清）焦循：《孟子正义》，中华书局1987年版，第386页。

之，有所不行。知和而和，不以礼节之，亦不可行也。"① 就是说：礼的应用，以和谐为贵。古代君王的治国方法，先贤流传下来的道理，最可贵的地方就在于此。无论大事小事，如果只是死板地按照和谐执中的办法去做，有时也会行不通。

（一）父义母慈

父义母慈，是和谐家庭中长辈应具备的美德。男性作为父亲和丈夫的双重角色，是和谐家庭建设的基础，对和谐家庭的构建，起着举足轻重的作用。所谓"父义"，是说为人父，社会责任感要义薄云天，与人相处要有公正合宜的道理、举止；为人父，家庭责任感要仁至义尽，要知礼、义、廉、耻；为人父，自身修养要成仁取义。义谓天下合宜之理，道谓天下通行之路。舜帝以"父义"作为齐家理念的第一招式，保障了作为弱势群体的儿女的家庭地位，树立了社会基本单位的家庭威望，为子女的成长提供了和谐的成长环境。

舜帝为什么就能想到这一招并让它推而广之呢？这与舜帝的成长环境有关。舜生活在"父顽"的家庭环境里，父亲心术不正，必欲置舜于死地而后快。《史记·五帝本纪》载："舜父瞽叟盲，而舜母死，瞽叟更娶妻而生象，象傲。瞽叟爱后妻子，常欲杀舜，舜避逃；及有小过，则受罪。"② 俗语曰："虎毒不食子。"而瞽叟却想要杀死舜，其行不义之极。如果不是舜用智慧躲过，舜根本没有机会提出和谐家庭建设的"五教"。父义则妻贤子孝，父顽则妻离子散；父义则阖家欢乐，父恶则人心向恶；父义则百业兴旺，父劣则子女罹殃。

女性作为母亲和妻子的双重角色，是"和谐家庭"的核心，对和谐家庭氛围的营造、良好家风的形成以及家庭成员素质的提高和家庭成员之间的关系协调有着至关重要和无可取代的作用。"母慈"，即做母亲的要仁爱、和慈。亲爱利子谓之慈，恻隐怜人谓之慈。（《贾子道术》）父义母慈，子女才能有孝心。正如《颜氏家训》所说："父母威严而有慈，则子

---

① 程树德：《论语集释》，中华书局1990年版，第46—47页。

② （汉）司马迁：《史记》，中华书局1982年版，第32页。

女畏慎而生孝矣。"① 常言道："马有垂缰，犬有展草，蹒跚街心，慈乌反哺。""慈母手中线，游子身上衣。临行密密缝，意恐迟迟归。谁言寸草心，报得三春晖。"（《游子吟》）没有慈母"临行密密缝"的慈爱，就没有儿女"三春晖"的反哺。

舜的母亲早死，瞎老头续娶了凶狠、恶毒的继母，并生一个儿子叫象，他们都认为舜是多余的人，想方设法残害舜。舜帝上仓顶，继母和弟象放火想烧死他；舜去淘井，继母和象就在地面上把一块块土石丢下去，把井填没，想把舜活活埋在里面。舜帝大智大勇，数度逃过劫难，不卑不亢逆来顺受，事后又回到他们身边嘘寒问暖，对父母孝敬如初。因此，舜帝觉得为人母，必须得仁爱、和慈，才能建设好和谐家庭，然后才能"老吾老以及人之老，幼吾幼以及人之幼，天下可运于掌"（《孟子·梁惠王上》）。

（二）兄友弟恭

兄友弟恭是同辈兄弟和睦相处的至尊法宝。兄弟作为家庭成员的新生力量，青幼年时期是父母的希望，长大成人、成家立业后又是父母的依靠，他们之间的关系应该是"兄弟敦和睦，朋友笃诚信"（陈子昂《座右铭》）。"和睦"是整个家庭幸福美满的前提，更是每一个家庭所向往的境界。做兄长的要友爱自己的弟弟，做弟弟对自己的兄长有谦逊有礼，这就是兄友弟恭。

舜帝很友爱他的弟弟象，但象对其兄却"亡我之心不死"。史记载："舜既入深，瞽叟与象共下土实井，舜从匿空出，去。瞽叟、象喜，以舜为已死。象曰：'本谋者象。'象与其父母分，于是曰：'舜妻尧二女，与琴，象取之。牛羊仓廪予父母。'象乃止舜宫居，鼓其琴。舜往见之。象鄂不怿，曰：'我思舜正郁陶！'舜曰：'然，尔其庶矣！'舜复事瞽叟爱弟弥谨。"② 舜作为兄长，身体力行，终于感化其弟象，并将其分封到九嶷做诸侯，晚年还南巡看望其弟。舜以其榜样的力量，以教化的方式，使家庭和谐，国家昌平。人们至今赞许，曰太平盛世、慈爱之心为"尧舜之心"。

---

① 王利器：《颜氏家训集解》，中华书局1993年版，第8页。
② （汉）司马迁：《史记》，中华书局1982年版，第34页。

（三）子孝

子孝，是和谐家庭建设中儿女对父母要履行的责任和义务，是对父义、母慈的反哺，是和谐家庭建设的核心支柱。孝是中华文化传统提倡的行为，一般指孝顺、孝敬。中国封建社会有二十四孝，其第一孝指的就是虞舜孝感动天。舜帝首倡和践行的五常，就是以孝作为核心内容的，故中国有俗语："百善孝为先，万恶淫为源。常存仁孝心，则天下凡不可为者，皆不忍为。"鸦有反哺之义，羊有跪乳之恩，不懂孝顺，就失去了家庭和谐的感情基础。

《孝经》说孝是"德之本也，天之经也，地之义也"。"教民亲爱，莫善于孝"。舜帝就是因为孝，才被推举为部落首领。"孝"就是"善事父母"，就是要以善意的思想和行为来对待自己的父母，使他们生前能够过幸福的生活，在他们死后给以很好的安葬和永久的怀念。从历史的不断发展中我们可以看到，传统孝文化在中国社会主要发挥了一种稳定作用。在促进家庭和谐、人际关系和谐、家国和谐方面发挥着不可替代的作用。中国历史上流传的许多孝敬父母、尊君爱国的动人故事，在今天仍为人们所津津乐道、传颂不休，成为培育中华传统美德的母体，成为和谐家庭建设的根基。

二　当前视域下家庭道德建设的问题与症结

在当前构建和谐社会主义的新时期，我国的和谐家庭建设面临着传统与现代的碰撞，历史与现实的冲突，传统伦理价值观与现代生活的基本方式、价值取向的冲突，面对社会的转型和家庭形式的新变化，我国的社会主义家庭道德建设产生了一系列的问题。

（一）"代际"关系的转变和代沟问题的加剧

反映代沟的微信短篇写道：

孙子对他的父亲说："爸爸，你有微信吗？"

爸爸说："我有屁的威信，家里的一切，不都是你妈说了算吗？"

孙子转而对奶奶说："您会下载不？"

奶奶说："我不会下崽，怎么能生出你爸呢？没有你爸，怎么会有你呢？"

由于科学技术和生产力的飞速进步，知识更新和生活方式的变化让不注重学习的人跟不上时代。奶奶不理解儿子的行为，儿子不理解孙子的思想与行为，就谈不上父义、母慈，也谈不上子孝。"代际"成为家庭和谐的寒流，严重影响着家庭和谐建设与进步。

"五常之教"产生于以自给自足为主体的封建时代，以君君臣臣、父父子子，夫夫妻妻为社会背景，人们足不出户，知识基本来自于父传子，子传孙。而今迎来了"三天不学习，赶不上刘少奇"的时代，迎来了信息大爆炸时代，代沟越来越深，为家庭和谐埋下了定时炸弹。

一次，笔者与本单位的一位演讲高手何某在红灯处对行人进行交通文明劝导。一位年近古稀的乡下老人，挑着水果担子闯红灯。何某赶紧前去劝阻，对老人说："老人家，你闯红灯了。等灯绿了，你再横穿马路。"不料，老人破口大骂："瞎了你的×眼啊，红灯那么高，我碰得到吗？"弄得我和何某哭笑不得。

"代际"关系的转变和代沟问题的加剧，致使年轻一代与父母的冲突越来越尖锐。现代社会打破了传统家庭的稳定性，城乡二元结构模式已经形成，并在短期内难以改变，直接造成了这一社会问题。随着代际关系发生变化，老人在家庭中的权威丧失，就出现了厌老崇幼，老人倍受轻视，有些家庭视老人为包袱、累赘，不愿意尽养老义务，养老问题随之产生，年老一代逐渐成为弱势群体。而现在我国还处于社会主义初级阶段，经济发展还不够充分，尚还无力在社会范围内去解决家庭社会养老问题，虽然我们在建设完善社会保障体系，扩大社会保险的覆盖面，但这毕竟是一个庞大而系统的工程，不可能在短期内完成。因此，在现阶段，我们必须更加突出家庭养老的作用，从传统孝文化中去寻求解决问题的途径。

（二）离婚率上升，"问题少年"层出不穷，极大地破坏了当代家庭道德建设的效果

现代社会离婚率越来越高，婚姻越来越成为个人选择的结果，离婚给家庭和社会造成的恶果越来越凸显。父母离婚了，最直接的受害者就是子女。父母离婚就使孩子没有了父义母慈的教育环境，失去了家庭天堂的关爱，离异家庭的子女由于缺少父爱或母爱而承受着情感上的孤独和无措，对未成年子女形成严重的打击。子女常常会因为父母的离异而行为不良，最终将可能走上犯罪道路。

婚变的第二打击对象便是当事人。离异可能对双方造成心理阴影、精神伤害，甚至导致家族矛盾。父母双亲在年老的时候，本应受到赡养和关爱，可他们由于子女的离婚，在承受子女婚变的压力外，还要承担孙儿孙女的教育和抚养，隔代教育的矛盾更加凸显。

（三）社会经济的飞速发展，钱成了尽孝的替代品

随着生活水平的日益提高，很大一部分人已经有足够的经济实力为父母"尽孝"。但同时也出现了一些人在行孝方式上出现偏差，认为钱能解决一切问题，一些大款给父母买豪宅以示孝心，将老人托给保姆之后就不闻不问。他们并不懂得常回家看看这个道理，忽视了老人的内心需求，每个老人所处的地位、环境不同，身体素质也不同，对孝所需求的内在标准也不一样，子女应该首先清楚哪些是老人当前最需要的东西，不论从哪一方面行孝必须按老人的实际需求行动，这样才能不辜负老人的养育之恩，否则，不但不能做到雪中送炭，甚至尽了一番孝心也不一定有好的结果。

社会发展到今天，中国成人人人都有了手机。手机拉近了远距离的朋友，却疏远了家庭中的父母和孩子。父母在外打工或在外工作，一个电话就算问候和关心，一些教条般的教育使孩子产生严重的逆反心理。他们与孩子的相处时间，一年也就那么几天，甚至有的家长几年不回，回来一次，儿女都不认得他们，叫父母为叔叔阿姨。有些离父母较近的国家工作人员，虽然相对回得勤，但回去之后，不是玩手机，就是招朋唤友"砌长城"。父母在厨房里操刀切菜、洗洗刷刷，他们却在那里玩得不亦乐乎。吃罢中晚餐，丢下几百元钱，就算尽孝了。请问，这是孝吗？这是用钱侮辱你的父母。

（四）人们生活和居住方式的改变，造成了人际关系的日趋淡漠和道德危机的日益凸显

城市经济的不断发展，城市居民住宅形成以独门独户为主，并且这样的居住形式正在向农村扩散。特别是现代社会城市化进程越来越快，长期生活在农村的老人们，对城市生活十分不适应。然而他们却要进城带孙儿孙女，陪他们去上学，负责他们的日常起居。加之，人们越来越注重拥有私人生活空间，邻里关系日趋单一，人际交往逐渐淡化，人们的归属感、凝聚感无所依托，而松散而居的家庭之间就可能由于缺乏规范的管理和调节，缺乏明确的共同利益、目标和共同意识，而处于各个孤立的状态，相互之间漠不关心，极易发生摩擦和冲突，并且即使是极小的矛盾也得不到及时的解决。

另一方面，我国社会主义现代化建设进程不断推进的同时也出现了个人主义、拜金主义、享乐主义，特别是一些人对物质利益的无尽追求，造成了在物质文明得到发展的时候，却出现了精神和道德的严重危机。加上受市场经济利益导向原则的影响，许多人的伦理道德意识丧失，在行动上就表现为自私自利。

三　发挥五常之教在当代和谐家庭建设中的作用

"五常之教"已经逐渐积淀和内化为中华民族的心理情感，成为一种永恒的、普遍的伦理道德、人文精神，熔铸于儒家伦理道德思想体系和传统文化之中。所以，我们应当从社会主义精神文明和社会主义道德建设的需要出发，对"五常之教"加以丰富和发展，使"五常之教"在现代化建设日新月异的今天焕发青春。

（一）营造良好的家庭道德氛围和环境，实现代际和谐

传统孝道观以儒家"仁爱"精神为核心，强调"亲亲"，看重父母与子女之间亲密的情感。因此，传统孝道思想中充满了浓郁的感情色彩。传统孝文化以赡养父母为尽孝之本，但赡养父母有时会碰到一个两难的问题，即个人事业与在父母旁边照顾发生冲突。在今天这样流动性高的社会

里"父母在，不远游"可能是很难做到的。但是，当我们从容地背起行囊走出家门后，又有多少人能想起家中父老双亲的孤独感受，又有多少人能够经常回家看看，哪怕是经常打个电话回家。和谐氛围对当代青年新孝道观的确立至关重要。它包括家庭和谐的人际关系、道德规范和精神风貌，而全家人要团结友爱，代际关系要和谐，必须重新提倡儒家的"仁爱"精神，这样父母子女之间才能亲密无间。

（二）远离"以自我为中心"的家庭教育，让孩子学会感恩

孩子不会感恩，那是长久以来"以自我为中心"的家庭教育造成的。俗语说"冰冻三尺，非一日之寒"。由于社会经济的发展，独生子女的增多，家庭教育数十年来"以自我为中心"现象非常严重。孩子现在在家庭中享有特殊的地位，正如"小皇帝"，打不得，骂不得，经受不起挫折，更不会感恩，认为一切都是天经地义，理所当然。

我们的教育要让孩子有正确的自我认识，懂得共享为乐、独享为耻的道理，帮助孩子建立群体意识，要让孩子为家人、为他人做些事。对孩子的要求不能有求必应，要让他们自己创造条件去获得，更不能一切以钱来替代、满足他们的各种需求，不能对他们过分地关注，要对他们进行挫折教育。不给他们归类，让他们学会分享，知道感恩。要让孩子懂得爱就是为别人着想，关心他人，爱护他人。感恩，是一种责任的承担，更是一种美好情感的锻造。学会感恩，学会回报和施予爱。让那些藏匿在心中的情感，在心坎里散发芬芳。

（三）家庭成员要不断"充电"，用新观念来理解"五常之教"

中国社会发展之快，令中老年人意想不到，自己当年全凭经验所获得的那些知识，不到三五年，就全部变成历史，不适合社会和家庭发展的需要。老年人，拿着银行卡，不会输密码；拿着手机，不会玩微信；看到红绿灯，不会走路；遇到骗子，不会识别……青年人分不清民国与明朝；不理解光盘行动与节约；"啃老"还理所当然；父母锄禾日当午，自己却还在空调房里听着音乐，看着电视……

老年人不懂的，儿女子孙要教会他们稍懂一点；年轻人不理解的，老年人要用自己丰富的人生经历去教导他们；孩子不合理的要求，我们要敢

于对他们说"不"。孝敬老人不等于一切顺从他们；爱护孩子不等于一切以他们为中心；友爱兄弟不等于给钱帮忙了事……社会的进步，我们要赋予"五常之教"以新的解析、新的内涵。

（四）社会成员要具备博爱精神，在全社会范围内营造一个良好、健康的人际关系氛围

发扬传统孝文化中的"老吾老，以及人之老；幼吾幼，以及人之幼"① 的博爱精神。家庭道德教育的归宿即培养人，帮助其成长。从家庭亲情开始，孝敬父母、关爱亲人，将爱的视野逐步拓展、升华，以至爱家、爱国、爱天下。家庭教育的终极目标就是让人获得成长所需的一切营养，包括道德教育、智育等各个方面；传统的孝文化或多或少地渗透在家庭道德教育的实践领域。面对日益淡漠和疏远的人际关系，我们就更应该拓展、升华这种博爱精神，像爱自己一样去爱别人，从家庭亲情开始关爱自己身边的所有人，只有这样我们的身边才会有更多的爱，我们的人际关系，乃至我们的社会才能更加和谐，更加健康。

结　语

五常之教虽然是封建社会的产物，然而延续到现在，社会进步了，生产生活方式改变了，但父义、母慈、兄友、弟恭、子孝依然是和谐家庭建设的良药秘方。中华民族优秀的传统伦理道德还必须传承下去，绝不能在经济利益的驱使下丧失。

---

① （清）焦循：《孟子正义》，中华书局1987年版，第86页。

舜帝是建设和谐家庭的光辉典范

郑国茂

一　现代和谐家庭的基本要求

和谐家庭是以情爱为纽带，以家庭成员的全面发展为目标，以营造共同的家庭系统为价值取向，以民主平等、团结友善、勤奋好学、艰苦奋斗、遵纪守法、明礼诚信为家庭行为规范，以科学文明、绿色节俭的家庭生活方式为主要内容，构建起家庭成员之间、家庭与社会之间、家庭与宇宙自然之间相互和谐共处的新型文明家庭模式。国是大的家，家是小的国，没有家庭的和谐，就没有社会的和谐。当代社会，和谐家庭的标准是"团结、和睦、包容、健康、愉快、善良、创造"。一个和谐的家庭，第一是家庭成员之间要有认同感，"我爱我家"的归属感；第二是有平等的意识，夫妻、长幼、兄弟姐妹互敬互爱；第三是每一个家庭成员必须要有责任心，以保证家庭的整体性；第四是友善，对家庭之外的左邻右舍等互帮互扶，携手共建和谐社会；第五是健康，形成热爱生命、乐观向上、和睦相处的文化氛围；第六是创造，共同创造精神财富和物质财富，倡导"健康自强、文明自律，追求新知，爱好学习"，摒弃堕落萎靡，放弃自纵、饱食终日的劣习。

"家和万事兴"。家庭是否和谐，关系到每个人的幸福，关系到每个家庭的稳定和积极功能的充分发挥，进而关系到整个社会的健康向上、和谐发展。从这个意义上说，和谐社会需要和谐家庭，和谐社会的构建首先应从营造和谐家庭开始。和谐家庭的建设应该围绕认同感、归属感、平等、责任心、友善、健康、创造七个方面发力。

二　和谐社会是和谐家庭的集合

构建和谐社会是我们推进经济社会发展的一个重要目标，也是实现建设小康社会目标的必然要求。家是小的国，是社会的一个最基本的单位，没有千千万万个和谐稳定的家庭，就不会有一个稳定和谐的社会。

家庭是社会的细胞，是社会的组织形式，是以婚姻关系为基础、以血缘关系和共同生活为纽带所组成的亲属团体和社会单位，构建和谐家庭与构建和谐社会具有目标指向的一致性。构建和谐家庭与构建和谐社会关系密切。

第一，和谐家庭建设是构建和谐社会系统工程中的"子系统"工程，是基础性建设，而和谐社会是一个家庭、一个家庭积累式的发展过程，是一个庞大的社会系统工程。和谐社会要求人们身心和谐、人与人之间和谐、人与社会和谐、人与自然之间和谐，构建和谐家庭与构建和谐社会具有目标指向的一致性。

第二，和谐家庭是和谐社会的基础。家庭是社会的组织形式，是社会的基础。社会这个庞大的系统要求所有子系统健康、富有生机和活力。如果作为子系统的家庭矛盾重重不能和谐发展，或者缺乏活力，势必会对社会这一大系统产生负面影响，造成社会的不和谐。孟子说："天下之本在国，国之本在家。"家庭与社会息息相关，每个"家庭"都健康和谐了，整个社会必然会健康和谐。反之，如果构成社会大系统的最小单元——家庭出现了问题，那么，就会通过整个社会的不和谐而彰显。可见，家庭的和谐与否，在建设和谐社会的大系统中具有举足轻重的地位和作用。

第三，和谐家的前提是家庭成员的和谐。家庭是影响整个社会的各种趋势的交汇点。现代家庭主要包括夫妻之间、父母子女之间、其他家庭成员之间的关系。家庭的和谐实质上是家庭人际关系的和谐。构建和谐家庭，必须协调好几方面关系。

首先是协调好夫妻关系。夫妻和谐的前提是平等与尊重。平等与尊重建立在"爱"的基础上，任何以一方的意志为主导的支配与被支配关系、占有与被占有关系、主仆式关系，都是极端错误的。只有在平等与尊重的前提下，夫妻双方相互关爱、信任、谅解、支持和慰藉，共筑爱巢，才能享受到家庭的和谐之爱与和谐之美。

其次是协调好父母与子女之间的关系。尊老爱幼是中华民族的传统美德，随着时代发展和社会进步，其内容已得到进一步丰富和完善。尊老不仅仅指传统意义上的养老送终，还包括精神上的慰藉、经济上的供给、生活上的照料等等，传统文化中"孝"的一切内涵都在其中。另一方面就是"爱幼"，其内涵不是吃饭穿衣，一味地"溺爱"，而是抚养、教育和监护。"子不教，父之过"，这话中的父泛指家庭中的所有长辈。家庭教育是儿童初始社会化最重要的场所，这也是家庭积极功能的重要内容。

最后是协调好其他家庭成员之间的关系。家庭中，一定的财富是必不可少的和谐要素。如何通过家庭成员的辛勤劳动获得和积累家庭财富，如何合理地利用家庭财富，使它更好地服务于家庭成员的生存、享受和发展的需要等，都需要运筹和协调。当然，家庭财富也并不是家庭和谐的唯一条件。家庭成员齐心协力劳动致富、勤俭持家是必不可少的家庭美德，灾难的降临会制约家庭致富，家庭遇到不测时，家庭成员之间只有团结面对，共同艰苦奋斗，才能突破危局。人对待物的态度，完全可以折射出人与人的关系。在现实生活中，人对财富的态度和利益分配的态度往往是引发家庭不和谐的重要原因，应该从家庭道德建设的层面加以重视。

如果每一个家庭都能够处理好各个成员之间的关系，能够按"爱国、敬业、诚信、友善"的要求来构建，社会就有了一个一个经得起考验的基础单元，结合起来，就是一个"自由、平等、公正、法治"的和谐社会。

三　舜帝建设和谐家庭的法宝

舜出身于平民，却能被尧举用而成为"帝"，凭的究竟是什么？《尚书·尧典》记载，帝尧举政七十年的时候，要四岳为他推荐继承人。四岳即向帝尧推荐了舜。然而，舜当时只是个在历山耕作的平头百姓。四岳推荐舜的理由是："瞽子。父顽，母嚚，象傲，克谐，以孝烝烝，乂不格奸"。[1] 意思是说，舜在父母及弟弟对他态度十分恶劣的情况下，却能与

---

[1]　（清）皮锡瑞：《今文尚书考证》，中华书局1989年版，第36页。

他们和谐相处，用自己的孝心，感化他们，使他们不至于作奸犯科。仅仅因为舜的"克谐以孝"，尧帝便同意了四岳的意见，并将两个女儿嫁给了舜。

《史记·五帝本纪》则详细记载了舜的父母和弟弟设计谋害舜的情景，"瞽瞍尚复欲杀之，使舜上涂廪，瞽瞍从下纵火焚廪。舜乃以两笠自扞而下，去，不得死。后瞽瞍又使舜穿井，舜穿井为匿空旁出。舜既入深，瞽瞍与象共下土实井，舜从匿空出，去。瞽瞍、象喜，以舜为已死。象曰：'本谋者象。'象与其父母分，于是曰：'舜妻尧二女，与琴，象取之。牛羊仓廪予父母。'象乃止舜宫居，鼓其琴。舜往见之。象愕不怿，曰：'我思舜正郁陶！'舜曰：'然，尔其庶矣！'舜复事瞽瞍爱弟弥谨。于是尧乃试舜五典百官，皆治。"① 根据司马迁所说，舜的父母和象几次要杀舜，虞舜死里逃生，但却丝毫没有怨恨，对父母仍然孝顺如初。

《孟子·万章上》说："万章问曰：'舜往于田，号泣于旻天。何为其号泣也？'孟子曰：'怨慕也'。"② 此处孟子所说的怨慕，是说舜怨恨自己，思慕父母。舜面对父亲瞽瞍和后娘处心积虑的加害，非但不计较，倒反检查自己的言行有哪些地方不如父母意。在他看来，天下百错，错的只有子女，没有做父母的错。思来想去，就更怨恨自己孝顺不够，导致父母憎恨，于是对父母的思念尤甚，情到深处，悲怆难忍，号啕着大声呼喊苍天。

"百善孝为先"。作为舜帝，生活在一个家庭环境极为恶劣的环境中，父亲非但眼瞎，而且顽固不化；继母又是一个心地十分狭隘且歹毒的泼妇，弟弟狂傲顽劣，无所不为。就在这样一个家庭环境中，在三番两次受到迫害的情况之下，舜始终遵守孝道，敬重父母，友爱弟象，以德报怨。纵使被帝尧举用，身事朝廷，仍然受到迫害，舜一如既往，不计前嫌，孝顺、友悌如初。

孔子的学生曾子问老师：老师，请允许我冒昧地提个问题，什么才是圣人的德行？在人类所有的德行中，难道就没有比孝道更为重要的东西了吗？孔子说：在宇宙万物之中，唯有人类最为尊贵。而作为人，他最高的

① （汉）司马迁：《史记》，中华书局1982年版，第34页。
② （清）焦循：《孟子正义》，中华书局1987年版，第609—610页。

品行便是孝道，没有任何品行可以超越它。

对内能孝顺父母者，对外则能淳化风俗。以至"舜耕历山，历山之人皆让畔；渔雷泽，雷泽之人皆让居；陶河滨，河滨器皆不苦窳。一年而所居成聚，二年成邑，三年成都。"故而《山海经》中说舜耕历山，"象为之耕，鸟为之耘"。《山海经》告诉人们：舜的孝心感天动地。

因为舜的孝心感天动地，所以舜能被世人尊敬、拥戴、效仿；所以得以被尧看重。由此可知，虞舜之所以能由一个普通山野村夫成为"帝"，其根本原因在于"孝"。

中华民族从尧舜开始，治国以德，治家以孝。孝生礼，孝生忠，孝生博爱，孝生顺从。孝，千百年来成为华夏大地"天之经""地之义""民之行"。

人之孝重在养。曾子将孝分为三个层次："孝有三，大孝尊亲，其次弗辱，其下能养。"① 那么，如何才能做到"尊亲"？如何才能使父母"弗辱"呢？儒家提出的办法是：守身、修身、友悌、行仁。守身的出发点是为了解除父母之忧，这是人起码的孝心；修身指品行的修为；所谓友悌，主要指家庭和睦，孝行不仅仅是对父母，还必须做到兄友弟悌；所谓行仁，就是要和睦社会乃至治国平天下。"友悌"是齐家，"行仁"则是治国平天下。行仁是最大的孝。《孝经》说："立身行道，扬名于后世，以显父母，孝之终也"。又说："夫孝，始于事亲，中于事君，终于立身。"

舜帝在守身、修身、友悌、行仁诸方面都堪称表率。《孟子·万章上》有这样一段记载："天下之士悦之，人之所欲也，而不足以解忧；好色，人之所欲，妻帝之二女，而不足以解忧；富，人之所欲，富有天下，而不足以解忧；贵，人之所欲，贵为天子，而不足以解忧；人悦之、好色、富贵，无足以解忧者，惟顺于父母可以解忧。人少，则慕父母；知好色，则慕少艾；有妻子，则慕妻子；仕则慕君，不得于君则热中。大孝终身慕父母。五十而慕者，予于大舜见之矣。"② 这段话的意思说舜娶了好妻子，贵为天子，富有天下，却仍然很忧愁，这是由于得不到父母欢心的

---

① （清）孙希旦：《礼记集解·祭义》，中华书局 1989 年版，第 1225 页。

② （清）焦循：《孟子正义》，中华书局 1987 年版，第 615—616 页。

缘故。舜看来，唯有顺从父母的意愿，使父母欢欣和喜悦，才能真正化解
他心中的苦闷。因此，孟子发表感慨说：……大孝之人一辈子孝敬父母。
直到五十岁以后仍然那么孝顺父母，这样的典型人物只有大舜。也正因为
如此，元代郭居正列举了中国历史上众口皆碑的二十四个孝子：虞舜、老
莱子、郯子、子路、曾参、闵损、文帝、蔡顺、郭巨、董永、丁兰、姜
诗、陆绩、黄香、江革、王哀、孟宗、王祥、杨香、吴猛、庾黔娄、崔山
南、黄庭坚、朱寿昌。论年代、论孝行、论对后世的影响力，虞舜都列于
二十四孝之首。

　　舜家庭状况恶劣，但是，舜"以孝立家"，感化家人，不懈努力，保
证了家庭的和谐。舜帝建设和谐家庭的法宝就是一个"孝"字。

四　"五典之教"对于建设和谐家庭的现实意义

　　家庭由家庭成员共同组成，和谐家庭是家庭成员个人行为生发出来的
共同效果。舜帝在身体力行创建和谐家庭的过程中，总结出要使家庭和
谐，组成家庭的每一个成员，就必须做到"父义，母慈，兄友，弟恭，
子孝"，这就是家庭的"五伦"，是家庭伦理道德的要求，被称之为"五
典"。《尚书·尧典》载：舜"慎徽五典，五典克从。"[1]《史记·五帝本
纪》载："尧善之，乃使舜慎和五典，五典能从。"[2]《尚书》与《史记》
记载的是：尧要舜负责用"五典"教育天下老百姓，用五种伦理道德去
教化臣民，让每个人、每个家庭都能够谨慎地理顺五种伦理道德。这样，
舜所总结出的建设和谐家庭的"五典"，就成了"五典之教"。

　　尧将两个女儿嫁给舜以后，舜带娥皇、女英到了妫水历山。舜告诫娥
皇、女英，降下尊贵之心，遵守为妇之道，要以一个平常人的身份与家
人、与他人相处。舜常常化导别人，要做好别人的父亲，就要注意自己的
言行；要想做个好母亲，就必须慈爱、和善、富有同情心；要做个好儿
子，就要孝顺，尽心地奉养父母，孝亲敬长，善待兄弟；要做一个好兄
长，就要友爱、团结、亲近；要想做一个好弟弟，就必须恭顺谨慎而有礼

---

① （清）孙星衍：《尚书今古文注疏》，中华书局 2004 年版，第 32 页。
② （汉）司马迁：《史记》，中华书局 1982 年版，第 21 页。

貌；要想做一个好丈夫，就必须对妻子谐和，亲睦，体贴；要想做一个好的妻子，就必须有温柔的情感、柔软的心肠、深沉的爱。邻居之间要和睦，要保持友好关系；朋友之间要真诚；治家要勤俭；为国效劳要忠心耿耿；做人一定要讲究仁义道德。尧帝从两个女儿那里进一步了解了舜的为人。因此，决定任命舜做主管教化的官，也就是做"司徒"。人为血肉之躯，常为食、色、货、利所惑，倘不抓教化，伤风败俗之事就会层出不穷。舜生在民间，长在逆境，做教化民众的工作，发挥了他的强项。

　　"五典之教"是虞舜建立起的以孝道为核心的传统道德伦理体系和网络。在中国，传统伦理道德以孝为核心。舜在一个环境恶劣的家庭中，身体力行地创造和实践着人伦道德，他笃诚孝悌、以德报怨，首倡人伦道德之风；他深知家庭是构筑文明社会的基本单元，而将家庭道德加以规范，把儿女对父母单向的孝，发展为双向的，含有"相互"意义的关系。儿女对父母要孝顺，父母对儿女也要讲一个义字，也要慈爱。这应该是一种双方均有的义务和责任。这样一来，就使得家庭中双方的关系达到正常，才会融洽。按照这个道理，推及兄弟、朋友之间。把每个人与最亲近的人之间的关系，都编织成一种相互亲密的双线关系，形成一种人与亲人之间的关系网络，这就是人伦五典。

　　虞舜在建设和谐家庭的基础之上，把自己身体力行创建和倾注全力推崇的家庭伦理道德与各个社会领域有机结合起来，使家庭伦理道德与宗教、宗法、礼制、礼乐、官制乃至哲学、教育等相互交织融汇，形成浑然一体的关系，由家庭行为影响整个社会行为。

　　虞舜深明上行下效的道理。做司徒以后，狠抓了对贵族子弟的五常教育。他将帝尧的血亲九族集结起来，联系先代君王的德治和自己的亲身经历，十分透彻地讲解君臣之间、朋友之间、父子之间、夫妻之间、兄弟之间必须遵循的道德原则。要求他们不仅要懂得这些道理，更重要的是切实按照这些道理去做。"舜举八恺，使主后土，以揆百事，莫不时序。举八元，使布五教于四方，父义，母慈，兄友，弟恭，子孝，内平外成。"舜启用了"八恺"，让他们主管后土，全面负责各方农林事宜。"八恺"勤奋工作，走遍天下，调查各地水土资源，根据天地时序变化，调动各地农业生产，干得十分出色。舜又启用了"八元"，让他们充分发挥自己的特长，到四方教化万民，推行五典之教，使四方家庭和睦，邻里真诚相待。

后来，虞舜官越做越大，但是，任何阶段他都没有忘记安排专职官员推行"五典之教"。虞舜身为司徒，严于律己，率先垂范，凡是自己说了的，就一定努力做到。他中道仁和，贵在笃实的人格力量，终于赢得了皇族的支持，得到了天下的肯定，迎来了华夏太平、世风大变。

后来儒家所表述的君臣、父子、兄弟、夫妇、朋友五种人伦关系，以忠、孝、悌、忍、善为标准，要求君臣有义，父子有亲，夫妇有别，长幼有序，朋友有信，其内涵很显然源于舜帝推行的"五典之教"。

舜帝"以孝立家""孝感动天"。他身体力行地创建了"父义、母慈、兄友、帝恭、子孝"为内涵的原生态的家庭伦理道德，毕生为推行"五典"而不懈努力，堪称建设和谐家庭的光辉典范！

齐家之始与家庭伦理之建构

杨增和

　　人伦道德所处理的是人与人之间的关系，中国传统社会强调人的道德情感联系，一切以和谐的人伦关系为指向，植根在血缘亲情基础上的家庭关系是人伦关系的起点。我国的人伦道德始于虞舜时代，虞舜孝亲仁爱，注重家族血缘和伦理，处理好了父子、兄弟和夫妻等家庭伦理关系，成为中国传统社会齐家之始源，其家庭伦理对后来中国传统社会建构的伦理秩序，即"君臣有义，父子有亲，夫妇有别，长幼有序，朋友有信"[①]，产生了重要影响。

一　"孝"：和谐父子关系的最高准则

　　舜帝以孝齐家成为中国传统社会治理家庭的开始。中国文化十分注重纵向的血缘关系，建立在血缘基础之上的父子关系是人伦之本，是家庭关系的核心。在源远流长的五帝传说时代，舜帝是作为一个孝子而被尧帝授予王位的。《尚书》最早使用了孝的概念，"克谐以孝"（《尚书·尧典》）"用孝厥养父母"（《尚书·酒诰》），"善事父母为孝"（《尔雅·释训》），就是对在世父母的奉养、尊敬、服从等。《史记·五帝本纪》载，"舜二十岁以孝闻名"。舜有孝亲之德，荀子认为"能以事亲谓之孝"（《荀子·王制》），孝就是赡养父母，"舜尽事亲之道"（《孟子·离娄下》），竭尽全力侍奉父母，这种养亲是大孝，而尊亲则是更高境界的孝，孟子曰：

---

① 　（清）焦循：《孟子正义》，中华书局1987年版，第386页。

"孝子之至，莫大乎尊亲"（《孟子·万章篇上》），孟子把尊亲看成是敬爱父母的至孝。"舜其至孝矣！五十而慕"（《孟子·告子下》）。尊敬父母表现在父母有大的过错也不抱怨，舜以其孝维持了家庭的稳定与和谐。

尧舜之道被儒家奉为正宗，成为孔孟学说的思想源头，以至孔孟"言必称尧舜"（《孟子·滕文公上》）。在原始社会末期就已萌发的孝，成为建构宗法血缘等级的根本，以孝为核心来构建社会秩序成为人们的共同认知。"夫孝，天之经，地之义，民之行也"（《孝经》），人们把孝当作天经地义的最高准则，孝成了建构家庭伦常关系的准则，体现了个体对血缘的认同与回归，孝作为宗族共同体的道德准则，内化成了情感和道德准则，发挥重要的文化规约作用，成为历朝调整人伦关系的道德规范，影响人们的思想和行为方式。孔子把孝道看成是人类普遍存在的亲亲之情，是仁之根本，突出孝对塑造个人品行的重要性，把孝看成是一种评判个人品德操守的标准。《礼记·坊记》中谈到孔子对孝的目的和功能的看法，"睦于父母之党，可谓孝矣"，孝由爱而敬而尊。孟子也成功地塑造了舜的至孝形象，认为舜是孝的典范，把孝看作儒家的最高理想。《孝经》说："夫孝，德之本也，教之所由生也。"孝是伦理道德的根本，一切教化都由此而产生，人类道德教化以孝道为起点。"孝，从其产生之初，本身就具有教化意义。"① 孝行是要通过合乎礼仪的行为表达出来的，这就要求人们自觉地约束自己从而协调人际关系，维护宗法等级制及相应的伦理关系。

舜帝以孝齐家还扩大到社会，血缘亲情逐步延伸到社会和政治领域。舜帝对人们进行道德教化，在践帝位之后极力推行以孝治天下的主张，躬行孝道，为民表率，成为家庭秩序和社会秩序建构的主体，从而实现了个体生命秩序与社会生活秩序的统一。《孟子·离娄上》说："天下之本在国，国之本在家"②，只有齐家，才能治国平天下，治国是治家的放大。"欲治其国者，先齐其家"③，家庭构成社会的本位，家庭是人类生存和延续的重要场所，也是社会的基本单位，中国文化的价值体系就是由家化育

---

① 肖群忠：《孝与中国文化》，人民出版社 2001 年版，第 195 页。
② （清）焦循：《孟子正义》，中华书局 1987 年版，第 493 页。
③ （清）朱彬：《礼记训纂》，中华书局 1996 年版，第 866 页。

而来的，一个家庭的和谐是建立在亲情基础上的，家庭伦理不仅是维系家庭的感情纽带，也是治理天下的根本，能治理好家庭也必能治理好国家。以血缘为根本的孝伦理价值系统，可以被看作是中华民族精神的渊源和民族认同的文化根基，从血缘的小家延伸到天下一家，中华民族成为亲如一家的大家庭，从而实现天下一家的民族价值理想。

二　"悌"：处理兄弟关系的行为准则

兄弟关系是家庭伦理的重要关系，悌是处理兄弟关系的行为准则，虞舜以悌为核心的兄弟关系体现在：虞舜对兄弟具有宽厚仁慈的品德。《史记》中记载"舜父瞽叟盲，而舜母死，瞽叟更娶妻而生象，象傲。瞽叟爱后妻子，常欲杀舜，舜避逃"①。虞舜在小时候亲生母亲就死了，他的父亲瞽叟更娶妻子，继母奸诈，同父异母兄弟象，傲慢自私，他们虐待舜，"舜避逃；及有小过，则受罪"，多次设计谋害舜，舜在"父顽、母嚚、弟傲"，甚至"皆欲杀舜"的恶劣环境中，仍能做到"顺适不失子道"，舜"能和以孝，烝烝治，不至奸。"而且，"顺事父及后母与弟，日以笃谨，匪有解"（《史记·五帝本纪》），舜逆来顺受，忍辱负重，以忍实现了家庭关系的和谐。舜帝对弟象以德报怨。舜分封弟象的故事广为流传，象每天都想杀掉舜帝，而舜继承王位后，没有惩罚象，而是把他封于有庳。《孟子·万章上》记载：学生万章问孟子："象日以杀舜为事，立为天子则放之，何也？"② 万章向孟子提出了几个关于舜帝封象于有庳的问题，其中有一段孟子的话："仁人之于弟也，不藏怒焉，不宿怨焉，亲爱之而已矣。亲之，欲其贵也；爱之，欲其富也。封之有庳，富贵之也。"仁德之人对自己的弟弟，不应有愤怒和怨恨，而是要友爱他，让他尊贵和富有，封象于有庳，就是让象富贵。舜没有反目成仇，而仍然孝顺父母、友爱兄弟。

虞舜的悌道表现了他处理家庭伦理关系的家庭至上原则，这也是儒家处理人与人关系的准则之一。《尚书》中的《康诰》篇提出兄友弟恭的道

① （汉）司马迁：《史记》，中华书局1982年版，第32页。
② （清）焦循：《孟子正义》，中华书局1987年版，第628页。

德标准，儒家则用"弟"（悌）来表述兄弟伦理，表现中国传统社会的兄弟之德。在孔子看来，"孝弟也者，其为仁之本与"①，"弟子入则孝，出则弟"②，孟子也说过："尧舜之道，孝弟而已矣"③，"仁之实，事亲是也。义之实，从兄是也"④。孔孟把孝悌并提，足见悌行与孝行是一致的。中国传统家庭伦理注重兄弟关系，兄友弟悌是建立在封建长幼秩序基础上的一种长尊幼卑关系，是与宗法等级制相联系的。

中国传统社会宗法制强调长幼有序的伦理秩序。悌就是要建立一种兄友弟恭的行为规范，友是兄对弟要关爱弟，恭要求弟对兄敬从和谦恭。悌道可以建立长幼有序的家庭伦理，把这一家庭伦理延展到乡里和社会，就会形成礼貌敬让的社会伦理风尚。子夏曰："君子敬而无失，与人恭而有礼。四海之内，皆兄弟也。"⑤ 如人们都待人恭敬有礼，就可在全社会建立兄弟般的和谐关系。

三　"顺"：协调夫妻关系的行事准则

《易经·序卦传》载，"有夫妇然后有父子"，夫妻关系是家庭关系的开始；协调好夫妻关系，以"顺"为准则，所谓"夫唱妻随"，就是强调夫妻关系的和顺。夫妻关系不"顺"，则父子关系、兄弟关系皆难理顺。

虞舜与二妃的故事是我国古代有记载有影响的最早的爱情故事，这已成为人们的共识。他们的爱情故事主要记录在《尚书》《山海经》《孟子》《九歌》《史记》《列女传》等著作中。虞舜和二妃为夫妻，《尚书》记载，"厘降二女于妫汭，嫔于虞""观厥刑于二女"。尧帝将二女嫁给虞舜，以观其内德。虞舜与二妃夫妻恩爱，爱情忠贞。《有虞二妃》中写道，"舜陟方死于苍梧，号曰重华。二妃死于江湘之间，俗谓之湘君"。记载了舜帝南巡，二妃追之不及，死于江湘的传说。《水经注》载，"大舜之陟方也，二妃从征，溺于湘江。"舜帝死后，二妃寻至江间，殉情而

---

①　程树德：《论语集释》，中华书局 1990 年版，第 13 页。

②　同上书，第 27 页。

③　（清）焦循：《孟子正义》，中华书局 1987 年版，第 816 页。

④　同上书，第 532 页。

⑤　程树德：《论语集释》，中华书局 1990 年版，第 830 页。

死，演绎了一个惊天地、泣鬼神的爱情绝唱。二妃寻夫在不少文献和传说中也有表现，《博物志》载："尧之二女，舜之二妃，曰湘夫人，帝崩，二妃啼，以涕挥竹，竹尽斑。"这种夫妻情深、为夫殉情的爱情千古流传，九嶷山地区流传二妃寻夫，血泪洒落竹丛而成斑泪竹的故事母题和众多异文，表达了九嶷山民众对舜帝和二妃的集体记忆。虞舜和二妃夫妻善于处理与家人之间的关系。《古列女传·有虞二妃》说："元始二妃，帝尧之女。嫔列有虞，承舜于下。以尊事卑，终能劳苦。瞽瞍和宁，卒享福祐。"二妃都是贤妻良母，她们以帝女之尊下嫁虞舜，能以夫妻平等身份相处，帮助丈夫，做到夫唱妇随。她们善于处理关系，家人不断谋害舜，二妃宽容相待，毫无怨言，使矛盾重重的一家人和谐相处。二妃与舜患难与共，凭借其聪明才智帮助舜逃脱家人多次谋杀。汉代刘向编撰的《古列女传》中的《有虞二妃》，其中就有二妃帮助虞舜脱险的故事。舜的父亲、继母和弟象曾多次设陷阱谋害舜，"瞽瞍又速舜饮酒，醉，将杀之""瞽瞍与象谋杀舜，使涂廪""复使浚井"等，都是二妃出奇制胜，帮助舜逃脱险恶，舜经焚廪、实井、醉酒等道道难关而生存下来。二妃还将神功也教给舜，舜能"纳于大麓，烈风雷雨弗迷"[1]，"舜以圣德入大麓之野，虎狼不犯，虫蛇不害"[2]。二妃与舜协调配合、共度危难，体现了互爱互敬和患难与共的夫妻之道，被奉为理想的婚姻典范，二妃也对舜的事业发展起到了关键性的作用，功不可没。

虞舜夫妇的柔顺恭谨、和谐敦厚等品质，是儒家极力倡导的妇女的行事准则，也体现了中国古代的齐家理念。我国古代社会，人们重视夫妻之间的道德关系。孔子就说过："父子笃，兄弟睦，夫妇和，家之肥也。"[3]强调夫妇和顺相处，相敬如宾，以求家庭和谐。虞舜夫妇的婚姻体现了儒家倡导的齐家观点，成为后世最理想的婚姻模式，深刻地影响了中国人的婚姻家庭观念，也影响了中华民族心理的形成。

儒家的家庭伦理往往忽视家庭伦理研究中的夫妻情感之维，夫妻之间的关系和地位是不对等的，只有男主女从、男尊女卑、夫为妻纲的夫妻伦

① （清）孙星衍：《尚书今古文注疏》，中华书局2004年版，第33页。
② 黄晖：《论衡校释》，中华书局1990年版，第698页。
③ （清）朱彬：《礼记训纂》，中华书局1996年版，第354页。

理道德规范，妇女沦为男性的附庸和奴仆，如《白虎通义》说："夫者，扶也，以道扶接也。妇者，服也，以礼屈服也。"① 就是说，丈夫用道来扶接妻子，妻子用礼来顺从丈夫，婚姻成为家族利益或政治的相互利用而非情感的慰藉和皈依。而虞舜与二妃的婚姻则体现了一种爱情上的平等、人格的平等。人可以有出身、财富、权势的不同，但没有高低贵贱的不同。尤其是在当今，夫妻关系已由传统社会的男尊女卑转换成了夫妻之间的相互尊重和平等相待，这就要求夫妻互爱、相互尊重，实现人格平等。

---

① （清）陈立：《白虎通疏证》，中华书局 1994 年版，第 376 页。

大道之行，孝老爱亲

——从舜文化谈和谐家庭建设

吕国康

诸贝尔物理学奖获得者汉内斯·阿尔文博士说："人类如果要在21世纪生存下去，必须回到2540年前去吸取孔子的智慧!"① 那么，在当今构建和谐家庭中，孔子的大同思想，对我们有什么启发呢？《礼记》开篇说："大道之行也，与三代之英，丘未之逮也，而有志焉。"大道即尧舜之道，而"天下为公"则是行大道的理想目标。这段话表明了孔子对"尧天舜日"时代的向往。大同是儒家的乌托邦，也可以说是最早的中国梦。孔子对他的弟子描述过大同世界："大道之行也，天下为公，选贤与能，讲信修睦。故人不独亲其亲，不独子其子，使老有所终，壮有所用，幼有所长，矜寡孤独废疾者，皆有所养，男有分，女有归。货恶其弃于地也，不必藏于己；力恶其不出于身也，不必为己。是故谋闭而不兴，盗窃乱贼而不作，故外户而不闭。是谓大同。"② 涉及政治制度、社会制度、经济制度，内涵丰富，所指具体。

近代，康有为为宣传变法维新，创为"孔子托古改制"说，声称所谓"大同"并非信史，而是孔子表现其政治乌托邦。康有为以当时的西方观念加以比附说："天下为公，选贤与能"即所谓"民治主义"；"讲信修睦"即所谓"国际联合主义"；"人不独亲其亲""使老有所归""矜寡孤独废疾者皆所有养"即所谓"老病保险主义"；"不独子其子""幼有所长"即所谓"儿童公育主义"；"壮有所用""男有分"即后世所谓

---

① 汤恩佳：《孔学论集》，文津出版社1996年版，第82页。
② （清）朱彬：《礼记训纂》，中华书局1996年版，第331—332页。

"职业固定主义"；"货恶其弃于地，不必藏于己"即所谓"共产主义"。康有为还特著《大同书》，洋洋洒洒数十万言，来描述他的政治蓝图。中国民主革命伟大先行者孙中山先生对大同思想也情有独钟，曾多次书写"天下为公"赠人，并作为自己的政治格言。

历史的车轮滚滚向前，在全面实施小康社会的进程中，如何在和谐家庭建设中从舜文化中汲取营养？老人摔倒该不该扶成为一个社会问题，拒绝赡养父母的子女被告上法庭，这都说明道德的滑坡。2017 年 2 月，王蒙在解读孟子的新书《得民心得天下：王蒙说〈孟子〉》中，提倡"用仁德去遏制扭转不良风气"。这就涉及以德治国。"大道之行"主要指尧舜之圣德的推行。《逸周书·谥法》说："仁圣盛明曰舜"。舜帝是"天下为公"的圣德之范。孔子是舜文化的集大成者及传承人。《论语·颜渊》记载："樊迟问仁。子曰：'爱人'。"爱人指关爱他人，即"泛爱众"。仁者爱人最能体现人类共同的人道主义价值观，因此，仁爱具有普世价值。《孟子·公孙丑章句上》说："大舜有大焉，善与人同，舍己从人，乐取于人以为善"。① 孟子的性善论是其思想的精髓，仁政的基础。王蒙说："所以你的为政——过去叫治国，不叫行政，叫为政，你的为政应该建立在善的基础上，就是你要爱民，要符合民意，符合民心，要让老百姓过得好，要让老百姓过上小康的生活。"②

《孟子·告子下》说："尧舜之道，孝悌而已矣。"③《尔雅》说"善父母为孝"。"孝"是舜文化的精髓，影响根深蒂固。《论语·学而》说："君子务本，本立而道生。孝弟也者，其为仁之本欤！"④ 孔子认为仁爱就是从孝亲开始，敬长做起，孝悌就是仁爱之根本。并解释"孝"的具体内容是："生，事之以礼；死，葬之以礼，祭之以礼。"⑤ 可见"孝"是以家庭为基础的。如前所引，孔子还将孝道扩展到整个社会。孟子说：

---

① （清）焦循：《孟子正义》，中华书局 1987 年版，第 240 页。

② 《王蒙新书解读〈孟子〉　发布会上妙语连珠》，2017 年 2 月，凤凰网国学频道（http://guoxue ifeng. com）。

③ （清）焦循：《孟子正义》，中华书局 1987 年版，第 816 页。

④ 程树德：《论语集释》，中华书局 1990 年版，第 13 页。

⑤ （清）刘宝楠：《论语正义》，中华书局 1990 年版，第 46 页。

"老吾老,以及人之老;幼吾幼,以及人之幼:天下可运于掌。"① 还说过:"天下之本在国,国之本在家,家之本在身。"(《孟子·离娄上》)家与国不可分割,国是家的扩大,家是国的缩小,即所谓"家国同构",孝就成了最基本的道德原则。孟子还提出"老有所养"的理想社会:"天下有善养老,则仁人以为己归矣。五亩之宅,树墙下以桑,匹妇蚕之,则老者足以衣帛矣。五母鸡,二母彘,无失其时,老者足以无失肉矣。百亩之田,匹夫耕之,八口之家,足以无饥矣。所谓西伯善养老者,制其田里,教之树畜,导其妻子,使养其老。五十非帛不暖,七十非肉不饱,不暖不饱,谓之冻馁。"②

经过近四十年的改革开放,中国经济快速发展,人民生活水平大幅提高。正如王蒙所说:"孟子要求 50 岁以上能穿上好衣服,70 岁以上能吃上肉,咱们现在实现得差不多了,实现不了的地方是极少数。"③ 但中国是一个大国,经济发展不平衡是客观存在。据国务院扶贫办副主任郑文凯 2016 年 10 月 14 日在国新办新闻发布会上介绍,按照农民人均纯收入 2300 元(2010 年不变价,相当于每天 1 美元)的扶贫标准,到 2013 年底,我国农村贫困人口有 8249 万人,按世界银行每天生活费 1.25 美元的标准,我国农村贫困人口大约还有两亿多。据民政部统计,2016 年年底全国共有城乡低保对象 6053.4 万人。据统计,2014 年至 2016 年,永州市累计实现减贫 369789 人,目前尚有 314737 人未脱贫,贫困村 643 个。特别是,中国人口老龄化突出,截至 2014 年年底,60 岁以上老年人口达到 2.12 亿人,占总人口数的 15.5%。据预测,21 世纪中叶老年人口数量将达到峰值,超过 4 亿人,届时每 3 人中就会有一个老年人。另,中国空巢和独居老年人近 1 亿人,60 岁以上失能、半失能老年人约 3500 万人,帮扶困难老年人更是一个紧迫的社会问题。

建设和谐家庭,涉及方方面面,目前亟须解决的是养老问题。

首先,从以人为本、构建和谐社会的高度来重视养老问题。把养老问题作为党和政府的一件大事来抓,千方百计加大投入,提高老年人的生活

---

① (清)焦循:《孟子正义》,中华书局 1987 年版,第 86 页。

② 同上书,第 911 页。

③ 《王蒙:用仁德去遏制扭转不良风气》,2017 年 2 月,凤凰网读书频道(http://book.ifeng.com)。

待遇，切实解决养老机构、护理人员严重不足的问题。坚持"两条腿"走路，政府在城市、乡镇建立养老院、福利院、托老所，鼓励创办民办养老机构，并加强管理，使广大老年朋友安度晚年。做到老有所养、老有所医、老有所乐、老有所为。

其次，在全社会形成孝老爱亲的浓厚氛围。弘扬孝道，"敬养"父母，关爱老人，厚养薄葬。孔子在回答"子游问孝"时说："今之孝者，是谓能养。至于犬马，皆能有养；不敬，何以别乎？"① 在回答"子夏问孝"时说："色难。有事，弟子服其劳；有酒食，先生馔，曾是以为孝乎？"② 按照孔子的观点，在物质上保障父母的生活需要，这是动物都具有的"反哺"本能，人和动物的最根本区别就是人能"敬养"，进行心灵沟通，精神关怀。消除老人的孤独感，陪护是最好的关爱。除多打电话外，子女要常回家看看。在养老机构、在社区，护工及志愿者要像对待自己的父母一样对待老人，把爱的阳光洒进他们的心坎。

再次，以德治国与依法治国相结合，重视民主法制和完善制度建设。孔子说："道之以政，齐之以刑，民免而无耻。道之以德，齐之以礼，有耻且格。"③ 孟子说："善政，不如善教之得民也。善政民畏之，善教民爱之。善政得民财，善教得民心。"④ 所谓"善教"就是"德教"，就是"德治"。加强思想教育，让仁爱充满世界。以爱人之心调解与和谐社会人际关系，持续开展学雷锋、送温暖活动，让雷锋精神代代相传。广泛开展志愿者、义工活动，让扶贫济困蔚然成风。大张旗鼓表彰道德模范，树立孝老爱亲典型。对少数不赡养父母，甚至虐待父母的不孝子女，及时处罚、严厉处治、惩一警百。要重视民主法制和完善制度建设，如全国老龄委早几年制定的新版"二十四孝"行动标准，经修改后应上升到国家法律法规层面，增强约束力。

---

① 程树德：《论语集释》，中华书局 1990 年版，第 85 页。
② 同上书，第 88 页。
③ 同上书，第 68 页。
④ （清）焦循：《孟子正义》，中华书局 1987 年版，第 897 页。

论舜文化德育思想对当前家风
建设的作用与影响

罗海云　　康新华

　　家风是指家庭或家族成员共同遵守并世代传承的风尚习俗，家风对家庭、家族成员的生活和行为起规范作用，能潜移默化地影响人们心理和制约人们的活动。舜文化是以"德"为核心的文化，其德育思想影响着中华世代儿女，并对当前家风建设起着启迪作用。正如习总书记所说，中国优秀传统文化是中华民族最基本的文化基因，"不论时代发生多大变化，不论生活格局发生多大变化，我们都要重视家庭建设，注重家庭、注重家教、注重家风"①，使得"千千万万个家庭成为国家发展、民族进步、社会和谐的重要基点"。②

一　舜文化德育思想核心

　　舜以"德"著称，《尚书》曰"德自舜明"，《史记》曰"天下明德皆自虞帝始"。学者们也普遍认为，"以舜为主体形成的道德文化，主要表现在家庭人伦、为人行事、仁德政治诸方面，是中华民族道德文化。……舜以崇尚孝悌而闻名于世，以全新的道德文化开辟了东方人类社会的新纪元"。③ 在人们心中，舜文化成为中华传统美德的化身与集合体。

---

① 《习近平：家风是家庭的精神内核，也是社会的价值缩影》，2018 年 5 月，共产党员网（http://www.12371.cn/）。

② 同上。

③ 张京华：《"舜文化为中华道德之源"说申论》，《武陵学刊》2013 年第 3 期。

舜文化德育思想的核心体现在以下几方面：

1. "和"以处众。《虞书·尧典》记载：舜"克明俊德，以亲九族。九族既睦，平章百姓；百姓昭明，协和万邦，黎民于变时雍。"① 这就是说，舜"和"以处众，并用德感化了他周边的人，出现了九族内部人员和睦，九族之外亲善的美好局面，并且这种局面由小到大波浪式扩展到整个社会，成为泛爱思想，最终达到了"九族亲睦""合和万邦"、社会安定、民族团结的局面。

2. 诚信善礼。《墨子·尚贤下》有载："舜耕于历山，陶于河濒，渔于雷泽，灰于常阳。"② 《韩非子·难一》有云，"山之农者侵畔，舜往耕焉，朞年，甽亩正。河滨之渔者争坻，舜往渔焉，朞年而让长。东夷之陶者器苦窳，舜往陶焉，朞年而器牢。"③ 从这些记载可以看出，舜在其所从事过的农业、陶业、渔业、商业等行业中诚信待人，用自己的德行感化他人，用自己的技艺指导他人，使争畔、争坻者相让，苦器之不成者不苦。在舜的影响下，他所待过的地方"甽亩正、让长、器牢"，最终而"一年成聚，二年成邑，三年成都"。诚如孟子所赞："大舜有大焉，善与人同，舍己从人，乐取于人以为善。"

3. 孝父悌弟。《史记·五帝本纪》记载："舜父瞽叟顽，母嚚，弟象傲，皆欲杀舜。舜顺适不失子道，兄弟孝慈。欲杀，不可得；即求，尝在侧"④，舜"顺事父及后母与弟，日以笃谨，匪有解。"⑤ 可以看出，舜逆来顺受，曲尽孝道，且能先意承志，感化父母；对弟象则友爱有加，辛劳备至。最终在舜孝心感染下，其家庭最终出现了"克谐，以孝烝烝，父不格奸"的景象。成为一国之君后，舜对父母的孝心无丝毫懈怠，仍恭谨如昔，"舜之践帝位，载天子旗，往朝父瞽叟，夔夔唯谨，如子道"；对其弟象则以德报怨，疼爱有加，"封弟象为诸侯"。

4. 琴瑟和谐。舜二十而以孝闻，被四岳荐于尧帝，为了对舜实行考察，尧以二女下嫁舜，同时以九男与其相处，观察舜治家和处事之道。经

① （清）皮锡瑞：《今文尚书考证》，中华书局1989年版，第10—13页。
② 吴毓江：《墨子校注》，中华书局1993年版，第97页。
③ （清）王先慎：《韩非子集解》，中华书局1998年版，第349页。
④ （汉）司马迁：《史记》，中华书局1982年版，第32页。
⑤ 同上。

过一段时期的考察后，发现舜把家庭治理得非常和谐，于是禅让帝位。《史记》记载，娥皇、女英虽然贵为天子之女，但"不敢以贵骄事舜亲戚，甚有妇道"。后来，舜帝南巡，殁于苍梧之野，娥皇、女英惊闻舜帝已逝，从而演绎一段"二妃寻夫，泪染竹斑"的凄美故事。

二　舜文化对当前家风建设的启示

在我国传统文化中，家风又称"门风"，是家庭或家族成员共同遵守并世代传承的风尚习俗。传统社会对家风非常注重，要求人们"笃学修行，不坠门风"①，以传统伦理道德为指导、以修身齐家为要旨、以家庭成员各自名分和尊卑长幼关系为核心，要求家庭成员修身正心，安分守己，严明尊卑贵贱之别，谨遵下不犯上之义，祖尊孙敬，父慈子孝，兄仁弟悌，夫唱妇随等，并把这种家风盛行的家族、家庭称为礼义之家。历史发展至今，在传统家风日渐衰落，拜金主义、享乐主义、重利轻义盛行的时代，在遗弃老人、诚信失范、始乱终弃、急功近利不时发生的时代，弘扬优秀传统家风、重溯舜文化德育思想，对当前家风建设仍有着启迪作用。

第一，孝悌仁爱。舜遭受了"父顽、母嚚、象傲"等最不公正的对待，其父弟多次欲加害并打算合谋其财产，"舜妻尧二女，与琴，象取之。牛羊仓廪予父母"②，可以说是达到了人神共愤的境界，但舜"复事瞽瞍爱弟弥谨"，最终在舜的感召下出现了"克谐，以孝烝烝，乂不格奸"③ 的景象。用今天的眼光来审视，我们不能一味地崇拜并宣扬以德报怨、爱憎不分，但其孝悌为本的思想仍值得我们去发扬。因为，孝亲是在人的生存本能基础上发展起来的血亲之爱，《论语·为政》有曰："今之孝者，是谓能养。至于犬马，皆能有养；不敬，何以别乎？"④ 古人把动物皆能侍养父母来类推子女必须孝敬长辈。孝悌的传统美德对于当前家风建设仍是必要的，我国已进入人口老龄化社会，家庭养老仍是主体，在这

---

① 王利器：《颜氏家训集解》，中华书局1993年版，第61页。
② （汉）司马迁：《史记》，中华书局1982年版，第34页。
③ （清）皮锡瑞：《今文尚书考证》，中华书局1989年版，第36页。
④ 程树德：《论语集释》，中华书局1990年版，第85页。

一模式中，子女肩负着特殊而重大的使命。遗憾的是，当今社会有些子女对父母冷若冰霜、视同路人；有些子女住着高楼大厦，却让父母住低矮棚屋；有的对父母冷言冷语、百般挑剔；有的甚至视老人如眼中钉，弃如敝屣，致使很多老人晚年后或食不饱腹，或疾病缠身，或流离失所；有的兄弟相互推诿，争夺家产，反目成仇，这些都是有失孝悌的表现。因此，舜文化提倡孝敬老人、友善兄弟仍有积极的意义。

第二，诚实守信。从字面理解，"诚信"的"诚"即诚实、诚恳，是主体内在道德品质的真诚；"信"即信用、信任，指主体内在道德真诚的外化。"诚信"既要"内诚于心"，也要"外信于人"。据《史记》记载舜从事过诸多职业，但都能诚信待人，使众人归附。诚信也成为中华文明的固有美德，《道德经》中有"言善信"，《墨子·兼爱下》有"言必信，行必果，使言行之合犹合符节也，无言而不行也"①的言论。可以说，我国先贤都把诚信当成人立身之本。然当今之世，不诚信的事屡屡发生：不法商人利欲熏心，偷工减料，假毒产品流入市场成为人们的消费品；一些人宗教信仰缺失，专钻制度的漏洞，诚信尽失，道德危机十分严重。党和政府充分意识到了这一问题的严重性，社会主义核心价值观中凝练了公民"诚信"这一目，倡导社会诚信，2016 年春节联欢晚会的《诚信》小品更是回应了这一时代主题。

第三，勤俭敬业。《史记》曰：舜"践帝位三十九年，南巡狩，崩于苍梧之野"②。我国传统家风很注重勤俭敬业，"勤俭为本，自必丰享，忠厚传家，乃能长久"，要求家族成员"早起""学作""习女工""勤俭""戒懒"等。清代名臣曾国藩把家风建设概括为"慎独、主敬、求仁、习劳"，并把"勤、俭"作为"八德"之首，他说"家败离不得个奢字，人败离不得个逸字"③。然当今社会，很多年轻人对勤俭敬业很不认同，他们疏懒于家务，勤于麻将和网淘，甚至连最起码的洗衣做饭都不会；还有些年轻人过着昼伏夜出的颠倒生活，沉迷于网吧与游戏；有些人生活奢侈浪费，安于享受，"啃老"现象十分严重。殊不知，敬业勤俭是一种人

---

① （清）孙诒让：《墨子闲诂》，中华书局 2001 年版，第 116 页。

② （汉）司马迁：《史记》，中华书局 1982 年版，第 44 页。

③ 注：曾国藩的"八德"指勤、俭、刚、明、忠、恕、谦、浑。

生的智慧和美德，在我国生产力尚未达到一定水平之前，这种家风建设不可或缺，可抑制超前高消费，缓解供需矛盾，有利于维持经济秩序和发扬艰苦创业精神。

第四，抚育子女。在我国传统文化中，家庭既是人口生产、农业生产、手工业生产和商业活动的基本实体，也是养老、育幼、教育青少年的主要场所，更是子女习得伦理道德、风俗习惯等行为规范的重要单位。舜在执政后，命"八元"与契推行"五教"（父义、母慈、兄友、弟恭、子孝），"明"家庭伦理道德于天下。我国传统教育也要求父母树立个人良好形象，勤于教诲、善于诱导，促使子女学会如何做人、成才，这些丰富思想成果和宝贵实践经验仍值得我们去发掘和借鉴。家庭是青少年的第一课堂，父母是孩子最早、最好的老师，但当前留守子女、独生子女所引发的问题已越来越多，青少年犯罪呈低龄化趋势，这在很大程度上是由于家庭教育，特别是父母教育缺失所引起的。

第五，夫妇相携。《史记》记载："舜居妫汭，内行弥谨。尧二女不敢以贵骄事舜亲戚，甚有妇道"①；舜帝南巡体察民情，不幸崩于苍梧之野；二妃千里寻君，闻舜已崩，泪染斑竹，化作洞庭女神。这虽带有神话色彩，但彰显了舜帝夫妻之间的恩爱。在男女平等的今天，我们应当将传统的"相敬如宾"转换成为"相互尊重""相互关心""琴瑟和谐"，作为家风建设的重要内容。从当前社会的家风建设来看，夫妻之间除相亲相爱以外，还应相互规劝，"夫有恶事，劝谏谆谆"，特别是做妻子的更应以诚相劝，鼓励丈夫弃暗投明，弃恶从善，弃丑求贤。近年来查处的不少腐败案例显示，官太太们在丈夫腐败过程中起到了诱因或推波助澜的消极作用，有些官太太还插手不该干的事情。正如习总书记所说，必须管好亲属和身边工作人员，不得默许他们利用特殊身份牟取非法利益。

三　现代优良家风建设的着力点

家是最小国，国是千万家，家庭是社会的细胞，家庭的文明进步关系到整个社会文明程度的提高。家风正，则民风淳；家风正，则政风清；家

---

① （汉）司马迁：《史记》，中华书局1982年版，第33页。

风正，则党风端，优良家风建设已为时代之亟须。家风是一个家庭的精神内核，也是一个社会的价值缩影，"千千万万个家庭的家风好，子女教育得好，社会风气好才有基础"。

1. 内化于己：学习、继承。中华民族自古以来就重视家庭、家风和亲情。家庭是社会的基本细胞和人生的第一所学校，不论时代和生活格局发生多大变化，我们都要重视家庭建设，注重家庭、家教和家风，紧密结合培育和弘扬社会主义核心价值观，发扬光大中华民族传统家庭美德，促进家庭和睦，促进亲人相亲相爱，促进下一代健康成长，促进老年人老有所养，使千千万万个家庭成为国家发展、民族进步、社会和谐的重要基点。诚如习总书记所说，"家风是社会风气的重要组成部分，家庭不只是人们身体的住处，更是人们心灵的归宿，家风好，就能家道兴盛、和顺美满；家风差，难免殃及子孙，贻害社会。"

2. 外化于行：立孝、立德。尊崇孝文化，继承孝传统；树立家庭美德，提高个人品德。在家风建设方面，家长是家风建设的主导者，优良家风建设应从家长教育入手。以言传身教为主，家长身体力行，以身作则，树立榜样，营造和谐的家庭氛围。在具体实践中，应尽量少一些道德知识灌输，多一些具体可操作性的指导，否则，家风建设就成了空谈。在建设什么样的家风方面，家风建设既要顺应时代要求，提倡民主、法治、和谐、独立，又要体现文化传承中优秀合理的部分；倡导一个符合现代社会道德标准的家庭风气，有统一性，还要考虑每个家庭的独特性，形成有特色的家风。

3. 批判继承传统家风。传统家风倡导的守信、睦邻、戒游惰、禁嫖赌、爱国报国、仁义礼智等，我们应当加以继承和发扬。当然，对传统家风中存在的一些不合理思想也不能完全仿效，如上辈与下辈、长与幼、男与女、嫡与庶之间的尊卑贵贱思想，"孝""忠""顺"等本质上带有传统封建等级色彩的思想。对这些思想应当用批判的眼光来看待和改造，不宜机械提倡。当前，我们的家风建设应着力培养爱国爱家、讲社会公德、能遵纪守法、有科学意识、能独立思考、有创新精神、有责任心的符合时代需求的公民。

4. 营造优良家风社会风尚。从国家层面来看，领导干部要把家风建设摆在重要位置，廉洁修身、廉洁齐家，因为领导干部的家风不是个人小事、家庭私事，而是领导干部作风的重要表现。从社会层面看，要弘扬中华民族家庭美德、树立良好家风，因为这关系到家庭和睦、社会和谐，也关系到下一代健康成长。从家庭层面看，欲造优美之家庭，需立良好之规则，"内外门闾整洁，尊卑次序谨严"。全国各地开展的"厅堂悬挂家训""晒家风诵家训"活动也是优良家风建设的一些值得提倡的做法。

　　总之，优良家风对社会而言是积极向上的道德力量，对家庭而言是构建和睦友善、包容信任、幸福快乐家庭的促成器。家风潜移默化、润物无声地影响着人们的心灵，新时期的家风建设突显重要，更应赋予新的意蕴，除旧布新，才能培养具有社会公德和遵纪守法的现代公民。

虞舜时代制度文明对夏王朝的影响

周亚平 毛 健

虞舜时代是中国历史上的重要时期，随着地下田野考古学取得的巨大成就，新的遗址、古物的不断发现，人们对虞舜时代有了新的认识。舜的思想道德和政治作为，使东方人类社会从野蛮时代步入文明时代。因此可以说，虞舜时期是我国国家社会的过渡与形成时期。在中华文化史上，制度文明是重要的组成部分，其起源、发展、兴衰有一个漫长过程。虞舜正好处在上古的一个历史转折时期，上承五帝时代，下传夏商周三代，由此追溯中华文明起源，进一步探讨虞舜时代的历史及其对中国第一个奴隶制王朝——夏朝的影响，不仅成为必要、可能，而且对梳理中华制度文明的源流具有极其重要的深远意义。

一 尧舜时代的礼制对夏朝的影响

虞舜时代制度文明的重要表现就是礼的制度化，《尚书·舜典》记载，舜"修五礼"，即把原始习俗规范化。礼制的形成标志人类文明进入高级阶段，礼也就具备"经国家，定社稷，序民人，利后嗣"的作用，这是以礼治理国家的理想状态。关于礼的含义，《说文·示部》云："礼，履也。所以示神以致福也。"《段注》曰："礼有五经，莫重于祭，故字从示。豊者，行礼之器。""履，本义为踩、践踏，引申为实践、执行。"[①]由此可见，"礼"字的本义是统治者进行祭祀上天的活动，以求上天保

---

① 徐朝华：《尔雅今注》，南开大学出版社 1987 年版，第 92 页。

佑、赐福。《尚书·尧典》记载："（舜）肆类于上帝，禋于六宗。望于山川，遍于群神。辑五瑞。既月乃日，觐四岳群牧，班瑞于群后。"这种祭祀之礼同时也表明当时科学水平低下，极大限制了人们对自然的认识，他们在自然面前十分迷茫困惑，无能为力。自然带给远古人类的种种灾难或者丰收，都会在人们观念中产生恐惧或敬重上天的意识，这是上天在控制人类的活动，赐予他们幸福或者降临祸害。正是在这种背景下，虞朝的统治者以代表天命的名义主导祭祀之礼，给他们的政治行为蒙上一层合法正当的神秘色彩。在以下两种情形下，必然会举行隆重的祭祀礼。第一种是摄行王位时祭祀上天之礼；第二种是军队出征时祭祀上天之礼。

舜在接受尧的传位后，便"肆类于上帝"，对上天进行隆重的祭祀，以此获得上天的保佑，为他及其治下的民众赐福。舜除了祭祀天神外，祭祀范围还涉及山川、丘陵、坟衍等自然领域。《尚书·尧典》记载："（舜）望于山川，遍于群神。辑五瑞。既月乃日，觐四岳群牧，班瑞于群后。岁二月，东巡守，至于岱宗，柴。望秩于山川，肆觐东后。协时月正日，同律度量衡。修五礼、五玉、三帛、二生、一死贽。如五器，卒乃复。五月南巡守，至于南岳，如岱礼。八月西巡守，至于西岳，如初。十有一月朔巡守，至于北岳，如西礼。归，格于艺祖，用特。五载一巡守，群后四朝。敷奏以言，明试以功，车服以庸。"这里山川指的是五岳、四渎，群神指丘陵、坟衍。在祭祀天神以求保佑思想的指引下，这一时期出现了崇拜祖先、祭祀祖先的礼制。《史记·五帝本纪》："舜受终于文祖。文祖者，尧大祖也。"《史记集解》郑玄曰："文祖者，五府之大名，犹周之明堂。"《史记·索隐》云："五府，五帝之庙，苍曰灵府，赤曰文祖……唐虞谓之五府，夏谓世室，殷谓重屋，周谓明堂，皆祀五帝之所也。"《尚书·尧典》载："归，格于艺祖，用特。""艺"是"祢"的异体字。这充分说明舜继承尧帝位后要祭祀其祖先，同时舜每次巡守四岳回来后，都要用特牛来祭祀祖先，事死如事生。①

军队出征时，也必须祭祀上天，以求天神保佑战无不胜。《礼记·王制》云："天子将出，类乎上帝。""类"是指祭祀上天的方式，这类祭祀因事制宜，不是定期举行的。"上帝"即天神，马融作注云："上帝，大

① 马兴：《尧舜时代制度文明略论》，《学习与探索》2006年第4期。

乙神，在紫微宫，天上最尊者。"

虞舜时期的礼制流传到夏朝，同样受王朝的重视，祭祀上天的活动，规模进一步扩大。祭祀的发展经历了一个由简到繁，由野到文，由偶然、零散到系统化、制度化的过程，祭祀所表达的仍然是人与神之间神秘的宗教关系。夏启即位之后，举行盛大的开国祭祀乐舞："西南海之外，赤水之南，流沙之西，有人珥两青蛇，乘两龙，名曰夏后开。开上三嫔于天，得《九辩》与《九歌》以下。此天穆之野，高二千仞，开焉得始歌《九招》。"（《山海经·大荒西经》）并以大规模的祭祀乐舞集聚部下，屡见于史籍记载："大乐之野，夏后启于此舞九代；乘两龙，云盖三层。左手操翳，右手操环，佩玉璜。在大运山北。一曰大遗之野。"（《山海经·海外西经》）"帝启……十年，帝巡狩，舞九韶于大穆之野。"（《今本竹书纪年》）墨子曾对夏启这种行为进行激烈抨击，认为启纵情声色，滥用祭祀乐舞之礼。"启乃淫溢康乐，野于饮食，将将铭苋磬以力，湛浊于酒，渝食于野。万舞翼翼，章闻于天，天用弗式。"（《墨子·非乐》）

从考古发掘看，在豫西和晋南发现的代表夏文化的二里头文化遗址里，出土的青铜器有鼎、爵、斝、盉等礼器和戈、刀等兵器。"国之大事，在祀与戎。"作为祭祀用的青铜礼器和打仗用的青铜兵器，都是国家权力的物化表现形式。此外，遗址出土的玉礼器如戈、璋、圭、戚、钺等，也同样是王权和礼制的象征物。这些象征物体现了夏代统治阶层在实施礼制方面的文明化、制度化程度。

与虞舜时代相比较，夏代祭祀的对象扩展自然界万物，这种拜祭仍然笼罩在万物有灵观念之中。不过此时"天命"观念初步抽象到了一个具有至上神性质的位置，夏代祭拜上天与夏王权力的确立有必然的联系，但其范畴十分模糊，更不具有人格化的特征，可以说只是一种至上神观念的雏形。另外，夏伐有扈氏时宣布："用命，赏于祖；弗用命，戮于社。"（《尚书·甘誓》）可见，夏代在礼制上继承虞舜时代"敬天"的天命观，进而发展"法祖"的观念，更加重视祖先崇拜。在考古发现的二里头文化中，夏代存在人祭、人牲现象。人祭发现多种姿势：或双手缚于背，或双手向上，或头身分开、甚至肢解等不同祭法。这具有明显的原始宗教的野蛮祭祀特性，人祭或许是敬畏祖先或上天的一种残忍表达方式。

二　虞舜时代的官制对夏朝的影响

虞舜时代，因为氏族部落之间的大融合，需要解决的公共事务日益增多，服务大众的公共机构的设置便成为必要，依职责而产生的各类官吏登上了社会的政治舞台。尧时期，公职官吏的设置主要安排在农业和天文历法方面，人数也较少。舜时期，社会生产力有所提高，劳动分工日益精细，需要大量官员管理社会事务，因此官员的设置人数也大量增多。《左传·文公十八年》载："昔高阳氏有才子八人，苍舒、隤敳、梼戭、大临、尨降、庭坚、仲容、叔达，齐圣广渊，明允笃诚，天下之民，谓之八恺。高辛氏有才子八人，伯奋、仲堪、叔献、季仲、伯虎、仲熊、叔豹、季狸，忠肃共懿，宣慈惠和，天下之民，谓之八元。此十六族也，世济其美，不陨其名。以至于尧，尧不能举。舜臣尧，举八恺，使主后土，以揆百事，莫不时序，地平天成。举八元，使布五教于四方，父义、母慈、兄友、弟恭、子孝，内平外成。"可见舜时代官制的设立有个不断完善的过程，因职而置官，随着社会事务的繁杂，公职人员也日益增多。舜除举十六族外，《尚书·尧典》还记载了舜举禹、弃、契、皋陶、益等二十二人为官的史实。《尚书·周书》亦记载："唐虞稽古，建官惟百，内有百揆、四岳，外有州牧、侯伯。"孔安国传："尧、舜考古，以建百官。内置百揆、四岳，象天之有五行，外置州牧十二及五国之长。上下相维，外内咸治。"孔颖达疏云："唐尧、虞舜考行古道，立官惟数止一百也。内有百揆、四岳者，百揆，揆度百事，为群官之首，立一人也；四岳，内典四时之政，外主方岳之事，立四人也。外有州牧、侯伯，牧，一州之长；侯伯，五国之长，各监其所部之国。外内置官，各有所掌，众政惟以协和，万邦所以皆安也。"这些文献资料说明：尧舜禹时代设置百官，层次分明，各有所司，明确分配职责。设置官员治理国家，并不是虞舜时代的首创，而是继承并借鉴了前代治理氏族部落的经验，在此基础上有所发展，形成了设官治理国家的制度，并对后起的夏朝官制产生了直接深刻的影响。

夏朝建立后，国王是最高统治者，集军政大权于一身。其下属各类官吏，是维系国家政权的支柱。夏朝设置的职官，主要有军事、行政、农牧、造车、司法、赋税等方面的官职。《史记·夏本纪》云："将战，作《甘誓》，乃召六卿申之。启曰：'嗟！六事之人，予誓告汝：有扈氏威侮五行，怠弃三正，天用剿绝其命。今予维共行天之罚。左不攻于左，右不攻于右，汝不共命。御非其马之政，汝不共命。用命，赏于祖；不用命，僇于社，予则孥僇汝。'遂灭有扈氏。天下咸朝。"这段话的意思是说，启在战争开始之前，召集臣属，声讨有扈氏的罪行，并告诫将士，要忠于职守。立功者赏，违命者严惩不贷。启灭有扈氏之后，诸侯皆臣服。誓词中提及的六卿、六事之人、左、右、御等，皆军队将士的称谓。"六卿"，《史记·夏本纪》集解引孔安国曰："天子六军，其将皆命卿也。""六事之人"，集解引孔安国曰："各有军事，故曰六事。""左"、"右"，集解引郑玄曰："左，车左。右，车右。""御"，集解引孔安国曰："御以正马为政也。""正"，是夏代掌管具体事务的官吏之通称。见诸文献的有车正、牧正、庖正等，分别为管理车辆、畜牧和膳食的官吏。《左传·定公元年》云："薛之皇祖奚仲居薛，以为夏车正。"据《左传·哀公元年》记载，少康曾为有仍氏牧正。后"逃奔有虞，为之庖正。"夏朝设置太史令。太史令终古以谏桀无效而奔商闻名于世。夏朝有掌管天地四时的官吏。《史记·夏本纪》集解引孔安国云："羲氏、和氏，掌天地四时之官。"夏王还临时委任臣属执行专门的使命，犹如后世之钦差大臣。《史记·夏本纪》云："帝中康时，羲、和湎淫，废时乱日。胤往征之，作《胤征》。"集解引孔安国曰："胤国之君受王命往征之。"郑玄曰："胤，臣名也。"

三　虞舜时代的法制对夏朝的影响

中国刑法的源流亦能上溯到尧舜时代。虞舜时期，初步形成较为完整的刑罚制度，同时有了一定的刑罚指导思想，是为中国法制社会的先河，对后世立法起着重要影响。

舜治理天下，需要硬性制定并统一刑律，向全国颁布，凭借暴力的手段和机构稳定社会、树立权威，使百姓儆戒。"帝舜三年，命皋陶作刑"（《竹书纪年》），即舜曾命令皋陶制定刑法。《尚书·尧典》载："帝曰：

皋陶蛮夷华夏，寇贼奸宄。汝作士，五刑有服"。在皋陶的主持下，对原始刑法作了一次较为系统的修订，形成"昏、墨、贼、杀，皋陶之刑也"。(《左传·昭公十四年》)

《尚书·尧典》载：尧老，舜代为执政，制定了多种刑罚："象以典刑，流宥五刑，鞭作官刑，扑作教刑，金作赎刑。眚灾肆赦；怙贼终刑。钦哉，钦哉，维刑之恤哉！流共工于幽洲，放驩兜于崇山，窜三苗于三危，殛鲧于羽山。四罪而天下咸服。"孔安国云："殛、窜、放、流，皆诛也。"象以典刑，象刑是指用"画衣冠、异章服"的办法来惩罚罪犯。孙星衍在《尚书·今古文注疏》中解释说："象者，画像。典者，《释诂》云'常也。'《周礼·司圜》疏引《孝经纬》云：'三皇无文，五帝画像，三王肉刑。画像者，上罪墨蒙赭衣杂屦，中罪赭衣杂屦，下罪杂屦而已。'"《孟子正论》篇也说："古无肉刑，而有象刑。"《汉书·刑法志》云："禹承尧舜之后，自以德衰而制肉刑，汤武顺而行之者，以俗薄于唐虞故也。"流刑是将罪犯流放远方的刑罚。舜曾流放共工、驩兜、三苗和鲧到荒凉地区。鞭刑和扑刑是用鞭、扑惩罚犯人的一种刑罚。而赎刑是犯人通过交纳一定的黄铜以获得赦免的制度。"眚灾肆赦，怙终贼刑。钦哉，钦哉，惟刑之恤哉。"反映当时刑罚的指导思想是轻罚，重教化，但对屡教不改之徒则施以刑罚。以上刑罚的制定与实施，说明作为天下共主的虞舜，已经拥有了诛杀其他部落和氏族首领的特权。对整个社会的不同成员具有生杀及控制权力，已经破坏了联盟制度下部落之间地位平等、互不统属的政治原则。法律制度的制定与实施正是国家的基本职能之一，也是君主及其官员拥有特权和维护特权的政治保障。正因为如此，司马迁在《史记·五帝本纪》中歌颂："天下明德皆自虞帝始。"这种现象为夏朝奴隶制法律的形成做了重要准备，预示着奴隶制法律统治的时代即将到来。

夏王朝建立之后，为了进一步镇压人民群众的反抗斗争，就在虞舜时代的基础上制定了《禹刑》，这是我国历史上的第一部奴隶制法典。《唐律疏议·名例律》中有：夏刑三千条。郑玄注《周礼》说："大辟二百，膑辟三百，宫辟五百，劓墨各千。"可见夏朝法律数量应较多，规定比较细密，法制初具规模。《左传·昭公六年》载"夏有乱政，而作禹刑"。

后人大多将《禹刑》作为夏朝法律的总称。夏朝已初步形成奴隶制五刑，并有一些罪名及定罪量刑的基本原则。除了《禹刑》外，还有《政典》《甘誓》。《甘誓》是中国古代最早的军法。

舜文化对青少年道德教育的作用

曾武清

充分开发利用永州"舜帝道德思想"教育资源，大力普及舜文化，加强青少年的思想道德建设，对构建"中国梦"有着明显的现实意义和深远的政治社会意义。

一　正视青少年道德滑坡行为失范问题

当前，青少年中思想道德滑坡、行为失德、失范是客观存在的。据调查了解，青少年及学生中存在着许多不容忽视，无法回避的现实问题。

一是价值观念混乱，价值取向多元化、功利化。导致不少青少年学习目标不明，学习动力不足，厌学、辍学现象严重。当问到一些辍学的孩子为什么不去上学时，多数回答说"现在读书没有什么用处""读书不好玩"，这些青少年辍学后，大多数无所事事，游玩耍闹。受社会上认为人生目标是"发财享乐"不良思想的影响，一些人迷恋花天酒地的生活；一些人涉足黄、赌、毒，偏离了人生的正确轨道。

二是自我意识膨胀，唯心、唯我、自私自利。这在一定程度上限制了人生理想，造成了个人主义的蔓延和人生观、价值观、道德观的倾斜。也有一部分学生希望长大能成为歌星、影星、球星之类，他们更加注重实际利益。

三是文明礼貌意识淡薄，环保意识有待提高。在公交车上不主动为老、弱、病、残、孕妇让座位，在家里不尊敬父母和长辈，在学校不尊敬老师，在社会上不尊重别人的劳动成果，言谈举止较为粗俗，浪费水电、乱扔垃圾等现象在相当一部分青少年的身上普遍存在。

四是心理脆弱，意志力薄弱，独立生活能力差。许多学生遇到困难和挫折就灰心丧气，容易受到不良社会环境的影响。有的自暴、自弃、自杀，有的吸毒、贩毒、偷盗、抢劫、杀人，走上违法犯罪道路。

五是沉溺网络现象仍然严重。无论是学校的学生还是社会上的青少年，都非常迷恋上网，热衷于上网聊天、打游戏。甚至在网上浏览色情、暴力等不良信息。有的则沉溺于网络，逃学上网，不顾身体健康，最终导致学业荒废。还有极少数热衷于网恋的青少年，甚至与网友约会、离家出走等，在社会上沾染恶习，成为问题青少年，有的则上当受骗而自毁前途，遗恨终生。

六是分辨力较差，自控力不强。部分青少年容易受到不良诱惑的影响，导致许多不良行为习惯的形成，如吸烟、喝酒、泡网吧、打架斗殴，甚至涉毒参赌等。

总之，价值观念混乱、自我意识膨胀、文明意识淡薄、心理素质差、没有信仰、自控能力不强等是导致不少青少年道德滑坡、行为失范、不思进取，精神消极的根本原因。

二　明确舜文化的产生和对青少年的教育作用

如何加强青少年思想道德建设，治理道德滑坡，我们认为主要还是靠学习，靠思想教育。在中华民族传统优秀文化中，可以说：舜文化对青少年的教育作用非常明显，不可替代。

（一）舜帝道德思想的产生最能震撼青少年的心灵

舜帝道德思想是舜帝身体力行创造的。舜帝的一生是创造道德思想的一生，他生命的过程就是道德思想形成、发展的过程：

1. 舜年少在家时：在后母"执政"的家庭环境里，舜宁愿受尽磨难，甚至舍去自己的生命也要对父亲和后母尽孝道，对骄蛮、不懂事的弟弟悌爱有加。舜父瞽瞍、后母、弟象几次想杀害舜，要舜到仓顶上去涂合缝隙，却乘机从下面放火焚烧仓廪。舜利用两个斗笠护住身子，跳下来逃脱不死。后来瞽瞍又要舜挖井，舜在挖井时特别开了隐蔽的小孔道，可以从旁边出来。当舜深入井中，瞽瞍与象全力倾倒泥土把井填实，以为舜必死无疑，于是他们商量着分舜的财产。象打算将尧给舜的两女儿和一把琴留给自己，将牛羊和仓廪分给父母。没有想到，舜竟然从秘密孔道逃出来。舜恪守笃亲尽孝、宽容仁慈的行为准则，作为人子和人兄，尽管受到父亲、后母、弟弟三番五次的虐待和陷害，却丝毫没有改变他对父母的孝敬和对弟弟的友爱，以德报怨，维护了家庭的团结和谐，孝感天地，创造了对父母"孝敬""顺从"，对兄弟"悌爱"的"伦理道德"。

少年舜离家流浪时为弟代"过"，替母代"荆"，全身伤痕累累，流浪到了历山。他发现了一头受伤的象，舜以慈善为怀，将心比心，把人和动物的生命平等化。不管自己的伤而为大象治伤。这表现了他珍惜生命、和善苍生的仁爱之心。舜犁地用簸箕赶牛，不愿用鞭子抽打，用现在的话讲，舜在那时就有不虐待动物的思想。

流浪时的舜，不是苦于自己的生计，而是想天下人之所想。"只为苍生不为身"概括了舜以慈善的心对待人、对待动物的心境，是人们认识人与人的和谐、人与动物的和谐理论的原始雏形。

2. 舜成亲佐君时：尧命舜为太尉，并把二女嫁给他。开始时，舜自己反而不同意，这表现了德者无私无欲的崇高境界，"只为苍生不为身"的品德又得到了验证。网鱼人和叉鱼人为争鱼而打架，舜教天下人"苍生不仇"，这是"德者无敌"的雏形。与舜一起长大的小人见舜做太尉，因妒忌而被人利用害舜，舜不计他的杀生之仇，反而教他做人的道理，使小人懂得明理知耻，懂得做人的荣辱观。在社会生活中，舜努力示范，耕于历山，谦让相处，宽厚仁慈，把肥沃的土地让给他人，致使历山之"人皆让畔"；渔雷泽，把经营好了的渔场让给他人；陶河滨，他是制陶能手，但从不粗制滥造、弄虚作假；作器于寿丘，他恪守职业道德，勤学苦练，想方设法保证产品质量；经商于负夏，则是以诚相待，童叟无欺，不以获利为唯一目的；做太尉以后，舜以天下利为利，从孝顺父母的伦理道德发展到忠于天下社稷人的利益，开始了不负天命、做官忠于人民的德政理念，是"政治道德"的初创。

（二）舜德思想的内容最适合青少年学习

舜以天、地、人为根本出发点，构建起天道、地道、人道的道德规范，从而确定了包括伦理道德、职业道德、政治道德、宇宙道德为核心内容的理念。

1. 至孝爱亲的伦理道德。舜帝在极为恶劣的家庭环境之中，十分完美地表现了孝顺父母、友爱兄弟的美德，而这种美德，是积极向上的，主动的，以至于尽管父之顽、母之嚣、弟之傲，但是由于舜"孝"的感化，终不得作奸犯科。舜帝被尧举用后，先时做司徒，他致力于推崇以"父义、母慈、兄友、弟共、子孝"① 为内容的五典之教；做了太尉的时候，立马举用"八元"，让其推传"五典之教"。继帝位后，启用契担任司徒主管"五典之教"。舜"孝"字为本，致力于创造和睦的家庭，进而由爱父母、爱兄弟到爱所有人，舜帝的行为是一种无比高尚的道德力量，怪不得孔圣人会说"唐虞之际，于斯为盛"② 了。

舜帝所创建的伦理道德，为中国后来历经数千年不变的中华家庭、家族的传统美德的形成奠定了基础，后来得到孔子、孟子的大力宣传和倡导，得到后世儒家的推崇和发扬。

2. 勤劳守信的职业道德。根据《史记》记载，舜一生从事过多种职业，做过农，制过陶，捕过鱼，经过商。九族之内讲亲，九族之外则讲和。舜以自己的高尚行为感化人，使得大家都能让畔让坻。无论是"灰于常阳"，还是"贩于负夏"，还是"作器于寿丘"，舜都能勤劳发奋，诚实守信，乐于助人，从不欺行霸市。以致人们都愿意同舜作为邻居，因而"一年所居成聚，二年成邑，三年成都。"

舜使"天下贡善"，正如孔子所说是为了改变那种败坏的道德风气。见利忘义，会使社会道德沦丧；人心向善，就会提高社会道德水平，形成一种淳朴善良、谦让助人的社会风气。舜诚实向善，善与人同，舍己从人，用自己的言行实践勤劳守信，乐于助人的社会职业道德思想。

3. 勤政爱民的政治道德。《白虎通义》说："舜者，乐也。言天下有道，人皆乐也。"③ 舜帝以德治国主要表现在三个方面：（1）选贤用能，广开言路。（2）拓疆分区，心怀天下。（3）以民为本，宽以待民。他"举八

---

① （清）洪亮吉：《春秋左传诂》，中华书局1987年版，第390页。

② 程树德：《论语集释》，中华书局1990年版，第556页。

③ （清）陈立：《白虎通疏证》，中华书局1994年版，第59页。

恺""用八元",重用 22 位贤能管理工程、农林、刑法、五教、音乐、礼仪等;他心怀天下,定五年巡狩之制,多次到全国各地巡视,体察民情,处理政务。他勤政爱民,"象以典刑""德为先,仁为怀,重教化,苦忧人",少诛杀,对于犯法者,他厚德载物,采取象征性惩罚的方法,重在使人受教育。

舜所追求的一些政治道德思想,如"人心惟危,道心惟微,惟精惟一,允执厥中"① 等,逐渐被后世学者所认同和发挥,并为统治阶级所接受,成为中国古代重要的道德原则和推行德治的方法,被广泛运用于修身、齐家、治国、平天下的社会生活实践中,成为中国传统文化的重要内容,并具有深远影响。

4. 天人合一的宇宙道德。所谓宇宙道德是指人与自然的关系以及个人与整体的关系等。舜帝既顺应自然而又不屈服于自然,毕生所追求的是"天人合一"的理想境界。

三 普及舜文化提高青少年道德文明素质

舜帝是中华民族始祖五帝之一,舜文化是中华道德文明之源。舜文化的核心思想是"孝道";是"父义、母慈、兄友、弟恭、子孝"五教和谐。如何发挥舜文化对青少年道德的教育作用,关键是抓好以下几项工作。

1. 转化应用研究成果

永州有省委宣传部正式授牌的"湖南省舜文化研究基地",首席专家为陈仲庚教授。近十年来基地研究专家与省市舜文化研究会的专家教授,对舜文化的研究取得了丰硕成果。主要有"舜葬九嶷""古舜庙、舜帝陵遗址""湘妃考""德圣舜帝""五典之教""舜文化与和谐社会建设""舜文化是中华民族道德文化之源"等二十多项社科成果。在省内外出版研究著作主要有《虞舜大典》《舜文化研究文丛》《舜帝陵丛书》《虞舜与九嶷》《舜文化传统与现代精神》《柳宗元与舜文化研究》等二十多本(套),一千二百多万字。我们要加大推广应用,努力将这些研究成果转

---

① (清)马骕:《绎史》,中华书局 2002 年版,第 150 页。

化为"道德教育资源""文化旅游资源",为永州教育事业和经济社会发展作出应有的贡献。

2. 明确普及学习内容

《史记》说:"天下明德皆自虞舜始"①,中华道德思想与德文化追根溯源来自舜帝。舜帝是"孝"的化身、"德"的典范,是中国的"和谐大师""道德大师"。湖南省舜文化研究会会长唐之享同志在一篇论文中指出"舜文化是实现中国梦强有力的动力能源,是必不可少的文化软实力"。要普及学习舜帝以身作则、身体力行,毕生推崇"父义、母慈、兄友、弟恭、子孝"的家庭和谐道德;勤于职业,精益求精,诚实守信的职业道德;乐于助人,谦恭礼让,敬老爱幼,和睦邻里的社会道德;施政以德,举贤任能,"勤民事,苦忧人"的政治道德;"天人合一"的宇宙道德。

普及学习舜文化的重点内容是:舜帝的"孝悌"思想和"自强不息""正直勇敢""诚实守信""仁爱友善""勤劳俭朴""助人为乐"的道德品质。要结合中国传统文化的学习,结合青少年的"中国梦",深入学习应用"舜文化"。

3. 加强宣传普及工作

要通过各种媒体宣传普及舜文化,让舜帝道德思想家喻户晓。如通过举办电视专题节目、报刊专栏,单位"道德讲堂"、学校德育课堂等途径加强宣传工作。要通过组织文艺演出,讲述舜帝故事,开展有奖征文,朗读诗歌散文,评选舜德学子,旅游红色景区,感恩励志实践,开办"国学"讲坛等方法措施,学习、普及舜文化。使青少年明确舜帝道德思想是怎样产生形成的,舜帝道德思想的核心内容是什么;明确舜帝与中华传统文化、道德思想的关系;明确舜德传递几千年以来的道德文明修养之道;明确舜帝"以德报怨"对于构建"家庭和谐"与"社会和谐"的巨大作用。

通过宣传学习、发挥本地区道德模范、优秀学生典型示范教育作用,应用舜帝道德行为故事,震撼洗涤青少年的心灵,整治道德滑坡、失范现象,聚集道德思想行为正能量。

---

① (汉)司马迁:《史记》,中华书局1982年版,第43页。

4. 开展校园实践活动

组织开展舜文化普及实践活动。如："学舜帝、讲和谐、讲品德""朗读传统文化名著""文明美德伴我成长"读书活动，开展"美丽人生道德先行""讲舜德故事、做孝顺子女"演讲比赛；开展"感恩父母、感恩教师，感恩同学同事""感恩做人、立志成才""舜德学子学雷锋"和"讲文明树新风"等实践活动。学习推广湖南科技学院近几年实施"舜德工程"，评选"舜德学子"的经验。在大、中学校评选优秀"舜德学子"，在机关单位、厂矿企业青年中评选优秀"舜德学员"。像东安青少年一样积极参与"东安德文化之乡"建设。像宁远几所中学那样，始终坚持以"舜文化教育青少年"，采取"舜德画墙""文艺宣传""课堂讲课""编印专题图书""讲述舜德故事"等多种方法，使校园充满舜帝道德教育的氛围。

舜文化与"舜德之道"引人向善向上，使人联想到老子的《道德经》："上善若水。水善利万物而不争，处众人之所恶，故几于道。居善地，心善渊，与善仁，言善信，正善治，事善能，动善时。夫唯不争，故无尤。"①

通过组织广大学生和青少年学习实践舜帝"正直勇敢、勤劳俭朴、仁爱孝悌、谦恭礼让、助人为乐、诚实守信、明德慎罚"的舜德精神和道德品质，通过学习舜文化不断提高青少年的道德素质。学会学习，学会做人、做事，学会"自强不息""厚德载物"，帮助广大青少年成长为祖国的栋梁之材。

① 楼宇烈：《老子道德经注校释》，中华书局 2008 年版，第 20 页。

善的完整与坦然

——与子绍恒随谈

秦剑元

生活，其实大多数时候都是平淡的。日复一日，年复一年，似乎有着太多的重复，有着太淡的安逸。而这一种平淡中的重复和安逸，又最易予人以慵懒与无觉，慢慢地我们都长大了，变老了。而生活中的感悟往往有赖于个人的思想怎样去识辨和理解点滴，怎样激发我们的行为去丰富、挖掘和提升品质。人生，真的在很大程度上取决于自我，平淡的日子，也会有些许的涟漪，常常予我们以意想不到的至深感怀！

在永州市委党校学习期间，有同学偶尔论及"善"，感叹"善"的不易与缺失。那种惆怅或迷惘或愤慨，在我们周边实在是屡见不鲜，又往往较能获得社会大众的认同与共识。善是什么？善真的不易么？古希腊先哲亚里士多德在《尼各马可伦理学》中曾精辟阐释："幸福是善的完整，而不是最高的善！"善的完整是理性的、客观的、现实的，最能触动人心，乃及人性；其内涵在于善要融汇于我们生活的全部，时时刻刻处处，已是须臾不可离、自然而然的一种习惯使然，最简单易行却又境界最高，最是人性的纯净流露却又最贴近生活。最高的善是相对的、孤立的、理想的，不是一成不变的，同时，无论多少个自认为甚或广泛公认的最高的善都不能论断为善的完整。于你我乃至芸芸众生而言，最宜倡导并接受的，应是追求——善的完整，且当坦然。

一

在党校食堂就餐的人较多，轮训的学员也很密集，想是因为价格颇低，利润有限，食堂的工友不多，可见是很辛苦的。我吃饭，有两件事自始至终必然要做的，一是将要吃完饭，添饭时估摸着要少加一点，宁可吃不饱时再多个来回；二是吃后一定要清理干净面前的桌面，整理好餐具，若餐具堆放处有盆则端去。我发现公安干校的有些年轻学员也是如此。其实于他们和我，做这些事，多是坦然的，自然而然的习惯罢了，应该不会有特立独行博人眼球的必要吧！匆匆忙忙，来来去去，实在没有什么格外的人在意！现在想来，一边与同桌的他人天南海北地聊着，一边用餐巾纸轻轻地一下一下擦拭桌面，随意、淡然，同桌的也不见肯定与诧异，这年头多数的人都已"此心到处悠然"了。倒是于自己，或是多少还有一点优雅的舒心的淡淡回忆。生活中如斯的细事比比皆是，前段微信上广为流传的，倡议将玻璃碎片等生活垃圾分类处理，以免误伤环卫工人或捡拾者，当是类同。纷纭生活，诸多细微的事行之，确实于你我并没失却或伤害什么，即或占用一点点的时间和精力，也实在是微不足道，毫无意义的，非要强调则未免牵强，落个心安的借口而已。但给他人却已是一种很大的理解、方便、支持与关爱了，于社会更是一份真情与温暖，心中坦然，无声无息，自然而然地做了就好了，何必在乎！这不就是生活中一种立足于相互理解的善么？很多的人漠视了，也习惯了。岁月沧桑，人生百态，倒还容不得你我以是非来论断，以优劣来判定，但可以肯定，不行之也不见显得高明，抑或就幸福；于你有心，心安即好，举手之劳而已，多一份感悟也罢，就当是幸福的积累吧！

二

　　我发现那只蜘蛛，是从四方桌上的台布觉察出异常，干净的台布，一角却有好几个黑点，凭经验我知道那定是虫的排泄物，一抬头，嘿，好家伙，它就在我的新居阳台顶上织着一张纤细的网，悄无声息地蛰伏着。仔细地瞅瞅，于雪白的房顶实在是一块让人不快的灰黑污垢，极不协调，也极让人担忧。在玻璃与纱窗的全方位防范下，它仍能悍然落顶生网，看来，也是煞费了一番苦心，倒有一份机缘与作兴。我找来鸡毛掸，柔柔地一搅，它就整个儿裹在上面，三两步即被我请出了屋外。外面偌大世界，自有它精彩的去处。蜘蛛在它不该扎窝的地方织了网。我的新居是用我毕生的心血精心侍弄的私域，只为我能休养生息。它显然已侵扰到了我的领地，于我的生活已有影响，我搅烂它的窝，是我的合法权益捍卫的必然，不关乎善恶，更在于任何合法的权益都应优先于个人情感的社会法则。而我将其置于屋外，任其在公共区域结网生存，在适于它的地方自由自在，并没有藐然地将其随手就地灭掉，不是拘于畏惧而不敢，不是缘于渺小而不屑，也不是皈依于某种信仰而不能，而是不必与不忍。一个弱小的生命不必因为一时的冒犯就付出生命的代价，况且它也并非十恶不赦的极危险分子，于社会也终无大的妨碍与祸患。一点的过错当不能决定其一生的好坏而得到定论吧！容忍不也是善的延伸，不也是一种善的诠释。坦然面对生活中的种种无意、偶然的或有失道义的蓄意伤害或不快，不急不躁，不卑不亢；把怒与恨、恼与气再克制一分，多予一丝宽容和自省，世界的感觉或许便大不相同，幸福的善携快乐已在不经意间悄悄地陪伴着你了！

三

为了让小家伙在高中之际少些奔波的劳苦，让其有更多精力投入学习，我们有那么一段时间租住在长沙的一所学校旁的小区内。此处已与农村紧挨，属城乡接合部吧，空气却感觉清新多了。而最难得的是楼下马路边，天天八点城管上班前有一个自发而成的蔬菜市场，多是周边的农户和一些小商贩或自种或收购倒卖的蔬菜，较之超市新鲜得多。休假日的早晨采购便是我必然的任务，我也很乐意在这种清新凉爽中随意逛逛。有几个老人常来摆蔬菜摊，看装束和神态，应是旁边的老农户了。他们的蔬菜品种不是很多，也不见得是最好的，但摊位前总是有那么一些人在选购，每天的生意也早早地做完了。老人们总是笑眯眯的，那种惬意与悠然想是很快慰幸福！一次我随口问旁边的一个老师："怎么都喜欢到老人这里买呢？"她却是很诧异地看了我一眼，说："老人诚实、随和啊！做点生意也不容易，反正都是买，就让他们欢喜一些啰！"我偶尔爱和老人们聊几句，其中一位七十二三岁了，身材矮小，剃着光头，脸颊稍胖，眉毛较长，穿一件很潮的"李宁牌"运动衫，许是儿孙们穿小了舍不得扔的。老人很健谈，又热情，卖菜开价不高，但你认为贵了还一个价也从不在乎就卖了。老人家里条件不差，儿女都有工作、有事业，也懂孝道，而老人闲不下来，觉着种种菜、卖卖菜既充实又舒坦，自在快乐多了。儿女担心老人发生跌倒等意外，劝了几次也就任由着他了。其实，不管怎样，迫于生存的压力也罢，还是出于生活的兴趣使然，老人都不容易，都应属这个社会的弱者了，而难得的是这一些弱者尚还有那份可贵的追求充实、自在、快乐生活的坦然与勇气，没有沮丧与畏惧，没有厌弃与放纵，没有泰而然之的养尊处优，没有处心积虑的谋名夺利。他们或是领会到了生命不息的实质，就这样安详地常常在不经意间出现在你我的生活中，期盼有着美好的一天，有着更充实舒心的日子而已。追求幸福，享受快乐当是人一生的天性吧！忙忙碌碌的我们，也许没有多少的心情在意，也许没有多少的时间留意，而匆匆中，何妨稍加凝滞关注生活中遇到的每一位弱者，无声无息，自然而然地给予一丝丝善意的关爱，一点点赞许的肯定。特别是于如此热爱生活的老人们，最难得最让人细细感悟的应是那一份成人之美的善爱了。坦然地成就他们的充实，成就他们的快乐，成就他们的幸福。想一想那一脸的惬意与悠然，我们些微的付出或是还有一缕让他人、让自己都感怀的快乐！这一种成人之美的善或是还值得你于生活中细细地去琢磨、去尝试，还值得你终生拥有！

四

　　念及善，总忆起诺贝尔文学奖获得者法国作家安德烈·纪德老人的一段告诫："对于心地善良的人来说，付出代价必须得到报酬这种想法本身就是一种侮辱。善良不是装饰品，而是美好心灵的表现形式。"常常予自己以警醒。在我心中，仍是十分庄重地把"善"敬奉于最真诚、最纯朴、最圣洁的深处，唯恐一丝不慎，有所亵渎，坏了自己一生的心神！

　　地铁的开通对身处长沙市的人们而言，无疑是一大福祉，准确、便捷、快速、舒适，城市的品位应是提升了一个档次，但交通却还是繁忙与拥挤。由于机缘，我到长沙坐地铁的时候较多，常见拥挤中给他人让座的美好情景。一次我又坐地铁赶赴火车南站搭乘高铁。在荣湾镇站，上来了一位年轻的妈妈，抱着一个乖巧的小女孩，小女孩用双手紧紧地搂抱住妈妈的颈脖，小脸柔柔地贴着，母女很是亲昵。但车开动中拥挤的人群不时惯性晃动，就让小妈妈有点手足无措了。一位坐着的较显老态的男子，这时从座位上站了起来，用手指轻轻点了点年轻妈妈的胳膊，示意她坐过去。许是看见他颇显老态的花白头发，年轻妈妈有点迟疑，那位男子应该领会到了，说："我马上就到站了。"我看见他侧过身来挤向了地铁门边。年轻妈妈抱着小女孩脆脆教着："快谢谢爷爷！"安然地坐了下来。车过橘子洲站，那颇显老态的男子没有下车，又到了湘江中路站，他仍然一只手抓住吊环静静地站着，五一广场站、芙蓉广场站……又过了好几站，我倒担心起他不会是忘了下车，急着往他那边挪了挪，提醒道："老哥，你不是要到站了么？"他一怔："哦，没有，我到火车南站呢！"我一怔，瞬间似乎又明白了。面对我或是释然或是探询的目光，他花白老态的头浅浅颔了下首。是啊，点点善行实在不是很难去做，但让人深深感悟，善行不必倡导区别大小，唯心是善，足矣！而善的境界当是有着高低之分，不求回报是一种境界，不欲人知也是一种高的修为。而如老态的男子却于点滴实属细微的善行中，无声无息，自然而然地谋求的是那份对受善者的尊重，使之无挂无碍，心中坦然。这一种尊重的善，这一种对善的殷勤敬畏，无论大小，都足见行善者的真、纯。尊重与敬畏原本就是人类美好生活、和谐生存的根本法则之一，于当今社会，或许更能唤起你我对善的认同和责任！更能彰显人性的复苏和崇敬！

　　一段时期，有感于经济发展，社会中新兴中产阶层的崛起，以及人们对西方文明中绅士风范的津津乐道，我曾阅读了英国爱德华·伯曼先生所著《绅士生活》一书，并自己尝试确立过十余个思考与参阅的方向，但特别留意或倾心的却是"中国传统儒家君子思想与西方绅士观念的异同"一类。缘于此，又虔诚拜读了余秋雨大师的《君子之道》、季羡林先生的《东西方文化》、李大钊的《东西文明根本之异点》等著作，以自身浅陋的学识，只盼能领略一二，图个兴趣而已，而又不得不感慨：自近现代以来，中外名家大师对东西方文化的比较、追溯、研判、阐释……可谓卷帙浩繁、灿若星辰，对其相异之处各有精辟论断，给人以省悟和崇敬。然意料之中却使人震撼和缅怀的是，无论东方文化，抑或西方文化，无论君子思想，抑或绅士理念，无论《论语》《孟子》，抑或《旧约》《新约》《沉思录》等，不管其语言修辞是多么优美，或晦涩或犀利，不管其思维辩证是如何严谨，或主观臆断，或恢宏深邃，不管其人格剖析是怎样缜密锐利，怎样封闭狭隘，怎样溯本求源……无一例外，莫不是立足于对真、善、美的执着追求和不懈努力！也许只有那些真正以真为基础、以善为目的、以美为本质的文化，才能经受住历史长河的洗涤、磨砺，才能积淀下来，至今时，仍能赋予你我以真、善、美的感受！这一种魅力，这一种底蕴，却是全人类共存共享的！

世界上潮来潮去。生活，即将在你面前展现全新而复杂且多彩的真实面孔，父辈与师长审视督导的目光和监护责任的滤网将渐渐收起，你将拥有律法意义上的成熟、独立、自主，却也意味着你将渐渐独自承担一份社会责任和生活担当。这或将是沉重而烦琐的，而你有可能信心满满，或激情满怀，或茫然无措，了无头绪……这一切都不重要。当此关键时刻，你我应清醒而虔诚地铭记：心存诚善是亘古不变的生存真谛，是冥冥之中颠扑不破的自然生长法则，作为一名人类社会真正意义的人，善是一种生存的责任，是一生幸福的前提。谨慎而认真地迈好人生的每一步，不要为任何的功利而摒弃善，不要为多么至伟的学识而漠视善，不要为一切的快乐安逸而回避善，不要为点滴的误解或一时的指责而放弃善。善没有理由，没有条件，盈溢在你我所有的血肌之中，弥漫在你我所有的意识之间，成为你我完整生活的全部，且自然并坦然！

舜帝道德思想对后世家庭教育的启示

张志龙

舜帝被誉为上古五帝之一，是中华民族的文化始祖。相传舜帝是虞国人，担任虞国之君，所以又称为虞舜。因为他是传说时代的人物，生于何时何地，活了多大年纪，当时的虞国位于哪里，没有确实的记录，因此说法不一。但崩于苍梧，葬于苍梧，也就是今天的永州市宁远县九嶷山，古代史料上的观点基本一致。据史料记载，自夏代以来，就在此进行公祭活动。近年的考古发现，在九嶷山玉琯岩找到了秦汉时期及唐宋时期的舜帝陵遗址，其规模之宏大，实属难得，说明了舜帝在后人心目中的地位很高。舜帝陵是上古五帝中唯一有宋以前地下文物相印证的陵庙。

关于舜帝的记载，首先在最权威的《尚书》里，字数达到三千字以上。尔后，在各种文史书中叙述的材料甚多。《尚书》是春秋时期的史书，记录了上古到西周时期的历史事件、历史人物。《尚书》从《虞书》开篇，然后在《尧典》《舜典》《大禹谟》《益稷》里，分别对舜帝治国安民的思想和方略进行深入研究和探讨。从先秦到两汉近百位注者，根据自己的理解和推测，从不同层面阐述和诠释，其要义准确且分析精辟，抓住了其精髓，从而构成了庞大的舜帝文化体系，使之成为中华民族优秀传统文化的主流。

舜帝文化的核心是道德文化、道德思想。而舜帝道德思想的基础则是孝悌。所以，舜帝文化被认为是中国道德文化思想之源。舜帝文化博大精深，笔者只撷取舜帝道德思想对后世家庭教育影响这个方面，谈谈自己的浅见：

一　出身寒门，行孝悌之道

《尚书·舜典》曰："虞舜侧微"。《帝系》中记载：颛顼生穷蝉，穷蝉生敬康，敬康生句芒，句芒生蟜牛，蟜牛生瞽瞍，瞽瞍生舜。颛顼也是五帝之一，那么，虞舜应是帝王之后，应该不会处"侧微"之境地，但是到了虞舜的父亲瞽瞍这一代，由于瞽瞍是个瞎子，再加上人品不好，已经穷得响叮当。所以，虞舜侧微了，成了庶人，成了一介草民。虞舜的生母死得早，其父亲续了后母并生一子，名为象。《虞书·尧典》中曰："瞽子。父顽，母嚚，象傲。"[1]说明虞舜的父亲、后母、弟弟的心肠都不好。《史记》中有"使舜上廪""使舜穿井"的记载。什么意思呢？就是虞舜的父亲瞽瞍与弟弟象心狠手辣，妄图谋害他。父亲要虞舜上谷仓顶检修，当舜上去后，他俩抽走梯子，在谷仓下纵火，幸好虞舜戴了遮阳的斗篷，虞舜手抓斗笠跳下，没事。又有一次，父亲要虞舜去挖井，当挖到一定深度时，父亲和弟弟就往下填土，想把虞舜活埋在里边。可是灵活机智的虞舜又从井里横挖一个洞逃出，安然无恙。

虞舜从井里逃出以后，并不怨恨自己的父亲和弟弟，还是像往常一样对父母孝顺，对弟弟关心爱护，在家里忙里忙外，不辞劳苦。劳动之余还不忘学习和思考。所以，不仅勤劳善良，而且，聪明好学，明辨事理。《尚书·尧典》记载："舜有深智文明温恭之德，信允塞上下。"他不仅对家人好，对左右邻舍也很关心，能帮就帮，能做就做，从不惜力，从不吝啬，在民众中有了良好的口碑。后来，尧帝年事已高，准备寻找接替帝位的人选，听说了虞舜的动人故事，尧帝认为虞舜有孝心，有德行，有胸怀，有品质，就有意考察他，于是，将自己两个心爱的女儿娥皇与女英嫁给虞舜，还赐给他许多牛羊和粮食。他又把这些东西分给了父亲和弟弟，还救济那些穷困的周围邻居。最后，尧帝觉得舜帝就是他心目中要选的继承人，于是就有了"尧舜禅让"之举。

虞舜很爱家，把家庭看得很重，尽管家人对他不好，甚至想谋害他，他还是以原谅、包容之心以德报怨。古人造字也很有讲究，很有意境。孝

---

[1]　（清）孙星衍：《尚书今古文注疏》，中华书局2004年版，第30页。

悌两字，孝字，上面是一个老字，下面是一个子字，表明父母在上，子女在下，父母时时罩着子女，子女要时时想着老人，没有老，哪有子？提醒子女要孝敬父母。再看悌字，左边是心，右边是弟，就是要用心对待弟弟，友爱弟弟。

虞舜是一个悟性很强的人，同时又是一个不同凡响的人。平凡之人是以德报德，以怨报怨，甚至是以怨报德，他却选择了以德报怨。他认为，父亲对自己不好，可能夹杂着多种原因，可能是一时的糊涂，弟弟使坏完全是不懂事，但父母给了他生命，"身体发肤，受之父母"[1]，还把自己养大，很不容易，应该值得感恩，值得孝敬。至于父母做错了什么，都值得原谅，值得包容。这就是他的参悟，这就是他的人文精神。什么是人文？就是人有别于其他动物，懂得感恩，懂得回报，有精神上的追求和道德上的修炼。

虞舜生活在五千多年前的原始氏族社会，按理说，那个时候的文化、语言包括意识形态应该还处在原始蒙昧状态，可他却对做人的道理理解得那么深，那么透，真是了不起。这是他超凡脱俗之处，是圣人所为。历史发展到今天，人类文明已经非常发达，可是，还有那么多不孝敬甚至打骂、虐待、遗弃父母的现象出现，这是不是一种历史的倒退？对人类文明的玷污？发人深省。

二　身处帝位，却心系万民

《尚书·尧典》有这样的记载"尧闻之聪明，将试嗣位，历试诸难。"意思是说尧听说舜有"深智文明，温恭之德，信允塞上下"，欲把帝位禅让于舜，为此，历试舜三年，感到很满意，尧曰："我考验汝舜之所言，汝言致可以立功，于今三年，汝可升处帝位。"舜答："己德不堪嗣成帝也。"虞舜是在说，自己的德行修养还不够，还不能继承帝位，经过尧多方说服舜才肯接受，说明虞舜是一个厚德之人。尧禅让以后，舜成为帝王，身份、地位发生了翻天覆地的变化。但是，他的初心未改，更重德行。他非常尊敬尧帝，代尧摄政二十八年直至尧崩，又为尧服丧三年才正

---

[1]　（唐）房玄龄等：《晋书》，中华书局1974年版，第613页。

式继位。他始终把明德、亲民、至善扎根在心里。他执政后，做了很多事，归纳起来有四个方面：

1. 令诸侯百官，勤政廉政。《尚书·舜典》里有这一句话："敷奏以言，明试以功，车服以庸。"①《尚书孔传训》曰："敷、陈、奏进也，诸侯四朝各使陈进治、礼之言。明试以言，以要其功。功成则赐车服以表显能其用。"意思是说，每每上朝之时，要求百官都要准备好自己的进言奏折，内容是如何治国安邦、大兴礼仪等方面。如果在实施的过程中取得了成效，就论功行赏，赏以车子与服饰。这样做就是为了调动百官的积极性，防止昏、庸、懒、散的现象出现。同时，也让自己从中得到启示和提高，提升了自己的治国能力。

2. 制法典刑律、惩治犯罪。在原始氏族社会时期，生产力没有发展起来，生产方式落后，经济不可能发达，语言、文化、科技，包括思想意识处于初发期，思想比较单纯，违法犯罪之人应该不多。但慵懒无为，贪图富贵的官员还是有的，如不加以惩治，就会扩散蔓延，危及安邦治国。于是，他把重点放在对朝中的整治。《尚书·尧典》里就有这样的记载："流共工于幽州，放驩兜于崇山，窜三苗于三危，殛鲧于羽山，四罪而天下咸服。"②

治国安邦，整肃朝纲，实行必要的奖惩手段是很有必要的。奖是树立标杆，教人应该怎么做；惩是发出警告，告诉人们什么事不能做。在人类社会初期，各种法规还未建立健全的情况下更应如此。《道德经》里这句话很有意思："治大国若烹小鲜。"③ 舜帝治国，慎思慎行，就像烹煎小鱼，细心用心，不慌不忙，指挥若定。那么，老子是不是在舜帝的治国之道中得到启示？难以揣测。舜帝确实是每逢大事小事都会周密部署，令出即行。"舜帝陈典刑之义，敷天下敬之，尤欲得中。"（《尚书注疏》）说明当时舜帝制典刑，对整治歪风邪气、违法犯罪起到了很好的作用。确实达到了治"四罪而天下服"的效果。

3. 撰《韶乐》《南风》，以乐化民。在舜帝看来，文学艺术既是喜闻

---

① （清）孙星衍：《尚书今古文注疏》，中华书局2004年版，第51页。
② （清）皮锡瑞：《今文尚书考证》，中华书局1989年版，第68页。
③ 楼宇烈：《老子道德经注校释》，中华书局2008年版，第157页。

乐见、愉悦心身的文化形式，又是教化民众、引导民众的最佳选择，寓教于乐，化在其中。于是他亲自填词，然后配以音乐、歌舞，而形成了《韶乐》，舜帝为什么将它命名《韶乐》呢？韶，意为年轻，富有朝气，蒸蒸日上，如韶光万丈，普照大地。因此，当《韶乐》一出，震动天下，成为当时等级最高，运用最久的雅乐。《尚书孔传训》曰："先王以作乐崇德，则舜帝化之莫如《韶》矣。"子贡曰："见其礼而知其政，闻其乐而知其德。"① 可见，《韶乐》在当时影响之大，意义之深。

舜帝不仅是个孝子，更是一个才子，由于他年轻时勤奋好学，且聪明过人，所以博学多才，学问至深。《春秋·鬻子》曰："舜帝少而至孝，尧闻聪明而用之。"尧舜禅让，尧不仅看中舜的孝心，德行，更看中了他的才俊。他撰写了许多诗文，其中以《南风歌》最盛名。诗中有这么几句能代表舜帝的愿望和境界，他拨五弦琴和韵而歌："……鸟兽跄跄凤凰来仪，凯风自南兮喟其增悲。南风之薰兮，可以解吾民之愠兮，南风之时兮，可以阜民之财兮"。这就是一个圣君的所思所想。

4. 重通河防洪，陟方而死。舜帝时代，最大的自然灾害莫过于河道堵塞、洪水泛滥，陷黎民百姓于水患之中，民不聊生。于是，舜帝先派出了鲧治理河道，但治水不力，不仅没有起到防洪的作用，反而灾情更加严重，舜帝惩治鲧，"殛鲧于羽山"。接着又派出鲧的儿子禹和皋陶治理河道，他俩共想对策，配合默契，坚持"以疏导为主"的治水原则，全身心投入到治理河道的事务当中去。大禹治水"三过家门而不入"的故事人人知晓。这里还有一个故事，大禹手下有一个叫方解的头领，来到太湖边治水，老百姓反映，这里有一种长着螯爪的大虫，对禾苗危害很大，方解要老百姓带他找到了这种虫子，并命令士卒将这些虫子集中起来，放在锅里煮死，他很恨这种虫子，于是就拨开壳吃它的肉，结果发现这种虫子的肉味道鲜美。人们为了纪念方解，就把这种虫子命名为蟹。蟹，就是方解的解字，下面加了一个虫字，所以，方解成为第一个吃螃蟹的人。

大禹治水，解决了水患问题，立下汗马功劳，舜帝亲自作《大禹》《皋陶谟》《益稷》予以表彰。后来，舜帝还禅位于大禹。舜帝赏罚分明，而且不计较禹曾是罪臣的儿子，这就是圣君的胸怀。禹称帝后，开创了华

---

① （宋）朱熹：《四书章句集注》，中华书局1983年版，第234页。

夏历史的新篇章,创造了光辉灿烂的华夏文明,成为一代圣君,证明了舜帝很有眼光,善于发现人才,善于使用人才。

舜帝为了考察民情,了解民众疾苦,顾不上自己年老多病的身体,行走全国各地,实地体察民情,真正做到了胸怀天下,心系于民。由于年老体弱,当行走到苍梧,今宁远九嶷山时驾崩,据《尚书孔传训》注释,当时舜已是112岁的高龄,若根据《孟子》和《史记》中记载,舜帝应该是100岁。但不管怎样,百岁老人,跋山涉水,徒步考察,简直不可想象,让人敬佩不已。庄子曰:"小人则以身殉利,士则以身殉名,大夫则以身殉家,圣人则以身殉天下。"[①] 舜帝为天下百姓而殉身,成为万古流传的圣君。这里还印证了一句古语,叫"仁者寿"。

舜帝驾崩于九嶷,也葬在了九嶷,使永州成为福地。舜帝把道德思想的种子撒播在了永州大地上,在永州大地上生根开花,并且愈开愈盛。

三　齐家治国,释家国情怀

舜帝的人生之路很特殊,也很典型,他出身寒门,其父其弟两次陷害他,想置他于死地,可他大难不死,逢凶化吉。按理说,你不仁,我就不义,这也是常理。可他偏偏又跳出了这种常理,以一种更高的姿态、更高的境界来对待家人。你不仁、你不敬是你的事,我行孝、我行悌,那是我的事,这就超乎了常理。最后,以他的诚心和睿智把一个混乱不堪的家庭变成一个和睦相处的家庭。这也为他日后治国奠定了基础。

舜帝面对这样的家庭不嫌弃,更不抛弃,而是选择了理解和包容,以自己的德行去感化家人,这是极为可贵的。因为,他深知一个家庭,对每一个家庭成员太重要了,家是根基,家是港湾,如果家没建设好,就会失去根基,失去港湾,永远漂浮不定。再从管理层面上来讲,一个人连家都操持不好,又如何能治理好国家?《大学》里讲,"修身、齐家、治国,平天下"。其中齐家是基础,修身是根本,舜帝在二者上都下足了功夫。

舜帝治国一个显著的特点是坚持了以齐家为基础的治国之道。据

---

① （清）郭庆藩:《庄子集释》,中华书局1961年版,第323页。

《尚书》记载："慎徽五典，五典克从。"① 五典指什么？《尚书孔传训》里有解释，五典是指"父义、母慈、兄友、弟恭、子孝"的五常之教，《尚书孔传训》曰："舜慎美笃行斯道，举八元使布之于四方，五教能从，无违命"。意思是说舜帝在全国各地，推行五常之教，大家都积极响应，无一违命，说明舜帝推行此道，是深得民心的。

　　舜帝为什么要这样做？因为他非常明白，家是国的基础，家的安定和谐就是国的安定和谐，所以要兴国先兴家，家兴则国兴；家国同兴，家国一体，这是最典型的民本思想。他秉承的是"大道之行，天下为公"的宗旨，心里想着黎民百姓，丝毫没有私利，所以才出现了万民安居乐业的太平治世。正如摩尔根在《古代社会》一书中所说："管理上的民主，社会中的博爱，权利上的平等，普及性的教育，将揭开社会的下一个更高阶段……"，这就是原始共产主义氏族社会。

　　舜帝的道德思想对后世的影响很大，尤其以春秋战国为盛。春秋战国时期由于各路诸侯争霸，战争不断，人们处于水深火热之中，国家处于无政府状态。深受苦难的人们，对舜帝时代那种民主、自由、平等，社会安定和谐，民众安居乐业的生活非常向往。于是，一大批有理想、有担当的名士应运而生，出现了以孔子、老子、墨子等为代表的诸子百家。当其时，思想家、哲学家、军事家、纵横家不断涌现，是中国文化大发展的轴心时代。值得关注的是，在诸子百家中，大多受到舜帝道德思想的影响，以道德作为立学基础，尤其以孔子为代表创立的儒家思想最为突出，整个核心内容都是谈道论德。如："三纲"即明德，亲民，至善；"五常"即仁、义、礼、智、信；"八德"即孝、悌、忠、信、礼、义、廉、耻。孔子曰："志于道，据于德，依于仁，游于艺。"② 孔子坚定不移，弘扬了舜帝道德思想。

　　这里笔者想提出这样一个问题，同为文明古国，为什么有古印度、古埃及、古希腊之称，而唯独没有古中国的说法？这是因为其他文明古国大多出现了文脉上的断裂，唯独中国没有。为什么中华文明没有出现文脉的断裂？我以为有两个方面的重要原因：一是中华民族文化的丰富且多元，

---

① （清）孙星衍：《尚书今古文注疏》，中华书局 2004 年版，第 32 页。
② 程树德：《论语集释》，中华书局 1990 年版，第 443 页。

这种内容丰富、结构多元的特点，显示出强大的生命力；二是中华民族传统的优秀文化，始终坚持以道德为基础，以道德为内涵而深得人心，符合社会发展的规律和需要。再加上每一个新的历史时期，人们都为它注入新的内容，使其显示出更大的活力。所以，中国文化经久不衰，而且不断发展、不断强大。我们要有足够的文化自信、理论自信和道路自信。

再回到正题，舜帝的道德思想对现代家庭教育有什么样的启示？教育孩子，父母的表率作用非常重要。有人可能会问，舜帝出生在一个家庭教育缺失的家庭，不是也成长得很好吗？我以为舜帝的个例，并不能说明家庭教育不重要，舜帝是一个很特殊的人才，他能成才，得益于他对人生的深切感悟，而这又有几个人能做到？对于绝大多数孩子来讲，还是要靠父母的专心培养、正确引导、巧妙点化，营造一个良好的育人氛围，才能健康成长。正因为舜帝深切感悟到了家的重要，家庭教育的重要，称帝后，才笃行五常之教，要求全天下建好家庭，重视家庭教育。

搞好家庭教育，培养孩子的道德品质最为重要，因为品德是为人之基，就好像大厦的基脚，平时被埋在土里看不见，但基脚一松动，整个大厦就会倒塌。舜帝所推行的五常之教，其核心内容还是品德，大量事实证明，人无德不立，家无德不兴。习总书记把坚守道德，形象地比喻成扣扣子，人有了道德，就等于扣好了人生的第一粒扣子，第一粒扣子扣好了其他的扣子就容易齐了。

道德不仅是立人之基，还是促使人们不断前进的动力。试想一个无德之人，会有责任、有担当、有奉献精神吗？肯定没有！如果没有，就失去了动力，又怎么会去努力奋斗呢？因此，只有那些道德高尚的人，才有可能创造光辉灿烂的人生！试看古今中外那些名人先圣，哪个不是厚德之人？所以，古人教子要求做好四门课："修德行，会言语，懂政事，通文学"，把修德行放在第一位。我国的教育方针，也是要求"德、智、体、美"全面发展，并强调德育为首。可是我们有许多家长，包括部分老师却把文化成绩、考试分数摆在了首位，错误认为，只要学习好就一切都好，忽视了德行的培养，舍本求末，急于求成，违背了人的成长原则和规律。结果，本末俱毁，造成了道德滑坡，行为失范，青少年犯罪的不少，严重影响了社会风尚。马加爵、林森浩、药家鑫、卢刚等都是名牌大学的学生，有的还是硕士、博士，可他们由于缺乏道德的修养，违背了做人的根本，动摇了立人之基，已经搭建起来的人生大厦瞬间倾覆，最后毁了自己、害了别人，也害了家庭，值得我们深思。

我们的一些家长错误地认为，道德只是空洞的说教。恰恰相反，道德是最实在的，是立身之本。它不像书本上的知识，弄懂了就行。对于道德，不但要弄懂，而且要践行，要落实在平时的一举一动、一言一行，这就叫知行合一，内化于心，外化于行。所以家庭教育一定坚持以德为先，要守住道德底线，先学会做人，再学会学习、学会做事。这样，既可以成人，也可以成事，还可以成才。

培养孩子的德行，先从培养孩子的孝心开始，有句俗话叫"百善孝为先"。值得注意的是，父爱母爱是天生的，鸟兽都具有，而孝心不是天生的，要靠父母去培养。我们有许多家长只是一味地去爱孩子，却忽视了对孩子孝心的培养，生活中有好些不孝敬父母的案例就能证明这一点。试想，一个对含辛茹苦的父母都不孝敬的人，还能爱他人、爱国家？所以，培养孩子的思想品质要从培养孝心开始。

习总书记提出了"三个注重"，全国妇联、教育部、中央文明办等七部委联合下文，强调了重家教，树家风，建设美好家庭的重要性。我理解为有好的家长才会有更好的家教，有好的家教才会有好的家风，有好的家风才会有美好的家庭，我们一定要当好家长，把家建好。

目前，以习近平总书记为核心的党中央，正带领全国人民为在2020年建成小康社会而努力奋斗，实现小康社会，建设和谐家庭，建设美好家庭是重要内容。我们要大力弘扬舜帝的道德文化、道德思想，落实好习总书记"三个注重"的重要指示，到那时，正如新中国开国领袖毛泽东所描述的那样，"春风杨柳万千条，六亿神州尽舜尧"。

依托舜德文化，班级层面和谐亲子关系策略新探

——以永州市一中首届柳子班开展亲子关系教育为例

成少华

《孝经》开宗明义"夫孝，德之本也，教之所由生也。夫孝，始于事亲，中于事君，终于立身。""百善孝为先。"孝可以说是开展人之为人教育的一个原点。孩子是父精母血的凝聚，所谓十月怀胎，一朝分娩，作为父母在这个世界上最大的创造品，孩子延续着血脉、承载着希望、寄寓着祝福。同时，"羊有跪乳之恩，鸦有反哺之义""谁言寸草心，报得三春晖"，撷取中华传统文化特别是舜德文化中孝的精髓，尊尊亲亲，民胞物与，熏陶孩子身心，修身齐家，渐次层递，提升境界，从构建和谐的亲子关系切入，认真系好人生第一粒扣子，实在是孩子在步入公民社会之前需要落实践履的一个基本内容。

永州之野是舜帝藏精之所，晚年渐入高龄的舜帝还南下巡狩、教化苍梧百姓，所谓"勤民事，苦忧人，只为苍生不为身。"其德播天地，孝感人间的道德垂范事迹铭记千载。作为构建和谐家庭关系的垂范者，他在"瞽瞍顽，母嚚，弟象傲，皆欲杀舜"[1]，特别异常、惊悚的家庭背景下，"舜顺适不失子道，兄弟孝慈。欲杀，不可得；即求，尝在侧。"[2]，其忍辱负重，躬亲实践，身体力行，精诚所至，竭尽包容、接纳、感化、善待、引领、改变之能事，在构建和谐家庭关系上树立起中国文明源头的一个闪亮标杆。

---

① （汉）司马迁：《史记》，中华书局1982年版，第32页。
② 同上。

作为全国优秀教师、全国优秀班主任、湖南省特级教师，从 2015 年下学期起，学校委任本人担任高一年级 509 班班主任，509 班被学校授以特殊名号——柳子班，是次于学业成绩最优秀的李达班的一个重点班，共62 人。中考文化课成绩都在 685 分以上，其中男生 39 人，女生 23 人；有城市户口 41 人，有农村户口 21 人；居住零陵冷水滩两区 36 人，居住其他县区 26 人。1999 年出生 1 人，2000 年出生 53 人，2001 年出生 8 人，截至 2017 年 1 月，平均年龄 16 岁多一点。其中独生子女 39 人，父母在外省打工的留守学生 5 人，陪读学生 33 人，就近入学 15 人，寄宿生 14人，绝大部分学生学校学习之后回家要与父母朝夕相处。经过一年半共三个学期的观察、了解，全班 62 人中与父母沟通比较畅通的学生有 50 多人；据父母反映能基本沟通、但有隔膜、比较少讲话的学生有 6 人；与父母双方或一方沟通关系相对僵化、不时斗嘴怄气、需要老师介入调节的学生有 2 人。亲子之间的矛盾主要是围绕家长过度关注孩子的成绩特别是名次进退、学生在家过度使用手机、学生在家中行为习惯需要优化、学生假期活动自主展开、学生在家休闲活动的自我安排等问题产生的隔阂、口角甚至情绪对抗等。

学校为什么设置柳子班？既是吸纳永州之野市域内优质学生，也有弘扬、践行柳子精神的需要。柳宗元被贬蛰居永州十年，寒江独钓，以无比坚毅之精神徜徉永州山水，借山水之杯酒浇心中之块垒，更潜心深思，笔耕不辍，在思想、文学、文化上创造出一个个高峰，同时，柳宗元也是践行和谐家庭关系的样板，也是在永州之野践行舜德文化的楷模。他早年感召其父清贞之节，终身践履"吏为民役"的为官理想，在贬谪永州最为艰厄时节，他侍奉老母竭诚至孝，与其堂弟柳宗玄、表兄卢遵终生不废长相厮守之兄弟情怀。柳宗元《湘口馆潇湘二水所会》："九嶷浚倾奔，临源委萦回。会合属空旷，泓澄停风雷。"① 这不仅仅从自然状态的角度提及九嶷源头之水弥漫永州之野的地理事实，更从文化承传的视角开掘了舜德文化浸染潇湘大地的深层底蕴。

永州一中柳子班扎根永州之野丰腴的舜德文化土壤，继承柳子精神，更以舜德文化的孝文化为具体抓手，结合学生作为未成年人成长的实际，

---

① （唐）柳宗元：《柳宗元集》，中华书局 1979 年版，第 1191 页。

积极开展和谐的亲子关系教育，以应对互联网＋背景下各种思潮、价值观念对学生的冲击，为学生成长提供家庭教育和学校教育有机融汇的一个场域。

构建平台，连接沟通。班级建设伊始，我不仅要存储好所有家长电话号码，印制好纸质版的永州一中柳子班学生通讯录，更基于互联网＋背景下微信、QQ 等通信工具提供即时、互动、大容量、全方位信息传输的优势，建立"永州一中柳子班（509）家长微信群"（76 人）。首先为家校关系对接搭建好平台，同时又突破仅仅止于发布学校资讯、通报学习成绩、开展班级活动这些常态化的功能，在与家长个别沟通中积极把握、反馈有关亲子关系方面的信息，这些都是与家长面谈、电话交流所不及的。如×××同学朴实上进，但是成绩还是偏后，其家长发微信，并发了一组他初中获奖图片，说"我儿子是慢热型的，初中也是这样一步步走过来的，他急不得，我们做家长的始终相信他，你告诉任课老师多关注一下他，他不会拖班级后腿的。"几个月后，在这个孩子进步比较显著的时候，我特意将微信中这些图片和文字给这位同学看，他几乎落泪：心有灵犀，知我者莫若父母。在适当的节点介入，很好地促进了亲子关系优化。

可视反馈，分享成长。在建立家长微信群后，不仅仅借助文字形式及时反馈学生的成长，更要支撑以具象化图片，像学生暑假军训会操、广播体操比赛、远足野外拉练、田径运动会积极拼搏、歌唱比赛引吭高歌、教室后面黑板报数理化探究区及时更新、写字小组提供最佳卷面、班级背诵演讲微视频、课堂精彩剪影扫描等，都用我的智能手机即时拍取，及时上传家长微信群，相关家长第一时间分享自己孩子成长的点滴，家长群里点赞喝彩如潮，我不动声色地反馈给相关学生，这样就为正向的亲子关系构建注入了润滑剂。孩子成长有家长在微信群相伴与欣赏，这样的相伴与欣赏，避免了家庭场合呈现的某种不自然，而且通过班主任作为中立者角色来传达，往往更暖化孩子心扉，融化孩子心结。

优化理念，适性扬才。孩子与父母的冲突，几乎都可以归结到孩子成长事实与父母对孩子期待不符这一冲突上。孩子往往不是父母眼中现实的孩子，而是父母理想中、规划中、期待中的孩子，但是理想与现实总是有一段距离，于是很多父母就纠结在理想与现实之间向孩子施加压力、苛求孩子。很多亲子关系出现裂痕，几乎都可以归因到这一点上。尽管我们不能绝对化看待这一点，毕竟孩子的成长像果树成长一样，是需要来自父母和老师一方的剪枝、除草、施肥的，教育不能没有训诫，不能消极规避而是需要正视这样的成长阵痛。但学校教育依然可以在优化家庭教育的理念上有所作为，通过班主任与家长的沟通，完全可以分享先进的教育理念，特别是在亲子关系和谐层面上注入润滑剂。我不失时机地给柳子班家长传输这样的理念：每一个孩子都是不可复制的，上帝创造了每一个人之后，就把属于他的那唯一的模子打碎了，所以必须现实地尊重孩子的基因、潜能、禀赋。避免过度竞争，不要用比较眼光来聚焦、放大自己孩子与其他孩子的距离，学生在分数名次比拼上有的已经身心俱疲了，实在不能承受烈火烹油之痛。要形塑学生自我，激扬学生信心，辩证看待分数进退；要尊重身心健康成长，静待春暖花开，尊重孩子青春期隐私，保护引导孩子个性；要进行自信、坚毅、执着等情商教育，忌讳一味唠叨饶舌，努力以尊重、宽容、欣赏、激励、引导等作为关键词引领家庭教育。同时教师特别是班主任作为一个专业教育工作者，有责任、有义务、有能力发现学生的特别倾向，如极个别学生人格障碍、情感心理障碍、行为品质偏差、睡眠障碍、手机成瘾、早恋倾向等，可以提出合适建议供家长参考，以便会诊问题，研商对策，家庭教育、学校教育与学生自我教育三力合一，助推学生可持续发展。学生健康成长往往更可以拉动亲子关系迈向新台阶，孩子毕竟是家长的魂，魂系何方，家长就皈依何方。

　　互述衷肠，温暖心扉。高一学年在励志教育、理想教育、生涯规划教育等告一段落后，我让每一个学生放飞青春愿景，用统一的格式化稿纸写就《我人生的大舞台》，让学生用梦想之笔绘制自己三年后乃至若干年后的人生走势，并根据每个同学愿景因势制宜地写出引导、激赏性评语，再让家长写出自己对孩子的深情寄语，然后统一速印，装帧成沉甸甸的一本书，书名就叫作《我人生的大舞台》，学生、家长每人一本，让高远理想的引领伴随高中求索的三年。家长、学生、教师依托这本《我人生的大舞台》，时常驱动着梦想的主体在愿景之路上奋斗前行。每学期家长例会，我还为亲子沟通架设一个显性通道，就是在统一印制的纸上，要学生酝酿情感后写出"我最想对父母说的几句话"，家长则积极回应"我最想对孩子想说的一句话"。在这样彼此走进内心、互诉衷肠的亲子沟通情景下，大家竞相得到感发，往往写出最走进柔软内心的话，不少细节催人泪下，而我则拣选几则特别煽人泪下的，由学生和家长代表上台共同分享、演绎，大家几度唏嘘感叹，不少人热泪双流，孩子和家长就这样达到了彼此契合、身心融汇的境地，亲子关系的和谐渐入佳境。柳子班同学还要为即将到来的"十八岁成年礼"做先期准备，其中一个重要环节就是剪辑自己家庭生活最鲜活的照片制作 PPT，由班委会汇集成篇，以待后来再印证自己的成长历程，体会父母养育、抚育的艰辛不易，从而寄托对父母的感念和感恩，一种血浓于水的亲子之情油然而生并瞬间升华。

家长教育，走进课堂。柳子班依照学校的安排组织家委会，不定期对班级工作予以现场指导。还利用家长教育资源开展生涯规划教育等，如《我们为武警消防支队做些什么事》《大棚蔬菜种植的流程》《广州十年务工的点滴》，有时还借助家长资源走进工作、生产现场观摩，让学生从家长平凡的职场生活中感受工作的不易和荣光。有的家长学有专长，则应邀做《万受摈斥志不改——柳宗元贬谪永州十年心态管窥》《中学生心理健康教育》等讲座，由于家长准备认真、充分，其工作优势和个人魅力、亮点充分放大，其亲子形象更是加分不少。

孝道文本，拓展链接。中学语文教材上有不少孝道、人伦为题材甚至主题的文本，如李密《陈情表》、归有光《项脊轩志》、韩愈《祭十二郎文》、苏轼《明月几时有》、曹禺《雷雨》、莫泊桑《我的叔叔于勒》、志贺直哉《清兵卫与葫芦》等，我引导学生历史地、辩证地、对比地看待与人生须臾不可分离的孝道问题，充分拓展，着意链接，参照舜帝孝德精义，或者读写结合，或者讨论辩论，或者主题聚焦，让每一个学生基于自己的体验、感受做出富有时代特色的、个性化的响亮回答，甚至朝行胜于言、家国同构的方向前进。

精准扶助，疏解困难。国家精准扶贫日益推进，柳子班已有 18 位家庭相对贫困的学生入库，并分阶段、分程度得到一定援助。利用国家政策惠及广大贫困学子，公平公正、以善济善、以己度人，为帮助贫困家庭化解经济困难尽力，也是班级层面为构建和谐亲子关系的一个积极步骤。

依托舜德孝道文化，在班级层面构建和谐亲子关系大有作为，一个只有对父母感恩戴德、念兹在兹的人，才能"老吾老，以及人之老；幼吾幼，以及人之幼"①，进而"己欲立而立人，己欲达而达人"②，走向"达则兼济天下"的君子境界。

---

① （清）焦循：《孟子正义》，中华书局1987年版，第86页。
② 程树德：《论语集释》，中华书局1990年版，第428页。

三　考古、艺术及其他

早期九嶷舜陵及祭祀建筑蠡测

蒋　波

关于舜帝的崩葬地，虽然少数学者对"葬于九嶷"的观点曾有质疑，但早期信史文献有足够的证据表明这一说法由来已久，并非后人附会。不仅如此，传世文献及考古发现还显示九嶷山区域早有舜帝陵墓及祭祀等建筑，文章试对此问题做一蠡测。

九嶷山附近最早什么时候出现了与舜帝关联的陵墓及附属建筑？若根据《大清一统志》卷二百八十一"巾台"条记载，大禹就曾南下望祀舜帝陵，"（巾台）在衡山县西三里，台径三丈，昔禹南巡望九嶷而祭舜于此"。如果这则文献可信，那么早在大禹之际就有了舜帝墓。考虑到《大清一统志》成书的时代较晚，而大禹望祀舜帝一事又不见于先秦秦汉的文献典籍，因此我们暂且按而不论。

现在能看到的相关典籍中，最早涉及舜帝陵墓建筑的是《国语》。据《国语》卷十九《吴语》载，楚灵王营造章华台，曾以舜帝墓及所在山体为模板，"乃筑台于章华之上，阙为石郭，陂汉，以象帝舜。"韦昭注曰："阙，穿也。陂，壅也。舜葬九嶷（嶷），其山体水旋其丘，故壅汉水使旋石郭，以象之也。"① 楚灵王执政时间为公元前 540 年至公元前 529 年，说明春秋中晚期已有与舜帝相关的建筑，并且营造法式较为高超。

现在的关键问题是上述文献的可信度。我们认为《国语》的记载是可以采信的，因为其一，就文本本身而言，《国语》作为早期国别体史书的代表，其史料整体的严谨性毋庸讳言；其二，这段话本来出自吴王夫差

---

① 徐元诰：《国语集解》，中华书局 2002 年版，第 541 页。

与大将伍子胥的对话，伍子胥原是楚国人，所以他的话应该有所根据；其三，楚灵王营建章华台在历史上确有其事，《吴语》之外，《国语》卷十七《楚语上》也说："灵王为章华之台，与伍举升焉。"与《国语》成书时间大致相当的《左传》也有类似记载，如《左传·昭公七年》曰："（楚灵王）为章华之宫，纳亡人以实之。"[①] 章华台是章华宫的一部分，所以《国语》《左传》的记载并不矛盾，而是一致的。20 世纪 80 年代，考古工作者在湖北省潜江县龙湾的放鹰台发现了楚国宫殿遗址，经过发掘、考证，学者们认为放鹰台一号宫殿基址就是楚灵王修建的章华台[②]。综合这些因素，我们认为至迟到春秋中晚期，已有信史记载舜帝葬于九嶷，并且有了陵墓等建筑，且具备了一定规模，否则章华台不会模仿其形状来建设。至于有无陵墓之外的其他祭祀类建筑，因为《国语》给出的信息不多，还不能判断。

退一步看，为《国语》做注的韦昭生活的年代为三国时期，距离楚灵王已有七八百年的历史，前面所引那段话中的"舜葬九嶷（嶷），其山体水旋其丘"，还不适合作为"铁证"的话，那么到了战国时期则完全有理由确信这一点。因为后来被流放沅湘一带的爱国诗人屈原屡屡提到舜帝——他本人并没有亲自前往湘南，却明确指出舜帝就葬于九嶷山，《离骚》说："济沅湘以南征兮，就重华而陈词。"[③] 楚国衰落，小人干政，屈原不得志，打算到舜帝墓前诉说。这个舜帝墓的具体方位，《离骚》进一步说是"九嶷""百神翳其备降兮，九嶷（嶷）缤其并迎。"[④]《湘夫人》亦说："九嶷缤兮并迎，灵之来兮如云。"[⑤] 它说明舜帝崩葬九嶷是九嶷山附近人们的共识，也为湘水流域的人们普遍熟知。

到了秦朝，舜陵的祭祀传统得到延续。而且随着全国的统一，舜陵在九嶷、舜帝祭祀及相关建筑等一系列问题已不局限于湘水流域，甚至也不

---

① （清）洪亮吉：《春秋左传诂》，中华书局 1987 年版，第 676 页。

② 详情可参见湖北省考古学会《楚章华台学术讨论会论文集》，武汉大学出版社 1988 年版；荆州市博物馆、潜江市博物馆《湖北潜江龙湾放鹰台一号楚宫基址发掘简报》，《江汉考古》2003 年第 3 期。

③ （宋）洪兴祖：《楚辞补注》，中华书局 1983 年版，第 20 页。

④ 同上书，第 37 页。

⑤ 同上书，第 68 页。

局限于南方，而成为国家统治者的共识，所以秦始皇三十七年巡游四方，经过云梦还望祀了舜帝，"行至云梦，望祀虞舜于九嶷山。"[①] 这里还要指出的是，秦朝九嶷山除了舜帝陵、祭祀场所，周边可能还有更大的泠陵城（零陵城）。关于舜陵、泠陵城、零陵城、零陵县、零陵郡之间的关系，笔者有小文《"零陵"的得名及其区域中心的变迁》做过讨论，可参看[②]。

20世纪70年代初，在长沙马王堆汉墓中出土了一批帛书、帛画资料，因而被誉为"地下图书馆"。在这些出土文献中，有两幅珍贵的古地图（《地形图》《驻军图》），《地形图》（见图1）里有一处描画了九根柱状物，旁边赫然标注"帝舜"二字（见图2）[③]。

图1　　　　　　　　　　　　　　　　　　　图2

对于舜文化研究来说，这无疑是一个惊人而弥足珍贵的发现。《地形图》主要标识汉初湘、粤、桂交界处的地理山形、城邑乡里等情况，其目的是防御岭南地区的南越国。在这幅性质鲜明的地图中竟然醒目标注"帝舜"，一方面说明舜帝在古史、在当地的重要地位与影响；另一方面也反映出舜帝陵及附属建筑的规模问题（九个柱状物之"九"，有九五之尊的含义，也有多的意思），比如可能已有陵墓、陵庙、陵园、祭祀殿堂

① （汉）司马迁：《史记》，中华书局1959年版，第260页。

② 参见拙文《"零陵"的得名及其区域中心的变迁》，《湘漓文化》第二辑，湖南人民出版社2016年版，第81—85页。

③ 马王堆汉墓帛书整理小组：《长沙马王堆三号汉墓出土地形图的整理》，载《古地图论文集》，文物出版社1977年版。

等，是一个综合体。而较大规模的祭祀建筑显然不是突然出现的，而有长期渊源与不断增建。

　　也正因为秦汉之际九嶷山存在大量与舜帝有关的建筑，以及这一事实的远距离传播，汉武帝时代的司马迁写作《史记》时，就毫不犹豫地说："（舜）践帝位三十九年，南巡狩，崩于苍梧之野。葬于江南九嶷，是为零陵。"① 太史公的论断既是对舜帝南巡崩葬九嶷的确认，也包含了认可他之前有关文献记载舜陵及周围建筑的意思。

　　综上所述，九嶷山附近春秋中晚期可能有了舜帝陵及相关建筑，至迟战国中期已可确认这一事实。史书记载的秦汉之交统治者望祀舜帝、设置零陵城等大事，以及相关考古发现，表明九嶷山附近的舜帝墓葬及祭祀建筑已具备较大规模，而且成为当时人们的共识。

---

① （汉）司马迁：《史记》，中华书局 1959 年版，第 44 页。

柳公权《九疑山赋》考略、续考

孙吉升

　　1997年春，河南新乡著名书法家马庆才先生偶然得到一拓本：柳公权小楷《九疑山赋》，他经过两年多的考证后，在《书法导报》上披露了这一消息，立即引起了强烈反响。十几年来，书法、文物、文学等界专家学者，艰辛探析，各抒己见，求真精神令人敬佩。论点很多，但归纳就是两点：真品、赝品。说真者以书否文，说赝者以文否书。

　　我在从事《湖南古县·宁远卷》编纂工作时，有幸涉及了这一课题，凭天时地利，考论点、查家谱、搜资料、请教专家。经过探析，认为赝品论据一一都能被否定，真品论据个个令人信服，似能拂去拓本尘埃、显现原貌。

日本东京国立博物馆藏本局部

一　名家观点商榷

马庆才先生说，《九疑山赋》是柳宗元作文。

柳宗元是散文大家，也是"辞赋丽手"，他的赋，没有寄情山水的，或直抒胸臆、借古自伤，或寓言寄讽、幽思苦语。柳宗元的代表作多在永州创作，但在永州涉及九疑山的诗文只有《与崔策登西山望九疑》一首，柳宗元的作品都由好友刘禹锡保存，并编成《柳河东集》，不可能漏掉《九疑山赋》这篇诗赋。柳宗元到过九嶷山，但难以对九嶷山研究得那么透彻。文章提及的18个地名，不是九嶷山人是不可能完全知晓的。柳宗元与柳公权不是好友。《九疑山赋》书写于公元844年，在柳宗元死后21年，柳公权如果还为他书写，也只能是写墓志铭。

周九嶷先生说：三十六七十二洞天福地，在宋人《云笈七签》中才出现。

唐朝司马承祯（646—735年）著《上清天宫地府图经》，列出了三十六七十二洞天福地的详细情况，三十六洞天中"第二十三，九嶷山洞周回三千里，名曰朝真太虚天，在道州延唐县，仙人严真青治之"。这说明是宋人转载了唐人文章，不是在宋人书中才出现。

周九嶷先生说："云阁兮白云齐"（拓本为飞，府志为齐）是永福寺齐云阁建筑。永福寺是宋代（1086年）僧人善义修建。已经死去的柳公权，不可能写"齐云阁"。

《古今图书集成·山川典·九嶷山部》载：永福寺居舜祠之右，旧名无为寺，又名报恩寺。相传南齐（479—502年）敕建。以卫舜祠，有断碑可识。公元981年易今名。《玉琯岩无为洞图》标有：玉琯岩、无为寺、看云阁。这个"看云阁"在南齐时就有了，文章写的也可能是唐朝的"看云阁"，不一定是宋代的"齐云阁"。文章表明，飞是写云的动态，齐是写云的静态。这二字是写云不是写阁。拓本中"云阁兮白云飞"比志中"云阁兮白云齐"的确要好，汉武帝刘彻《秋风赋》开头就唱"秋风起兮白云飞"，毛泽东《答友人》开篇就吟"九疑山上白云飞"。圣人们都用"白云飞"，"白云飞"比"白云齐"要好。

周九嶷先生说：文先国提出的府志"有舜江则可浣可漱"不如拓本

"有舜江则可枕可漱"之味无穷，却不敢苟同，因为江水可浣可漱是合其水性的，可枕可漱就难以言通了。

周九嶷先生是从水性而言，离开了文章的本意，文章写的尽是九嶷山道家仙人仙事，应从道家仙人典故来理解。宋道州司法参军郑舜卿在《永福禅寺记》中说："衡山多古佛刹，华山、武夷、九嶷是神仙窟"。《世说新语·排调》说："孙子荆年少时欲隐"；语王武子"当枕石漱流"，误曰"漱石枕流"。王曰："流可枕，石可漱乎?"孙曰："所以枕流欲洗其耳；所以漱石欲砺其齿"，后以漱石枕流或枕流漱石指士大夫的隐居生活。府志"有舜江则可浣可漱"是写水性，拓本"有舜江则可枕可漱"是写仙事。

赵卫平先生说："天下一景，湖南九嶷"。仅此两句，便可断定此文作者年代。湖南一词，是宋代行政地名。如果唐人所写，"湖南九嶷"当写"江南九嶷"。

《湖南省志·地理志》载：764年置湖南观察使，湖南之名自此始。《旧唐书》载韦贯之任过湖南观察使。"湖南九嶷"比"道州九嶷"名气要大，比"江南九嶷"表述要准。

赵卫平先生说：宁远的九嶷水始称潇水，潇江，也是宋代才见于记载。

《辞海》上说，"潇水：源出九嶷山，北流零陵入湘江。古以此水与其上游之沱水并称营水。唐人始称潇水。柳宗元《愚溪诗序》、吕温《道州秋夜南楼即事》皆称潇水。"

赵卫平先生说：元结作《九嶷山图记》诸文，未见"碧虚岩"，只有宋代蒋之奇作《碧虚岩铭》才出现。又说舍人李峤（名挺祖）受郡守之命，以郡守李袭之名义书写玉琯岩碑铭题记。

《古今图书集成·山川典·九嶷山部》说，元次山将"碧虚洞"改为"无为洞"，舍人李峤在篆刻"无为洞"时又篆刻了"碧虚池"，舍人李峤是唐代李峤，不是宋代李挺祖。日本户崎哲彦先生考证后说，李挺祖不是李峤不容置疑。

赵卫平先生说：九峰齐高，三峰压众。九嶷山有十二峰之说，唐代文献无记载。

《古今图书集成·山川典·九嶷山部》载，"舜峰即三峰石，在舜祠西十里，三峰鼎立，其下众山环合，舜峰不列九峰之内，乃为九峰朝宗，特列入首。"三峰指的是三峰石，不是三个峰。

户崎哲彦先生虽是日本教授，但对拓本印鉴、避讳、黄表卿年代考等都依据依典，这种认真态度令人敬佩。但户崎哲彦先生是日本人，尽管认真，也会受到国界和文化的限制，难免有错。如将拓本与府志对比时，阁、阁；领、岭；箭、箫是通假字，而说是拓本之错。他不知道从意境、典故考证，因而认为黄表卿是南宋人而认定拓本是赝品。这是可以理解的。

二　是唐文，不是宋文

文章是唐朝湖广第一状元李郃撰写，不是南宋黄表卿撰写。

文章艺术水平黄表卿难以达到。黄表卿（1178—1245 年），是宁远县禾亭高寨村人。家谱说是 1191 年进士（有误，只 13 岁），授天河县令，字号黄天河。因病归家，因山瑶侵扰从由村迁居春陵。《九疑山赋》气势磅礴，词句优美，没有出众的文学修养是写不出的。据乐雷发《送黄天河》诗，黄表卿中举在 1228—1236 年间，此时黄表卿应是50—58 岁，这就说明他的才华并不出众。他因病归乡，因瑶侵迁移，家境、身体都让他难以饱读诗书。他家谱的艺文杂志上，没有他的一诗一文，这也说明他的诗赋水平非常一般。如果他能写出《九疑山赋》这样的流芳之作，而为何不见其他一诗一文呢？文先国先生说，他是否见文未见拓本，改动几字署上自己的名字，就此误传了。这让我想到，黄表卿先住由村，由村是沐塘村的佃户，离沐塘村近，有机会见到《九疑山赋》，又是黄姓，应深受黄庭坚"点铁成金"观点的影响，取古人之陈言入于翰墨。

文章意境不是南宋国情。《九疑山赋》是一篇写景、述史、用典、言情于一体的优美散文。先述舜事、道家仙人仙事、九嶷美景，再写九峰、二妃洒下西江之水之泪，染成千百亩泪竹的爱情故事，最后肯定九嶷山是舜帝藏精之所、道家修炼仙境，从而达到歌颂国泰民安盛世和赞美九嶷神奇的目的。靖康时，徽宗、钦宗被掳，国破家亡，民不聊生。仁人志士，崇尚的是救国救民，书写的是驾长车、踏破贺兰山缺。岳飞在《满江红》

中高歌："壮志饥餐胡虏肉，笑谈渴饮匈奴血。"辛弃疾在《鹧鸪天》中
恸哭："壮岁旌旗拥万夫，锦襜突骑渡江初。"文天祥在《过零丁洋》中
怒吼："人生自古谁无死，留取丹心照汗青。"所有南宋文人，都在抒发
爱国之志、卫国之情。黄表卿的同乡好友乐雷发在《乌乌歌》中呐喊：
"莫读书！莫读书！惠施五车今何如？""好杀贼奴取金印，何用区区章句
为。"全国上下都在忧国忧民，黄表卿敢写修道成仙吗？敢于藐视权臣的
乐雷发不谴责吗？自古文章无不打上时代的烙印。抗战时期，毛泽东写的
是《论持久战》；蒋介石喊的是"地不分南北，人不分老幼，都有抗战守
土之责"；文人骚客写的、亿万人民唱的是《义勇军进行曲》《我们在太
行山上》。就在今天，党中央提出要实现中华民族伟大复兴之梦，全国上
下，电视讲梦、文章写梦、人们追梦。

　　文章典故是唐代外丹人事。文章的十个典故，都是初唐前后道家仙人
仙事。重道轻佛是唐太宗钦定的。唐统治者自诩老子后裔。太宗言："今
李家治国，李老在前"。道徒修炼分为外丹和内丹。唐道徒用矿石药物炼
成丸药，服者丧身者众。唐末宋初，道徒从长期的外丹修炼中醒悟过来，
认识到服丹成仙之路走不通，但又没有放弃成仙追求，于是回到了"元
气生万物"这一基本教义上来。唐末宋初内丹兴起。北宋道士、内丹代
表人物张伯瑞著《悟真篇》，阐述了内丹修炼理论和功法，以内丹为成仙
唯一途径，并云"为仙须是为天仙，唯有金丹最为端"。自宋始，道徒采
用的是"炼精化气、炼气化神、炼神化虚"内丹修炼法。文章写外丹仙
人仙事，说明这是唐文不是宋文。

　　文章意境符合唐朝盛世。文章表达的不是南宋衰微国情，而是唐朝太
平盛世，也是李郜遵圣意、敬先祖的体现。太宗自诩李耳后裔，尊重
"李老"，尊重道教。

　　李郜家住沐塘村，距舜祠十里，生在家乡，长在家乡，对舜事、祖宗
渊源十分清楚。《灌溪李氏族谱》载："李氏十七世祖，耳公名聃，号伯
阳，又名李老子、李老君、太上老君，著《道德经》上下篇五千言，成
为道教之宗"，沐塘始祖道辨公是李耳三十七代孙，李郜是李耳的五十三
代孙。李郜撰写《九疑山赋》是述舜事、尊皇意、敬祖宗，一举三得。

　　文章艺术水平符合李郜身世。《九疑山赋》与名家诗赋比虽有差距，
但不失为一篇流芳千古的优美诗篇。没有良好教育，没有饱读诗书，没有

鹤立鸡群的天赋，是写不出的。李郃三代书香世家。他曾祖飞龙衡州博士，祖父周廷道州文学，父太渊道州文学，三代都是儒学世家，这为李郃营造了良好的教育学习环境，得以二十岁在无数优秀人才中脱颖而出，以一诗一赋中状元，展示了他非凡的文学艺术素养。

文章地名符合。文章涉及的 18 个地名中有 16 个可以在图志中查到，只要阅读九嶷山图志便可知晓。而万岁山、西江这两个地名，只有沐塘村人才叫才会写，别村人不会叫不会写。

文章词、典符合。李郃文章保存的很少，只有九篇，就连状元及第的《观民风赋》也已失传。在这九篇文章中就有多处同词语、同典故。如《石床石鉴》中的"麓床高接天"[1] 和《九疑山赋》中的"三麓床上丹炼九转"的"麓床"；《游九嶷黄庭观》中的"神府枕疑川"和《九疑山赋》中"有舜江则可枕可漱"的"枕"，用的是同一典故——"枕流漱石"；《游九嶷黄庭观》中的"别有月帔上"与《九疑山赋》中"月帔兮明月上"的"月帔"。文章若不是出自同一人，不可能有这么巧合。

文章格式也能佐证。李郃是以《观民风赋》和《早莺求友诗》中状元的。李郃用诗赋赞美家乡，符合情理。

马庆才先生藏本局部

---

① 陈尚君：《全唐诗补编》，中华书局 1992 年版，第 1045 页。

三　是真品,不是赝品

文章是唐朝李郃写的,不是南宋黄表卿写的。

同朝为官,关系很好。柳公权、李郃二人在 837—860 年都在朝廷为官,达二十三年之久,关系很好。李郃 837 年任吏部侍郎,属宰相李德裕下属;柳公权 838 年任工部侍郎,《旧唐书》说:"李德裕素待公权厚"。说明李郃、柳公权都属李德裕部下或同党,关系自然好。当时,上至天子、下到官僚,都想得到柳公权墨宝,李郃请柳公权写一幅赞美家乡的字很合情理。

符合避讳。《九疑山赋》帖拓本有"世""民"各一处,均缺一笔,为唐太宗李世民避讳;有"境"三处、"贞"一处、"玄"一处,皆宋朝国讳,"境"为祖赵敬避讳,"贞"为仁宗赵祯避讳,"玄"为圣祖赵玄朗避讳,拓本未避。

没有如此水平的书匠。自唐以后,楷书趋向败落,没有能与柳公权相比者。按黄表卿生活区域看,当时的湖南九嶷、广西天河没有如此水平的书匠,若有这种水平,还不自成一代大师吗?

马庆才先生收藏的拓本、上野精一先生拓本、尚古山房本一模一样。文先国先生从文物的角度进行了比较,马庆才先生的拓本比上野精一先生的清晰外,其他一模一样。我们用电脑将二人拓本扩成相同尺寸,二者竟能重合。原因是因为马庆才先生拓本早于上野精一拓本,这也符合逻辑。马庆才先生的拓本是朝廷的,上野精一先生的是民间的,朝廷早于民间的符合情理。

镌刻者符合。《九疑山赋》为邵建和镌刻,邵建和是唐代碑刻名手。唐代很多书法都是邵建和所刻,且都和柳公权有关系。如:《苻璘碑》李宗闵撰文,柳公权书并篆额,邵建和镌字;《吏部尚书冯宿碑》王起撰文,柳公权书并篆额;《玄秘塔碑》柳公权书,邵建和并其弟邵建初刻。1986 年,在西安城墙东南角出土的"大唐回元观钟楼铭并序"碑,令狐楚撰文,柳公权书,邵建和刊刻。邵建和为当时碑刻名家,与柳公权关系极为亲密,具有高超镌刻技艺的邵建和也能证明《九疑山赋》拓本为柳公权所书。

书法家一致看好。《九疑山赋》拓本重新面世后，引起了书法界的高度关注，对其艺术水平一致看好，说赝者都认为是难得的佳品、难得的范本。众多书法家认为："《九疑山赋》通篇六百零一字，字字用笔一丝不苟，肥瘦得体，血肉俱美，可以说是无笔不妙。"书法家赵思敬先生说："柳氏诸书，应为极品，古今小字，当推第一。"《书法报》总编张鹏涛先生来宁远讲座，如数家珍地讲述了柳公权《九疑山赋》拓本的来龙去脉。但也有书法家认为是赝品的，山东烟台潘英琪先生读到《中国文物报》马庆才先生《再谈柳公权小楷〈九疑山赋〉》，对报刊展示的"昌""皇""莫""左""其""日""月""然""知""会"十个字从笔势、书写规律进行了鉴定，认为拓本是赝品。潘先生是中国书法协会鉴定评估委员会委员，海内外顶礼膜拜的大书法家，潘先生的鉴定是权威性的。但我在数次拜读了潘先生送给我的《潘英琪书画艺术》一书后，对潘先生的认定有不同看法。其一，潘先生没有见到全拓本，难免以点概全；其二，潘先生没有分析文章意境、景点、典故，没有考证文章作者与柳公权的关系，忽略了《九疑山赋》拓本创作的天然条件；其三，潘先生在《书·言志达情》一文中说："一个人在不同的时间、不同的地点，依不同的心态，书写不同的内容，即使用同一种书体完成，也会产生很大的变化。郑道昭书写《论经书诗》时是分三次书丹上石，形成了前、中、后三部分书写的差异较大，造成了一些书界朋友论其为三人书丹。"柳公权书写《九疑山赋》与其他碑帖相比，心态不同、内容不同，时间也不同，有些差异纯属正常。

流传范围符合。拓本在河南发现，符合情理。因李郃在河南任过参军。清代以来，国内国外，相传为宝。拓本首页"笪重光秘籍之印"，笪重光（1623—1692年），明末清初书画家；尾页"刘墉""石庵之印"，刘墉（1719—1804年），号"石庵"，清乾隆、嘉庆年间宰相、书法家，说明得到了刘墉宰相的认可。而只有真品才能流入朝廷，赝品是无法流入朝廷的。日本朝日新闻社长上野精一先生几次向东京国立博物馆捐赠文物艺术品，其中一次捐赠的130件藏品中的117号藏品，则是《九疑山赋》拓本。这130件文物艺术品，均是被列入东京国立博物馆藏品目录的重要文化财产。日本东京国立博物馆，与英国伦敦大英博物馆、法国巴黎罗浮宫等世界超级博物馆齐名，收藏文化艺术品不仅数量非常巨大，而且非常严谨、讲究质量。上野精一先生，是现代日本收藏史上的一位传奇人物，也被日本近代文物艺术收藏界认定为一位品位极高的收藏家。民国时期上海尚古山房有过《九疑山赋》拓本面市，总发行为上海新马路尚古山房，分发行为奉天尚古山房、南京尚古山房、汉口尚古山房，印刷所为上海尚古书局，博古书屋藏本，定价实洋两角。从流传的广度、高度，可以看出，清末民初该拓本就已获得很高层次的名家认可，已被视为真品，视为瑰宝。

四　结　论

《九疑山赋》拓本，是唐文宗太和二年（828年）湖广第一位状元道州延唐县沐塘村人李郃撰文，唐宪宗元和三年（808年）状元、唐著名书法家柳公权书写，唐镌刻大师邵建和镌刻，是歌颂灵山仙境九嶷山舜帝陵的"三绝"，不愧为千古绝唱，天下瑰宝。世上独一无二的书法艺术，应为其戴上闪光的桂冠，列入国宝。

附：

柳公权小楷《九疑山赋》续考

国学大师南怀瑾先生说："我们研究古文典籍，不必从别处引经据典，大做文章，只要以原书章节内容互相对照诠释，便可寻出原本含意。"近两年来，我按照这一途径，对《九疑山赋》文本章节、词句反复对照诠释，千方百计求师解惑，获得了更清晰、更深刻的理解，寻出了文本的基本含义，找出了许多新的、有力的论据，让人信服柳公权小楷《九疑山赋》是真品无疑。

一　文本是本地人撰写

探析《九疑山赋》文本撰写人的籍贯，是探析《九疑山赋》拓本真赝的重要基础。对此，并不难究，只要略诠释文本中的景名、绘景、表现手法便可知晓。

文本叙述了马蹄、九峰、玉琯、西江等27个景名。这些景名个个实在，都在九嶷山之内，有的名气大，凡游过九嶷山的人就会知道，有的名气小，不生活在九嶷山的人难以知道。如"西江"这个景名，只有沐塘村（唐朝下灌村名）的人才知道，才会如此称呼；文本描绘九峰，高低准确，左右相符，东西井然，如数家珍，外地文人骚客安能如此清楚。

"零陵舂陵，分于秦之后，汉之前"，这是作者叙述舂陵立侯国的时间。舂陵侯国是公元前124年汉武帝从零陵郡划分设立的，隋朝又被并入营道县。舂陵侯国地名使用时间短，它虽是"光武发祥之地"，但地处偏远，史书又被漏记，不是本地人，难以如此晓然明白。

"十洲三岛""六月无夏"二句，是作者对紫霞洞中石灰质溶液凝结而成的"梯田""岛屿"和洞中夏天清爽宜人气温的真实写照。没有进入洞中亲眼看到，亲身感受到的人是写不出来的。20世纪80年代以前，进入紫霞洞是很困难的。若要进洞，必须充分准备，找好向导，备足火把，趴着进风洞，牵手过阴河，来回一天走不到底、出不来，进洞观光考察，还有熄火迷失方向、瘴气中毒之危险。不是徐霞客那样舍生取义的地理学家，一个外地文人骚客，千难万险来到九嶷，是不会去冒这个险的。

文本中"客难之曰"的客，指的是对舜"南巡狩，崩于苍梧之野。葬于江南九嶷……"[1] 持不同观点的外地人的尊称，而相对于作者则是主人、本地人；文本中"以代门下抠衣而藉手"这句省掉了"我"这个第一人称，用现在的话说则是："我借门下省之手写作此赋"。这两句都准确表明了作者是主人、本地人，是九嶷山人。

二　文本是唐朝人撰写

前文已从国情、意境、道徒修炼方法进行了探析，本文再从避讳、政权机构、石刻三个方面进行诠释。

避讳，是中国两千年的政治"隐语"。它起于周、成于秦、盛于唐、严于宋，清朝完密，民国废除。拓本避了唐讳，没避宋讳，无可争议。

避讳，是封建官吏、文人骚客、黎民百姓都逃不开的概念。而最重要的是避君主名字——御讳，说要改字，写要缺笔。唐太宗名世民，唐朝民部则被改为户部；宋英宗御讳"曙"字，于是官名部署和都部署就被改

---

① （清）孙星衍：《尚书今古文注疏》，中华书局2004年版，第74页。

称总管和都总管；宋朝宋仁宗名赵祯，蒸包子的蒸改为炊；宋钦宗名赵桓，宋朝就把春秋战国五霸之一的齐桓公改为齐威公。

避讳，宋朝最严。宋朝御讳涉及颇广，法律上有详细规定，人名、地名、官名因犯御讳必改。宋朝视传说中的人皇赵玄朗为祖宗，就把当时名将杨延朗改为杨延昭；理学家周敦颐原名周宗实，因与宋英宗旧名（原名赵宗实）相同，犯了御讳，就被改为周惇颐；死后一百多年，又犯南宋光宗赵惇御讳，再被改成周敦颐。

避讳，另一个特点，是只注重本朝，不管前朝。清朝雍正皇帝名胤禛，就把宋朝开国皇帝赵匡胤改为赵匡允。

避讳，不仅仅是封建官吏、文人骚客、莘莘学子、黎民百姓的前途问题、幸福问题，同时也是自己和家人的生命安全问题。不说御讳，就连家讳也厉害无比。唐朝诗人李贺，因其父亲名叫晋肃，"进"与"晋"音同而犯家讳，就不能参加进士考试，纵然才华横溢，终无用武之地，二十七岁就郁郁寡欢而死，韩愈因此愤作《讳辩》质问；宋宁宗庆元时，士人在科举考试的各种文字中，若稍有不慎，触犯御讳，就有名落孙山之苦。北宗律文规定，"诸府号、官称有犯祖、父名而冒荣居之者，徒一年"①。宋代杨万里任监司，出巡某州，歌妓为他唱"贺新郎"词，词中有"万里云帆何日到"，杨万里马上插话"万里昨日到"，当地太守感到狼狈，就下令将这名歌妓送进监狱。如果文本是南宋黄表卿这个县令撰写，难道不知不遵避讳之险，岂有不避宋朝御讳之胆，文人骚客岂敢传阅，州县之志岂敢刊载。

"门下省"。文本中"以代门下抠衣而藉手"的门下指的是"门下省"。"门下省"和"中书省""尚书省"是封建王朝中央行政总汇。他们的职权是中书省取旨，门下省封驳，尚书省举而行之。它起于魏晋，止于宋朝，元代门下省、尚书省皆废。在唐朝，"门下省"具有读署奏抄、驳正违失的职权，到了宋代，"门下省"形式上还存在，但职权已移至其他机构，长官成为寄禄虚衔，有名无实。南宋高宗建炎三年（1129 年）实行三省合一。因"门下省"在唐朝的地位和作用，"以代门下抠衣而藉

---

① （宋）李焘：《续资治通鉴长编》，中华书局 2004 年版，第 4670 页。

手"一句,放在唐赋结尾,则具有深化、升华之旨,卒彰显志的作用;而"门下省"在宋朝有名无实,虚衔无权,"以代门下抠衣而籍手"一句,放在宋朝诗赋中,则是画蛇添足,一句废话。《九疑山赋》虽不是辞赋名篇,但仍不失为一篇优美辞赋,能写就如此辞赋水平的人能写废话吗?

石刻"九嶷山"。玉琯岩石刻"九嶷山"三个大字,是宋朝嘉定六年(1212年),从韶州调往道州知州方信孺书写请人镌刻的,是九嶷山标志性石刻。来九嶷山必看,写九嶷山必写。唐朝没有这一石刻,唐朝人作赋当然没写。方信孺书写镌刻"九嶷山"三个大字时,黄表卿三十四岁,已经成年成熟。如果文本出自黄表卿之手,文本在描绘玉琯岩景名时,既写了"刺史元公之笔"又写了"舍人李峤之题",岂能漏掉"知州方信孺之书"这一最彰显、最具标志性石刻。

三　文本是李郃撰写

写"舜坛"没写"舜庙"符合李郃生活年代实情。在古代,坛和庙都用于祭祀,但却区别很大。坛,是用土石堆成的,用于临时性祭祀;庙,是供奉祖先、神佛、名人的房屋或王宫,是长久性的、富丽堂皇的祭祀用的建筑物。庙与坛有质的区别,庙比坛档次高。为什么作者写坛不写庙、舍本求末呢?我们看看舜庙的变迁就可知道。唐永泰元年(765年),道州刺史元结,因舜庙荒废祭祀不便,请旨立于州治之西;唐僖宗乾符年间(874—879年),延唐(宁远县唐代县名)县令胡曾请旨将舜庙立于玉琯岩前。宋乾德六年(968年),宋太祖敕置九嶷山舜庙,道州刺史王继勋奉诏重修,知制诰张澹奉旨撰碑记。舜庙的变迁告诉我们:李郃(808—873年)生活年代宁远没有舜庙,祭舜只有用舜坛,书写只有写舜坛;乾德六年(968年)以后,舜庙修建完好,黄表卿(1178—1245年)生活的年代,舜庙重修又已立于玉琯岩前,并有重修碑记。祭舜应用舜庙,写文章应写舜庙。祭祀不用,文本不写,事理不符。文本写舜坛不写舜庙符合唐朝李郃生活年代事理,文本写舜坛不写舜庙,不符合南宋黄表卿生活年代事理。

文本结尾"以代门下抠衣而藉手"之句意是,我代替门下省、借门下省之手，驳正"舜卒鸣条"违失之说。谁能代替门下省呢？下级官吏不能代，平民百姓没有资格代，只有同等职位的吏部侍郎李邰才有资格代。

四　拓本是柳公权书丹

从年代上讲：文本是唐朝太和二年（828年）状元李邰撰写，李邰与唐朝元和三年（808年）状元柳公权同朝侍郎二十三载，且都为李德裕部下又是同党，拓本出自柳公权之手则是天然合一。从书法上看：《九疑山赋》是柳公权在其作品最鼎盛时期所书，其代表作《大达法师玄秘塔碑》书于会昌元年（841年），《神策军碑》书于会昌三年（843年），而《九疑山赋》书于会昌四年（844年）。现在书界大都认为《神策军碑》为柳氏最高水平之作，但从《九疑山赋》的作品来看，它虽然只比《神策军碑》晚了一年，但无论从结构上还是点画上，都显得更加严谨、精到。众多书法家从《玄秘塔碑》《神策军碑》和《九疑山赋》中找出一些相同的字进行对比，相同之字毫不逊色《玄秘塔碑》，柳公权以后，无人能把柳体写到如此之精到。从镌刻上看：刀法自然，非常精微。刻玉册官邵建和是唐代碑刻名手，柳公权书写的很多碑，都是邵建和镌刻的。如《金刚经》《吏部尚书冯宿碑》《越州都督刑部尚书符璘碑》《大唐回元观钟楼铭》等，《九疑山赋》拓工十分精到，墨色醇穆，浑然一体。综上所述，小楷《九疑山赋》是柳公权书丹无疑。

三分石与青埂峰

易先根　易　钰

　　《红楼梦》中有青埂峰，乃"通灵宝玉"的寄存处。书上所记青埂峰为女娲炼石补天之所。女娲于大荒山无稽崖炼成高经十二丈、方经二十四丈顽石三万六千五百零一块。娲皇氏只用了三万六千五百块，即补缀好了苍天，单单只剩了一块未用，便弃置在此青埂峰下。谁知此石自经煅炼之后，灵性已通，智慧已达，属经天纬地之才，因见众石俱得补天，独自己无材不堪入选，遂自怨自叹，日夜悲号惭愧。仅因无材补天，而被视为蠢物，幻形入世，蒙茫茫大地、渺渺真人携入红尘，历尽离合悲欢炎凉世态的一段故事，缠绵悱恻。后面又有一首偈云：无材可去补苍天，枉入红尘若许年。此系身前身后事，倩谁记去任奇传？此石造劫历世，将世事人情备忘于身，演绎亦真亦幻人生纠结，也便更见灵通了，当僧道将其带去太虚幻境向警幻仙子交割时，此石仍要求回青埂峰，等待风月的陶醉与浇铸，也不枉此生后世了。

　　古代巫书《山海经》有《大荒经》分东南西北四方叙述。此大荒山亦即华夏之山，其南经专叙帝舜南巡所驻跸的舜皇山与九嶷山，而舜皇山与九嶷山均在苍梧山。汉代司马迁在其《史记》中记下了帝舜崩葬皆为苍梧九嶷。现将《山海经》的对应叙述摘录如下：

大荒东经

　　1. 大荒之中有山名合虚，日月所出。有中容之国，帝俊生中容……

　　注：俊亦"舜"字假借之音也。

　　2. 有司幽之国。帝俊生晏龙，晏龙生司幽……

3. 有白民之国。帝俊生帝鸿，帝鸿生白民……

4. 有黑齿之国。帝俊生黑齿，姜姓，黍食，使四鸟。

5. （有神）名曰折丹，东方曰折，来风曰俊，处东极以出入风。

6. ……帝俊生戏，戏生摇民。

7. ……惟帝俊下友。帝下两坛，采鸟是司。

大荒南经

1. ……赤水之东有苍梧之野，舜与叔均所葬也。

2. 大荒之中有不庭之山，荣水穷焉。有人三身，帝俊妻娥皇，生此三身之国，姚姓，黍食，使四鸟。……南旁曰从渊，舜之所浴也。

3. 有载民之国。帝舜生无淫，降载处，是谓巫载民。

4. 帝尧、帝喾、帝舜葬于岳山。

5. 东（南）海之外，甘水之间，有羲和之国。有女子，名曰羲和，方［日浴］［浴日］于甘渊。羲和者，帝俊之妻，生十日。

大荒西经

1. ……帝俊生后稷，稷降以百穀。……

2. ……女子方浴月。帝俊妻常羲，生月十有二，此始浴之。

大荒北经

1. ……［于山。于丘］方员三百里，丘南帝俊竹林在焉，大可为舟。

以上所摘均为《大荒经》所列之条文。大荒之中有山，名曰大荒之山，日月所入。可见大荒乃鸿荒、鸿蒙、太虚之谓也。《红楼梦》中所言大荒山即是《山海经》所叙之《大荒经》，不仅名同，其意也是一致的，皆茫茫无际的博大精深，即时空的悠远无极。

特别是《南山经》中有"又东四百里有令丘之山"。这个"令丘"即"零丘"，亦即"零陵"也。"丘"即"陵""丘陵"乃联合词组，互为同义。司马迁在《史记》写的那个"零陵",也就是指的"舜陵"。帝舜"践位三十九年……南巡狩,崩于苍梧之野。葬于江南九嶷,是为零陵。"① 司马迁说的不是凭空而来,而是有文献依据的,这个依据主要便来自《山海经》。

《山海经》是上古社会遗下的一部巫书,记叙了作为原始宗教的巫教活动地域和祭祀的诸多神灵,包括大自然的山川物华与人神异闻,均为怪异,甚至荒诞,到处都是人面兽身、牛鬼蛇神、魑魅魍魉,表现了大自然神的威武凌绝不可抗拒,它们几乎全是三头六臂、青面獠牙的怪状奇形,渲染了惊心动魄的恐怖与险恶,显示了大自然在人类面前的淫威霸气,以此营造浓厚的宗教氛围。至于鸟兽更是异形怪相,凶恶得无法形容,这类形象无非表明神话世界的光怪陆离,属于想象的自然神形象,只有如此才能表现它们无边法力和超人的能力,这般法力与威力均是自然神超现实的意识能量,是人力无法抗拒,更不敢与之争锋的,只有屈服,才是出路;只有祭拜,才是生路。弱者在强者面前是没有道理和尊严的。远古的人类社会在"万物有灵"观念统治下巫风盛行,用巫教观念办事处世,不能有半点超越神灵的行为,否则便引以为咎,遭到非议而受惩罚,那自然是承受不起的灾难。于是一切依神的意志为转移,一切人事纠纷便面目全非了。这样作为巫书的《山海经》自然处处反常越轨,出现了超现实主义的人神不分的意念,构筑了巫文化的奇观异景。这就是远古社会的基本意识形态和思维逻辑。

二

在《山海经》这部巫书中,帝舜的活动频频出现,其活动范围总不出苍梧之野与江南九嶷。其实,"苍梧"与"九嶷"是巫教的天国,而"三分石"则是居于天国与人间的通道,好像"巫"字的中间一竖,那巫字顶上一横代表"天",底下一横则代表地,两边的人字则指可以通天贯地的巫师。也有学者指出"巫"的原始写法为"Ⅲ",那三竖即为"三分石。""三分石"上顶天,下据地,成为据地通天的神柱。我们再来看看

---

① (汉)司马迁:《史记》,中华书局 1982 年版,第 44 页。

"苍梧"是什么意思，就明白"苍梧之野"与"三分石"具有何其相似的文化含义了。"苍梧"是指参天大树的梧桐树。"苍"在这里作为形容词，形容梧桐树的高大与繁茂，即叶茂而呈现苍碧之色，也可理解为梧桐树高与天齐，与苍天溶为一色，故树色苍碧，高耸入云，表现了挺拔不俗的雄姿。这么一来梧桐树便成了神树。其实，在巫教看来，除梧桐树外，其他一切高耸挺拔的古木大树都具有通天神灵之性，故均受到世人的崇敬与拜祭，形成了巫文化中的巨木精灵，属神的形象。"万物有灵"观念在梧桐树身上充分体现了一番特殊意义。再者梧桐树为落叶乔木，每至秋天便感受气候变冷而叶枯凋零，具有时令的感伤色彩。白居易《长恨歌》中有"秋雨梧桐落叶时"的诗句，便是表达这份灵气的。梧桐树成为巫教的灵树除了它顶天立地的高大身躯之外，还有心有灵犀一点通的通灵之气，即能感知天地变化之灵通，炎夏则枝繁叶茂，生气勃勃，寒秋则叶枯零落，岁晚而凋。可见梧桐感知时令，灵性极高。以苍梧命名的"苍梧之野"也就是非同一般的地域了，与"江南九嶷"联袂为神圣之国，成为上古大巫帝舜的魂归精藏之所。这是因为"九嶷"乃天神所居的天国。只有如此圣域，才能有资格成为帝舜的陵寝。这么一来，一条文化链条便自然而然地形成了：苍梧—九嶷—三分石—天。这不是偶然的巧合，而是必然的产物。这当然是天意，绝非人为所能奏效的。

如果说《红楼梦》故事的原型是帝舜与二妃的爱情悲剧，那么"青埂峰"便是"三分石"。帝舜——贾宝玉；二妃——林黛玉。贾宝玉——通灵宝玉——青埂峰下的顽石；林黛玉——还泪——苍梧（九嶷）山上的斑竹。你看，贾宝玉是女娲补天遗落在青埂峰下那块无材补天的顽石，而帝舜的陵寝便在苍梧九嶷三分石下，其位置是相同的，其性质是相似的，都是指的灵魂。"苍"与"青"同义，均为浓翠之色，"苍天"亦即"青天"。苍梧也就是青埂（天）之意，苍梧山上三分石，自然也就透出了青埂峰的影子，因为那个"石"字才是它真正意义上的连缀，揭示了其本质的含义（石而灵秀则为之玉）。

现在我们来具体考察三分石的真实面目：三分石为九嶷山的最高峰，相传为舜之所葬，故又为舜峰。据《九嶷山志》记：三峰并峙如玉笋，如珊瑚，其上有仙桃石、棋盘石、步履石、马迹石，又有香炉石，有足有耳形质天然，其间有冢，以铜为碑，字迹泯灭不可认，或疑为舜冢。据说，满山荆竹有感于峨皇、女英二妃之真诚，千秋万载代为扫墓。如今三分石一带，斑竹遍布，凤尾森森，一派高古幽思，不舍依依。

2007 年秋高气爽时节，我曾深入九嶷山腹地寻访了三分石。三分石居永州蓝山、宁远、江华、道州的接合部，那里奇峰矗天，山峦纠纷，是一个除了大山还是大山的大山世界。那是一次极为崎岖的跋涉，虽然费了九牛二虎之力，仍然未能如愿，只在距离三分石不远处瞻仰了它的非凡尊容。在秋日的照耀下，那三峰并峙的石质山体，高一百多米，石顶上覆盖绿色树丛，青翠笔立，傲然耸入碧空，一派青绿，与青埂峰应了那个"青"字，山体石质晶莹如玉，剔透玲珑，闪闪发光，有如鸿硕美玉凌空而立，可谓名副其实的"南天三柱"，将一个大大的"巫"字书写在高远的天地之间，昭示大自然的浩然正气，展现远古的社会风情，那是一幅多么雄伟而空灵的图画呀！上古大巫帝舜的精灵，最终化为了青埂峰下的那块通灵宝玉，照见世事人情的波诡云谲，幽玄微妙，鸿蒙大荒，永远是猜不透的谜，推不醒的梦。

其实三分石的诡秘之处，在于它占了天底下的阳数之基，取道生一，一生二，二生三，三生万物，"三"乃万物生发之基之源，所谓"一"为"元"，"三"为"始"，含元始之义。"元始"亦即"原始"。因此"三"可谓法力无穷，充满了神秘感。后来在祭祀中成了"三"乃神的代称，献香是三炷，贡酒是三杯，致礼是三叩，礼炮是三响，鼎立为三足，祭品是三牲九醴（三倍之为九）……凡祭神之用，皆取义为三，所谓神三鬼四者是也。由此可知三分石是何等的神圣，它是献给天神的三炷高香，更是顶天立地的三根神柱，显示了不可倾折的伟力，因而稳健而和谐，庄重而典雅，完成了天地之间重大的祭祀礼仪，昭示了天地的天理与世人的心理是以三点为立足，构成稳固的平衡，永不倾覆，永不歪斜，因此"三"成了世间的吉祥数字和完美象征。这便成为三分石带给世人的福气，常在山风的鼓荡中传出隐隐的仙音神息，给世界带来慰藉，让人心得以安抚。于是天下安泰，世事宁静，氤氲一个温馨的梦境。

后来有一僧一道前往三分石下，举行了一场隆重的拜祭，朝天插上三炷高香，将人情世事化为袅袅香烟，升腾满天白云，直朝天宫飘去，让天上的神仙看到了世上的繁复与纷争。于是天神用缥缈的云烟传下旨意，进行劝诫：

陋室空堂，当年笏满床；衰草枯杨，曾为歌舞场。蛛丝儿结满雕梁，绿纱今又在蓬窗上。说什么脂正浓，粉正香，如何两鬓又成霜？昨日黄土垅头埋白骨，今宵红绡帐底卧鸳鸯。金满箱，银满箱，转眼乞丐人皆谤。正叹他人命不长，哪知自己归来丧？训有方，保不定日后作强梁。择膏粱，谁承望流落在烟花巷！因嫌纱帽小，致使锁枷扛；昨怜破袄寒，今嫌紫蟒长；乱哄哄你方唱罢我登场，反认他乡是故乡。甚荒唐，到头来都是为他人作嫁衣裳！

只因道人唱得太悲凉，僧人觉得过意不去，便另外作了一番解劝，让世人尚可出离苦海，回头是岸，也算是救世吧，只听见云端里落下断断续续的梵音，有如花雨洗却世人心头的无穷烦恼：

不争就是慈悲；不辩就是智慧。不闻就是清净；不看就是自在；不贪就是布施；断恶就是行善；改过就是忏悔；谦卑就是礼让；守节就是持戒；原谅就是解脱；知足就是常乐；利人就是利己。

这些言辞便是青埂峰与三分石共同铸造的箴言，是告诫世人的宝典，管你听也罢不听也罢，信它罢不信也罢，它总如日升月落般坚定不移，在那儿矗立一个标牌主宰着千千万万聪明人和糊涂人的命运，循环往复，生生不息，昭示那份永恒，成为永久的人生命运的祭坛，那就是九嶷帝舜陵，那就是九嶷山上的三分石！三分石——青埂峰乃人类命运链条，费人猜想：

足立厚土，茫然四顾，见风烟渺渺，方觉阴虚有数；头顶皇天，瞠乎八极，知色界空空，顿悟人生无常。

三

1987 年版 36 集《红楼梦》电视剧片头的那方石头，既是《红楼梦》（原名《石头记》）标志性的灵物，又是作品情节演绎的线索，由它注定作品叙事方式的"草蛇灰线，绵延千里"，忽隐忽现。该石取自黄山的峰巅，凌空耸峙，岿然不动，颇有几分气定神闲的悠然大度，阅尽人间春色，饱经沧桑，老于世故，称得上是一方顽石，属老资格的世态风情表，完全有发言权，叙说这场悲剧的起落沉浮。电视剧制作者选定这方石头，应该说是颇费了心思的。

然而如果拿它与三分石来比，我就觉得它的不足，显得有几分粗放。因为如那等石头所在者多，比比皆是，缺乏个性，更缺乏灵性，与红楼梦中的那块石头相比，差去了本质的含义，不仅脱去了仙气，更重要的是脱去了灵性，失却了本性，也就起不了这部人生与社会大剧的导演作用。

在我多年对《红楼梦》的研究中，发现红楼梦悲剧的原生境地就在我们的潇湘大地，悲剧的主人公原型也就是在我们潇湘大地活动的帝舜与二妃，而且三分石就是帝舜葬崩潇湘的帝舜陵。对此，我曾在永州电视台作过演讲，视频发至全国优酷网，点击率极高，备受赞赏。后来我又将讲稿在有关报刊发表，反响更为强烈，不少读者主动与我联系，索要电子文档。出于某些考虑，电子文档一直未能挂网，至今仍深居闺房。

基于这一猜想，三分石就不是一柱简单的石头山峰，而是一座文化丰碑。大自然神在它身上镌刻了特异的文化密码，注入了丰厚的灵性，铸造了神奇的灵魂，那才是真正意义的通灵宝玉。为了完成一段文化使命，它受天界神仙（警幻仙子）派遣下世勘验世态的炎凉与人心的善恶，终于种因得果，验明了人生悲剧的社会根蒂所在。此乃作者创作的主旨，终于在九嶷山上找到了出处，便以此演绎了这一深悲大雅的红楼梦。

正是这段奇缘构筑了一场风月情债的偿还历程。原来西方灵河岸上三生石畔，有绛珠仙草一株，十分娇娜可爱。时有赤霞宫神瑛使者来此游玩，见到仙草孤独可怜，遂日以甘露灌溉，仙草始得久延岁月。后来既受天地精华，复得甘露滋养，遂脱了草木之胎，幻化人形，仅仅修成女体，终日游于"离恨天"，饥餐"秘情果"，渴饮"灌愁水"。只因尚未酬报灌溉之德，故甚至于五内郁结一段缠绵不尽之意。常说"自己受了他雨露之惠，我并无此水可还，他若下世为人，我也同去走一遭，但把我一生所有的眼泪还他，也还得过了。"因此一事，就幻化出多少风流冤家都要下凡，造历幻缘，那"绛珠仙草"也在其中。

照此看来这三分石便是表明前生、今生、来生的珠联璧合，成为前缘后分的命运合一。这当然是一种宿命观，是违背科学道理的，可是作为一种文化观，却是有根有蒂的，而且是宗教的核心理念，这个理念后来浓缩在佛教的经典之中，成为信条，将世人的命运串联起来，挂在菩提树上，名为长生果。传说唐代李源与和尚圆观交情很好。一次，圆观对他说：十二年后的中秋月夜，在杭州天竺寺外，和你相见。说完就死了，后来李源如期去杭州，遇见一牧童口唱山歌："三生石上旧精魂，赏月吟风不要论；惭愧情人远相访，此身虽异性常存。"这个牧童就是圆观的后身。当然这个传说免不了人为的编造，但处于无奈之中的老百姓大都信以为真，惹得芸芸众生为之顶礼膜拜，求取三生有幸的洪福大愿。三分石将三生的因缘前定，皆为世情俗态，莫不信以为真，其实是假。这真真假假全是幻象的陆离恍惚，永远叫人捉摸不透，也就如影随形而演绎开来，让世人各取所需，获得精神上的某种慰藉而心满意足。

三分石的三生蕴涵作为文化密码，应该是有足够的社会心理基础。因为芸芸众生大多数为不幸者，他们遭遇了种种灾难和不幸，便从虚无缥缈的幻象中去寻找寄托，借以安慰失落的灵魂，走完不幸人生的艰难历程。因此当佛教将此理念带至世上时，立刻博得了世人的赞同，无不信其有，绝不信其无。这有无之中便深含了真假之意，怪不得红楼梦"太虚幻境"牌坊上大书一副对联：

假作真时真亦假；无为有处有还无。

这"真假"与"有无"之事，有谁能说得清呢？更有谁能担得起呢？依我看只有三分石能当此重任。因为它矗立于天地之间，堂堂正正地表明它所持理念的存在。山风吹不走，云霞飘不去，冷雨洗不掉，昭示亘古的永恒，诉说前生、今生、来生的风烟渺渺，色界空空。这就是三分石至今未解的文化密码。

正是这一说不清道不明的蕴涵，矗立于九嶷山上的三分石才成为当今世上的不解之谜，永远是一道波诡云谲的文化丰碑。《红楼梦》中贾宝玉降生时口中所衔的那块石头，甚为荒诞不经。按科学道理是说不通的，但如果用文化观念是完全可以讲通的。如果说《红楼梦》悲剧的原型是帝舜与二妃爱情悲剧的幻化与演绎的话，这段疑案就可以被破解了，而且完全可以顺理成章地讲清它的来龙去脉。

因为按照帝舜与二妃爱情悲剧的传说，舜帝南巡不归，崩葬于苍梧之野，三分石便是舜陵所在。对此古人早有说法："三峰并峙如玉笋，如珊瑚，其上有仙桃石、棋盘石、步履石、马迹石，又有香炉石，有足有耳，石质天然。其间有冢，以铜为碑，字迹泯灭不可认，或疑为舜冢。"（《九嶷山志》）后二妃寻至，悲恸山石，泪洒崇陵，泪飞竹上成斑，是为斑竹，亦称泪竹。因为二妃之泪所染，斑竹也便专称为湘妃竹。如今三分石下斑竹离离，悲情切切，满山斑竹有感于娥皇、女英二妃之真诚，千秋万载代为扫墓，寄情深深，万古不灭。

照此看来，三分石称得上是帝舜的墓志铭石，历叙他的前生，如今他衍生为《红楼梦》中贾宝玉出世（今生），自然会衔它降生于人间，也就幻化成了那个口衔玉石而出生的灵异，终为通灵宝玉的仙身俗物。这就是前世因缘的亦真亦幻，完全符合文化逻辑和社会心理。这当然属浪漫主义的幻想，而非现实主义的真实。三分石的特殊身份是能够担当这一非凡使命的，仅此一端，也是对它所深蕴的三生文化密码的破译。我以为这不是牵强附会，而是一种对宗教文化的神秘探索。

三分石既然是灵魂的旗帜，又是文化的深藏，也就附丽了浓厚的宗教色彩。高高矗立在九嶷山上的三分石，是一柱远古历史的坐标，昭示潇湘人文的渊源深薮。九嶷在天上，九嶷山在地上。天地之间耸立的三分石无疑是一座神秘文化的天桥，永远是沟通天上人间的时空隧道。如今我们站在九嶷山上，仰望三分石的超凡入圣，就可探知深藏在天理人心之中的文化密码。三分石，永远是一座文化的丰碑。

四

"三分石"与九嶷山为舜文化的标志性山水方物，也是帝舜及二妃的精灵表征，具有至高无上的文化代表意义，是华夏历史的文化基因秘藏，因而特别值得探究与寻觅。为此，我不惜笔墨，再三叩问大自然之神的特意安排，黎出此中真意。

三分石之三，取意自然之道：一生二，二生三，三生万物。三者，乃言其多也；故有神为"三"之谓。世间凡有敬神之举，皆取三，以其阳为圣。如今站在三分石"观景台"仰望三分石，只见它拔地而出，矗山而立，顶天立地，多么像擎起天地之间的顶天大柱，撑住摇摇欲坠的苍天，让人间得以太平安稳，天下苍生不再忧天倾。它的魁梧伟岸显然给了大地上一切生灵以精神支撑，"天行健，君子以自强不息；地势坤，君子以厚德载物"（《周易》）。斯人斯语，正天理，得道心，永远在天边轰鸣。

三分石，三峰并峙，远远望去，抱成一团。好像帝舜与二妃久别之后的欢聚，他们三人紧紧依偎相抱，凝成一个整体，热情相依，热泪纷飞，洒为漫天杏花春雨，温热了九嶷山上每一寸神圣的土地。"悲莫悲兮生别离，乐莫乐兮新相知。"（《楚辞·九歌》）他们从此再不分离，永远相拥在一起，演绎一场深悲的大雅。

九嶷山，九峰相似，相与为疑。九嶷之"九"，为最大阳数，乃天之代称，即高天之意。故有九重霄、重霄九的说法。九嶷者，天界、天国之谓也。它与三分石同为天界神灵，代表大自然之神的最高权威，深藏了那份神秘基因的文化密码，让我们深思熟虑，去猜想，去破译，或许从中能得到某些启示，进行一段不平凡的文化旅程。我就是这旅途上面一个苦行者，将沿途所观所感，做些旅途随笔，算是文海拾贝的记录吧。

在中国的数字中"三"与"九"皆为吉祥的代表，言其多也，言其长也，有和谐美满、连绵不绝之义。因此，三分石，九嶷山，为和美之境，为长久之界，属天堂与天国的最高神台圣境，故有"天下万山朝九嶷"之说。可见来到了三分石和九嶷山，就进入了幻境，也是登上了天堂，进入了天国，想当年舜葬九嶷三分石，二妃寻舜至九嶷山三分石，亦即超凡入圣，成为神仙，成了华夏历史文化的象征，即是史诗，又是神曲，当属钧天雅奏。

其实"三"在现实生活中，也是一个和美的吉祥数字。一点无定，两点连线，三点成面。"三"便是稳当、平安、和善之意。故鼎有三足，鼎才安稳如山。"鼎立"之势便是借助"三"的定力，否则是立不起来的。"九"乃"三"之倍数，为最大阳数，阳为天，故"九"为高天，有"九天""九重天"之说。古时皇帝自命为天子，其位为"九五"之尊，与高天有关。世人以"三"与"九"为神为尊，乃取其基与极之含义，绝非随意的偶然，完全是有数的阴虚所致。

2016年10月1日，我携家人祖孙三代驱车来到九嶷山拜谒了三分石，心中陡然升起了一股圣洁而崇高的情感，那是太阳般的光芒四射与火山爆发似的热浪奔放，无法抑制内心的激动。我只站在三分石下默默低诉，将那胸中的炙热吐放在山崖水湄之间，更用无限的神往倾注在大沟巨壑之中，表达我对他们的顶礼膜拜。"三"与"九"是天地的代称，代表永恒，更代表命数。三分石、九嶷山是阴虚有数的太虚幻境，永远是神秘文化的风月宝鉴。三分石与青埂峰阴虚有数，演绎绵绵无绝的世事无常。

仁孝诗礼辉壁庭

——九嶷山古民居家训家风壁画赏析

童一飞

中华传统文化的齐家思想里有许多"崇文重教""诗礼传家""忠孝廉勇""恭良谨让"的内容，源于四千年前中华道德始祖舜帝初创的"父义、母慈、兄友、弟恭、子孝"五常人伦；是经过上千年演化，逐渐被封建宗族、家庭吸收和利用的结果。中国历代知识分子根据长期的观察和社会实践，把"五常"伦理总结、归纳、引申为教化族人与子孙的"家训""家风""家规"，通过长辈向晚辈口耳相传，或通过楹联、家谱、著述代代绵延。而在中国南方的人文胜地、帝王圣山——九嶷山，留存着一种与众不同的传导家训、家风的壁画。这些壁画大多被绘在明、清古祠堂和民居当中，它们以栩栩如生的画面代替了生硬无趣的说教，用引人入胜的故事代替了浩如烟海的古文典籍，让后人在细细品读画中的神韵之时，潜移默化地接受先辈的世界观、价值观、人生观的熏染，从而砥砺而行，继往开来。让今人看后也耳目一新，感慨良多。

一 孝父母

古人云："百善孝为先。""孝"乃一切仁义道德之本、人伦纲常之首。自德祖舜帝开创"孝感天地"的道德文明之后，到宋代又被演绎成人间至善至真的"二十四孝"故事，并以此为蓝本，作为衡量和评价晚辈对祖辈、父辈、长亲是否"孝"的标准。九嶷山的古民居壁画中体现"孝父母"的家训作品就有麻池塘民居照壁壁画、湾井桥头村民居披檐壁画"鹿乳奉亲"和路亭宗祠壁画"双寿庆"等。

图1　"二十四孝"之"亲奉汤药"图　　图2　麻池塘村古民居照壁壁画"亲
　　　　　　　　　　　　　　　　　　　　奉汤药、妻报平安"图

　　图1和图2说的都是"二十四孝"之二"亲奉汤药"的故事：汉文帝刘恒，是汉高祖第三子，为薄太后所生。高后八年（前180年）即帝位。他以仁孝之名闻于天下，侍奉母亲从不懈怠。母亲卧病三年，他常常目不交睫，衣不解带；母亲所服的汤药，他亲口尝过后才放心让母亲服用。他在位24年，重德治，兴礼仪，注意发展农业，使西汉社会稳定，人丁兴旺，经济得到恢复和发展，他与汉景帝的统治时期被誉为"文景之治"。而通过对比，笔者发现麻池塘村古民居壁画"亲奉汤药"却对这个故事进行了很有创意的改造：一是把"奉汤药"的皇帝换成了平民小儿，把接受汤药的太后换成了病中的父亲，完全是民间"尽孝以帝师"的移植；二是在画面里加入了"妻报（抱）平（瓶）安"的内容，一幅画里除了无法表达"君为臣纲"外，同时体现了"父为子纲、夫为妻纲"的封建纲常理论。

图3　"二十四孝"之"鹿乳奉亲"图　　图4　湾井桥头村古民居披檐壁画
　　　　　　　　　　　　　　　　　　　　"鹿乳奉亲伺饮"图

　　图3和图4讲的是"二十四孝"之六"鹿乳奉亲"的故事：春秋时期有个叫郯子的人，父母年老，患眼疾不能视物。郯子为父母四处寻访名医。医生告诉他，需饮鹿乳才能疗治老人目盲，使之复明。于是，郯子便

披鹿皮进入深山，钻进鹿群中，挤取鹿乳，供奉双亲。一次取乳时，看见猎人正要射杀一只麋鹿，郯子急忙掀起鹿皮现身走出，将挤取鹿乳为双亲医病的实情告知猎人，猎人敬他孝顺，以鹿乳相赠，护送他出山。而桥头村古民居披檐壁画"鹿乳奉亲"的画面则相对简单，只有父子两个人，似乎已异化成父亲接受披着鹿皮的儿子斟乳（伺奉），悠然享受美好生活的意味了。

二　教子弟

"百年大计，教育为本"，教育是家国大事。要想使孩子成为对社会有用的人才，一刻也不能放松对孩子的教育。从众多的古民居壁画中可以看出，九嶷山的很多宗族和大户人家自古就十分重视教育子弟。他们把体现这种思想的典故绘在堂前的照壁和门厅的侧壁上，意在让家长始终谨记教育好孩子的本分与责任；同时启发孩子也要理解父母的要求，勤奋自励、发奋学习、早日成才。这些题材的壁画大多出自童蒙读本《三字经》。

图5　湾头周家古民居壁画"五子登科"（见灯笼上的字）

《三字经》里的名句"窦燕山，有义方，教五子，名俱扬"说的就是"五子登科"的故事。民间传说蓟州渔阳（今天津蓟县）有个叫窦禹钧的人，家境殷实，却无恶不作，直到三十岁，还无子嗣。有一天晚上他的父亲托梦给他："你心术不正，多行不义，如不重新做人，恐怕一辈子都没有儿子。"从此窦禹钧下定决心痛改前非、周济贫苦、广兴义学，终于扭转了人们对他的印象，也接连生了五个儿子。他加倍行善，以身作则，五

个儿子后来都出人头地，高中进士。这个故事体现了普通民众祈望家族繁
衍、望子成龙的美好愿望，也包含了善恶必报的朴素世界观，因此得到了
广泛的认同和传播。实际上，这个故事确有真实历史依据。据史料载：窦
禹钧为唐末五代人，本为诗书世家，教子有方，五个儿子仪、俨、侃、
偁、僖都很有出息。其中窦仪在后晋时中进士，入宋官至礼部尚书、翰林
学士，是宋初一代名臣；窦俨也是后晋进士，历仕汉、周，宋初任礼部侍
郎；窦侃为后汉进士，曾任宋起居郎；窦偁为后汉进士，入宋任左谏议大
夫；窦僖是后周进士，曾任宋左补阙。当时人们美称他们为"窦氏五龙"。

图6　水市旗形村民居照壁壁画"夫妻教子有方"图（副图已毁，此幅最完整）

　　"夫妇教子有方"图说的是比"窦氏五龙"更"牛"的故事：后唐
的栎阳县令陈省华宦海一生，官至左谏议大夫（副宰相），他不仅是理政
高手、治水功臣，更以善于教子而名载家乘、流芳百世；其妻冯氏也被封
为燕国夫人。陈省华夫妇的三个儿子，老大尧叟和老三尧咨中了状元，老
二尧佐在哥哥高中之前也进士及第。因尧叟、尧佐先后做过宰相，尧咨为
与宰相平级的武将，陈省华的最后任职也与宰相旗鼓相当，故陈氏堂号又
称"三相堂"。陈省华教子不仅重文且重修德。他家有匹烈马，经常踢
人。一天，他不见了这匹马，问仆人："马呢？"仆人说是尧咨少爷卖了。
陈省华马上叫来儿子："你是朝中重臣，怎能把未制服的烈马转手易人
呢？"说着，赶紧命人去追回马，并退还买马钱。陈尧咨喜欢习武射箭，
宋代大文豪欧阳修的《归田录》说，"陈康肃公尧咨善射，当世无双"①，

---

① （宋）欧阳修：《归田录》，中华书局1981年版，第9页。

指的就是他。他任荆南节度使期满，母亲冯氏问他有哪些政绩。他说，荆南要冲之地，宴集频繁，我常在宴会上表演百步穿杨，客人莫不叹服。母亲听后不但没表扬，反而斥责他："你父亲教你忠孝辅国，你身为朝廷命官，不以施仁政为己任，竟炫耀雕虫小技，如何对得起你父亲呕心沥血的教导？"举起棍棒就朝尧咨打去。这与《三字经》里"子不学，断机杼"的故事有异曲同工之妙。这段故事被元朝著名戏剧家关汉卿编进剧本《状元堂陈母教子》里。陈氏家族虽为赫赫豪门，但陈省华夫妻谆谆教子、勤勉持家，始终保持了勤谨、朴素的家风，而被世代传颂。

三　重耕读

江西婺源济溪人游锡珍在其《浣香居遗稿·代董藻全题负薪读书画图》中描述当地人追求上进、负薪耕读的普遍现象："朝出樵暮归读，斧声书声朗山谷……把卷呀唔歌当哭。境遇虽穷志自坚……"由于宁远县很多宗姓都是明清时期从江西迁过来的，所以乡间古民居中就少不了要带上江西的文化基因。而这些基因不仅表现在九嶷山古民居建筑上，还非常典型地被壁画继承了下来。这里面就有一个"清贫不落青云志"被千古传颂的动人故事，如图7、图8、图9所示。

图7　明清时期盛行的"耕读"瓷屏画　　图8　中和镇上街村民居壁画"负薪耕读"　　图9　湾头周家民居壁画"负薪耕读"

　　汉代时，有个出身贫寒的读书人，叫朱买臣，一生嗜书如命，劳作时也经常手不释卷。可是他一直读到四十多岁，还是一个穷书生，只能靠砍柴为生。虽然生活清贫，但他一点也不觉得有什么不妥，他经常在挑柴去卖的途中唱歌自娱。他的妻子屡次阻止他在途中唱歌，以免遭人耻笑。但朱买臣不听，仍然乐观地坚持自己的习惯。他的妻子忍受不了，便离他而去。此后，朱买臣更加潜心苦读，果然学问大进，声名远扬。终于在几年后一次朝廷的察举招贤中，得到了皇帝的召见。皇帝很欣赏他的学识，于是授予其会稽太守之职。真是"十年寒窗无人问，一朝登到凤凰池"，上天不负读书人呀！这天，朱买臣乘坐官府驿站的车马去上任。会稽的县州官员听说太守将到，急忙征召百姓修路迎接，前呼后拥的车辆有一百多乘。在上任路上，朱买臣正好看见自己的前妻及改嫁后的丈夫在为自己修路，就停下车，叫后面的车子载上他们到自己的太守府安置下来，并供给他们衣食。曾经因清贫而背弃他的妻子羞愧难当，一个月后竟含愧上吊而死。朱买臣没有羞辱她，反而多多赋予其丈夫银钱，将妻子厚葬。

　　同样题材的壁画在北京的皇家园林——颐和园内也能找到。由此可见，"知识改变命运"不是今人才总结出来的道理，我们九嶷山的先辈们早就明白了其中的玄妙。不过，这些壁画故事仿佛还很巧妙地融合了"妇德"方面的封建伦理道德，即有奉劝家庭妇女要贫贱不移、恪守妇道、从一而终的意思在里面。

四　和夫妻

　　封建伦理"三纲五常"的最后一"纲"即"夫为妻纲"，在九嶷山古民居壁画中却是用一个十分烂漫的爱情故事来表达的。这个故事所述虽然相对封建礼教来说，是离经叛道的行为，但笔者经过仔细研究后，得出的结论却是正面的，即主题家训中的一种——和夫妻、睦家族，或有"夫唱妇随"的意思。

图 10　天堂镇岭脚村古祠堂　　　　　图 11　天堂镇龙须村古祠堂
　　　壁画"凤求凰"　　　　　　　　　　　　壁画"凤求凰"
（图中词句系《凤求凰》中摘录）

　　传说西汉时期的司马相如和卓文君，一个是巴蜀临邛县的风流才子，一个是待嫁闺中的俏丽佳人。他们的故事是从司马相如作客卓家时开始的。司马相如当时是人人倾慕的青年才俊，他应宾主之邀，在卓家大堂上弹唱了一首著名的《凤求凰》："凤兮凤兮归故乡，游遨四海求其凰，有艳淑女在闺房，室迩人遐毒我肠，何由交接为鸳鸯。"这种在今天看来都是直率、大胆、热烈的"撩妹"情歌，自然使得当时在帘后倾听的卓文君怦然心动，他与司马相如会面之后一见倾心，双双约定私奔。当夜，卓文君收拾细软走出家门，与早已等在门外的司马相如会合，从而完成了两人生命中堪称轰动一时的一件大事。卓文君也不愧是一个奇女子，与司马相如到成都之后，面对家徒四壁的境地（这对爱情是一个极大的考验），她大大方方地回临邛老家开酒肆，当垆卖酒，从而开创了自己的家业，用"夫妻合心，其利断金"的事实，终于使得要面子的父亲承认了他们的爱情。尽管后世的道学家们称他们的私奔是"淫奔"，但这并不妨碍他们成为日后无数情侣们自由恋爱、双宿双飞、琴瑟和鸣的榜样和患难夫妻不畏艰辛、共同持家创业的典范。因此，后人根据这个爱情故事编成了传唱千古的《凤求凰》新曲：相遇是缘，相思渐缠……山高路远，唯有千里共婵娟……无限爱慕怎生诉？款款东南望，一曲凤求凰。

值得注意的是，古时的宗祠被视为宗族"家庙"，是一村一族的神圣殿堂，而以上这两幅壁画分别绘在岭脚村周氏宗祠的大门厅侧壁和龙须村宗祠前门楼侧壁上，位置不可谓不重要；而前者绘于丙辰年（1916年或1856年），后者绘于宣统二年（1910年），时间不可谓不久远。在那个"男女大防""授受不亲"等浓郁封建礼教氛围的时代，把这个故事搬上宗祠的墙壁，如果不是当时两村的族长和文化人的脑子出了毛病，恐怕只有用"和夫妻""夫唱妇随"这个主题来解释它的本意，才是最恰当的了！当然，这些画面里有男女主人公抚琴吟唱、和谐共处、伯牙子期的浪漫场景，或许还有"举案齐眉"的意思。但至少可以说明："崇尚夫妻和睦，营造温馨家庭"已成为当时岭脚村和龙须村宗族的共识和追求幸福生活的目标。

五　谨言行

《礼记·缁衣》曰："君子道人以言，而禁人以行，故言必虑其所终，而行必稽其所敝，则民谨于言而慎于行"[1]，且有"一言可以兴邦，一言亦可丧邦"[2] 之说。这些古语对于个人和家庭也亦然。古时的知识分子常有以"立身十戒"的"谨言行以寡过"来自警的意识，以避免在社会上因出言不慎给个人和家庭带来灾祸。为此，九嶷山的先辈们把这个道理绘成壁画，藏于内庭，供家人及子孙谨记遵循。

这是宋《陈辅之·诗话》里的故事，也称"萧楚一字救尚书"，说的是老尚书张乖崖辞官回家赋闲之后，寂寥无事，在书房里自娱自书一联："独恨太平无一事，闲杀江南老尚书。"一天，张乖崖的老朋友萧楚前来拜望，正逢尚书外出游玩未归，便在他的书房里等候，见到了这副对联后，吃了一惊。他在没有征求主人同意的情况下，把"恨"字改成了"享"字。张乖崖回家后见了很生气，就问："谁改了我的诗？"而萧楚却说："我改这字，是要救你老尚书一命呀！如今天下一统，唯你老大人独

---

① （清）孙希旦：《礼记集解》，中华书局1989年版，第1324页。
② （宋）李昉等：《太平广记》，中华书局1961年版，第529页。

图 12　九嶷山西湾村民居照壁壁画"乖崖先生"（也称"一字之师"）

恨太平乎？"张乖崖听后猛醒过来，赶紧向萧楚道谢。中国古代常有评论时政时，一字不谨即惹来杀身之祸的事。萧楚告诫老尚书的意思是，你一个休致的老尚书在这"太平盛世"怎能"恨"字了得？应该学聪明些，庆幸、欢欣太平日子才对，幸亏我萧楚把"恨"给改了，否则大祸临头时，你恨也恨不成了。

这幅画在一个合院式的清代民居之中，很可能画于清代兴起"文字狱"时期。意在告诫家人和后昆，凡事皆要谨言慎行，避免"祸从口出"的道理。同样主题的家训壁画还有湾井桥头村的"刘备失言遭诽谤"等。

六　忠国家

《朱子家训》道："君之所贵者，仁也。臣之所贵者，忠也。""忠君报国""文死谏，武死战"乃古代为官者最崇尚的君子大义。在达到"修身齐家"的境界之后，"治国平天下"就很自然地提上了家训、家规的层面，尤其是在家族中有做过朝廷官宦和地方政府官员的成员，就更加注重这种信念教育了。在九嶷山古民居中的家训壁画中，仿佛可以看到当今"讲理想，有信念""讲奉献，有作为"等主题思想的前世今生！

周武王建立了周王朝以后，过了两年就害病死了。他的儿子姬诵继承王位，这就是周成王。那时候，周成王才十三岁，刚建立的周王朝还不稳固。于是由武王的弟弟周公旦辅助成王掌管国家大事，实际上是代理天子

图 13　湾头周家民居壁画"周公哺成王"（中心人物怀抱的是小王子）

的职权。周公尽心尽意辅助成王，管理国事。可是他的弟弟管叔、蔡叔却在外面造谣，说周公有野心，想要篡夺王位！纣王的儿子武庚虽然被封为殷侯，但是受到周朝的监视，觉得很不自由，巴不得周朝发生内乱，重新恢复他的殷商的王位，就和管叔、蔡叔串通一气，联络了一批殷商的旧贵族，煽动东夷几个部落闹叛乱。尽管这样，周公处变不惊，他想方设法团结了周室宗亲召公奭，说服了年幼的成王，要他们顾全大局，不要轻信谣言，终于消除了误会，重整了周室力量，平定了内乱。之后，周公又调动大军，亲自东征，费了三年的工夫，平定了东夷的叛乱，稳住了周室天下。周公辅助成王执政七年，制定了周朝一整套典章制度。到周成王满二十岁的时候，周公才把已经稳固的政权交给成王管理。进而成就了历史上的"成康之治"。"周公辅成王"的故事是封建王朝"托孤重臣"仿效的楷模、"文忠"之最高境界，亦是周氏宗族光耀千秋和永世推崇的荣耀之举。

　　东汉名将马援，从王莽新朝归顺汉光武帝之后，征战四方，屡建奇功。建武二十三年（47 年），武陵"五溪蛮"抢掠郡县。光武帝遣武威将军刘尚征讨，结果"战于沅水，尚军败殁"。次年，又遣谒者李嵩、中山太守马成征讨，仍无功而返。这时，已经六十二岁的马援请求将兵征讨，光武帝担心他年事已高，不许。马援说："臣尚能披甲上马！"光武帝令他试骑。马援"据鞍顾眄，以示可用"。光武帝笑道："矍铄哉是翁也！"遂令马援率四万军马征讨"五溪蛮"。马援感叹曰："（我）常恐不

图14 湾井青山尾黄泥井民居壁画"马援披甲请战"

得死国事。今获所愿，甘心瞑目"①。建武二十五年（49 年），马援亲率大军抵武陵临乡击"蛮夷"，大胜之。但此役也使马援染病，得胜还朝途中不治身亡。最终兑现了他"老当益壮，马革裹尸还"的铮铮誓言。马援请战也是古代武将"忠君报国"的经典故事，被后世从军报国的赳赳武夫和志士仁人推崇备至。

周公与马援一文一武，树立了士子、匹夫披肝沥胆、忠心为国的标杆，似乎是古宅院的主人在劝说家人和子弟，特别是有担任国家公职的族人，要以自己的祖先和优秀的先贤为榜样，以"成就君王天下事"的气概，立大志、敢担当，公而忘私，精忠报国，做流芳百世的大丈夫！

目前，从笔者考察发现的情况看，除了以上十余幅主题壁画外，九嶷山地区与家训、家风有关的宗祠民居壁画还有数十幅之多（加上还没发现的，应该更多）。通过查阅相关宗姓的族谱，大体可将这些壁画故事归纳为：守国法、睦宗族、勤耕织、慎交友、尚忍让、遵俭约、儆懒惰、戒赌博等家风、家规主题；进一步可以引申出"经儒笃学，维道维纲""忠信为善，仁义振邦""诗礼承继，德艺奋扬""饬家睦族，孝悌为常""耕读励志，勉力自强""勤劳本分，俭约有方""清廉处世，公正柔刚"

等家训主题。

　　徜徉在绚烂多姿、意韵悠长的九嶷山古祠堂民居壁画当中，享受着古代先人留给我们的这些文化盛宴，笔者意犹未尽，浮想联翩。据此，我们有理由相信：在宁远这片热土上、开科取士的一千三百多年时间里，孕育了两名状元、八十三名进士和六百八十多名举人的国家栋梁和文武才俊，与这些历史悠久、特色鲜明、意味隽永的故事壁画之教诲与熏陶，是有着深厚的渊源关系的。

　　九嶷山古民居家训、家风壁画是中华传统历史文化的杰出代表，是一座独具特色、当之无愧的文物宝库。它值得我们去倍加珍惜，去追寻发现，在当今广泛开展的社会主义精神文明教育活动中，去粗存精，批判继承，并把它发扬光大，让其传承久远，万世流芳……

浅谈蓝山舜文化中的家国情怀

刘健鹏

舜帝的"苍梧之行",给后代留下了丰富的文化遗产。在包括宁远南部、江华北部、蓝山西南部,以主峰三分石为中心的九嶷山区,至今留存着一个"舜文化圈"。千百年来,舜帝的故事在蓝山一直广为流传,许多遗迹至今尚未被完全湮没,其中不少还具有丰厚的开发价值。蓝山舜文化主要源自流传在蓝山县民间的舜帝传说故事。民国时期的《蓝山县志》曾对流传于蓝山的舜帝传说以及一些遗迹作过较为全面地收集、整理和记述。从这些记述来看,蓝山县南部山区流传的关于舜帝及舜妃、舜臣的故事,内容丰富,形象生动,遗迹翔实,结构完美。值得注意的是,与周边地区舜帝传说相比,蓝山的舜帝传说以接近于"口述历史"般的实证性,体现出浓厚的家国情怀。

一　在蓝山县流传的舜帝传说中,舜帝不是神而是人

在其他地方的传说中,舜帝被说成是身高数丈、能腾云驾雾的巨人,舜帝南巡的目的也被说成是与孽龙作战,拯救万民。而蓝山传说中的舜帝,以及舜妃、舜臣,都是生动真实、有血有肉、贤德忠诚的人。

在蓝山的传说中,舜帝南巡的目的是寻找"日中无影"的"天地之中"。古人认为大地是一个巨大的圆盘,太阳位于这个圆盘的中央;而在北方人的观念中,越接近南方,日中时刻日光下物体的影子越短。因而他们推测,在极南的地方应该有个"日中无影"的"天地之中",那里应该有一座高山,是天神们在天地之间往返的地方。这也应该是中国古代流传的"逐日"故事的起源,我相信《夸父逐日》中的夸父行走的方向也是

由北向南，而不是以往认为的由东向西。而舜帝一行正是朝着正南方向，从北向南，一直走到九嶷山的三分石、香炉石，确定了这几座山峰"日中无影"的特征。从这个角度说，舜帝南巡是古人进行的一次较大规模的天象观测活动。

在蓝山的传说中，舜帝死于土著的竹制毒箭。传说由于舜帝一行的来意被土著误解，发生争斗，在一个叫"荆竹坪"的地方（蓝山县共有两个地方叫"荆竹坪"，一处是荆竹瑶族乡荆竹村，另一处是汇源瑶族乡荆竹坪村，前者离三分石直线距离约 8 公里，后者离三分石直线距离约 3 公里），舜帝被一支毒箭射死。当地土著十分后悔伤害了舜帝，厚葬了舜帝。舜帝被安葬以后，据说当地毛竹愧于伤害舜帝，于是在舜陵周边长满了毛竹，竹尾时常清扫陵墓，保持陵墓的干净，这就是流传于蓝山县荆竹瑶族乡蒲林村一带的"荆竹扫墓"的传说，一直流传到今代。

在蓝山的传说中，舜帝二妃是在舜水河投水殉舜的。二妃千里迢迢追寻舜帝而来，听说"舜帝葬于高山之上"，于是先后登上百叠岭、石榴花岭（海拔 898 米，位于塔峰镇东南部）四处找寻。现在百叠岭顶峰还有"皇英故祠"遗迹，石榴花岭峰顶的"皇英故祠"仍然存在（明朝时《桂阳州志》记载，石榴花岭的皇英故祠是由百叠岭搬过去的），为古代"蓝山八景"之一。二妃在峰顶见到了更高的九嶷山主峰三分石，于是沿舜水河谷而上，一直走到了望嶷亭（位于所城镇黄泥铺村南端），并从那里毅然走入了九嶷的万山丛中，沿路洒下的泪水染成了斑竹。后来在确认无法找到舜帝陵墓的情况下，她们选择了投河殉舜，投河地点在舜水河流经所城镇万年桥村的一段高深峡谷中。据古县志记载，这里最初的名字叫"望娘"，取"盼望娘娘归来"之意，后来慢慢讹化为"万年"。清代康熙年间，有人在万年桥桥头刻了一块"万寿无疆"的石碑（20 世纪 60 年代遗失）后，"万年"的地名就固化了。

在蓝山的舜帝传说故事中，还包括舜帝的两名随行大将。传说中随同舜帝南巡的两员将领，一位是夔，中国最早的音乐家，《箫韶》的创作者；一位是龙，任礼仪谏议官，可以算作中国最早的纪委书记。他们在安葬舜帝之后，自愧护主不力，自杀殉舜，当地人把他们分别安葬在九嶷山脚下，并在其葬地各建一庙以纪念：一曰夔庙，地点在今蓝山县竹管寺镇上丰头村；一曰龙庙，地点在今蓝山县城西郊。两座庙始建时间不可考，但历史非常悠久，因为有记载证明两庙在唐朝时曾经重建过，有一块刻有"唐县令庄武龙立"的石碑可证明。两庙民间常有祭祀，政府也每年主持祭祀若干次。到了明朝，当时县令觉得夔庙地址太偏远，于是将夔庙合并至龙庙处共祭，合称"夔龙古庙"，位于县城西郊夔龙山下，是古"蓝山八景"之一。这也是现在蓝山县"夔龙公园"之来历。据目前了解到的情况，蓝山县可能是国内唯一祭祀舜帝随臣夔和龙的地方。

在蓝山舜帝遗迹中，还有个值得一提的现象，即所有纪念舜帝的建筑都称为"殿"，而不是"庙"或"祠"。位于所城镇良村的"舜帝殿"是规模较大的一座，而这里也是从山脚下唯一可以同时看到九嶷山主峰三分石和香炉石的地方。最近发现的"民国"十九年火市雷家岭村族谱中一幅百叠岭地形图，也明确标示百叠岭山顶建筑物为"舜殿"，其下为"舜帝祭天台"。"殿"与"庙""祠"所不同的是，"殿"为办公场所，而"庙"与"祠"则是人死后纪念场所。夔、龙居庙，二妃居祠，独舜帝居殿，可见被蓝山人民纪念着的舜帝是一个正在勤恳工作的明君，而不是驾崩的先帝。

二　在蓝山县流传的舜帝传说中，故事
的实证性接近于"口述历史"

蓝山县舜帝传说中，舜帝一行的所有活动，事实脉络清楚，人物关系完整，路径走向明确，所有传说与故事没有一点神话色彩，而是与实地实物相印证，体现出"口述历史"般的实证性。一是南巡目的明确。传说舜帝南巡的目的就是寻找"日中无影"之地。三分石、香炉石的独特山形，恰好适合这个理念，这也正是舜帝心中向往之地，最终也成为历代君王尊重的圣地。二是人物关系完整，人物中有舜帝、舜妃、舜臣、土著，在关系上有夫妻，有君臣，有君民，形象具体，体系完整，具有家庭、国家形成初期特征，其包含的道德意义简直就是古代伦理道德最经典的阐述和体现。三是行走路线清晰。舜帝一行人行走、休息，都有明确的方向性和具体的地点，如从百叠岭的舜殿，到石榴花岭，再经万年峡谷、舜帝殿、舜岩直到三分石，方向是从北到南，穿过羊车岭峡谷后西转进入九嶷山腹地。基本上是沿着舜水河行走，这也符合古人以江河水流为参照方向的做法。舜帝殿即是由南北方向转而向西的转折点，这也是唯一从山下可以直接同时看到九嶷山主峰香炉石和三分石的地方。四是遗址分布与传说故事相印证。所有遗址和遗迹连点成线，构成明晰的路线图，即沿着舜水河谷行进，穿过羊车岭峡谷后，遗迹开始向高山地区分布，进而遍布蓝山南部山区（即九嶷山腹地）。舜帝高唱《南风歌》的南风坳位于湘粤交界处，自古即是中原地区向南出海的重要隘口。舜帝殿门口有一块大石板，传说是舜帝休息时睡过的"龙床"，正因为是"帝王"睡过的，这块石板到现在一直干干净净，蚊虫不侵。虽然现在这个殿已全部毁掉，这块石板依然保持着干净。五是精神体系完美展现。如果说夔、龙身上体现出来的是忠诚和责任，那么二妃身上体现出来的就是对爱情的忠贞和至死不渝，而土著们对舜帝及夔、龙的安葬和纪念，则体现出人民对贤君、忠臣的敬仰。忠贞与敬爱、团结与忠诚、意志与敬业等美好德行，正是舜德文化的精髓。政治道德与生活道德完美结合在一起，这是蓝山舜文化传说中最引人关注的地方。

三　蓝山县流传的舜帝传说，反映了家庭和国家形成初期的伦理特征

舜帝所处的时期，正是父系氏族部落后期向奴隶制国家过渡的时期，即氏族社会晚期。此时期人们的生产和生活不再是以氏族为单位，而是以"一夫"为中心的家庭为单位，氏族的作用日益削弱。与此同时，随着社会生产力的发展，劳动产品有了部分剩余，氏族内部产生了贫富分化，私有制开始产生，人与人之间的原始平等逐渐消失，不平等的关系也就是人身依附关系逐渐形成。由氏族公社到部落，再到部落联盟，首领与下属的支配与被支配关系逐步形成并开始固化。传说中的尧、舜、禹就是著名的部落联盟首领，在他们的身边，有了相当于后期大臣的随员，也有了自己的部队。夔、龙二将就是舜帝南巡时的重要随行大臣，二妃是舜帝驾崩以后从北方苦苦赶来的。夔、龙对舜帝的忠诚和尽职，二妃对于舜帝的忠贞与敬爱，正是国家形成初期政治伦理道德和家庭伦理道德的重要内容。从这个角度说，蓝山县舜文化体现出的伦理道德，正好反映了这个时期政治、家庭伦理道德"家国一体"的特征。

在蓝山舜帝传说的人物关系上，还有一层君民关系，即舜帝与当地土著的关系。从误伤舜帝到厚葬舜帝和夔、龙二将，表达了土著居民对明君贤臣的敬仰和尊重。另外，在蓝山还有舜帝守陵人的说法。据说赵姓瑶民的祖先奉命来南方守护舜帝陵，是最早来到蓝山居住的。如果此说能够得到证实，那么舜帝与瑶民就有了一层君主与守陵人之间的关系，就可以解释为什么南方的舜帝传说都流传在包括荆竹、紫良、大桥、汇源、所城、浆洞六个少数民族较集中的乡镇，舜帝有关历史遗迹也主要分布于这一带山区。古时这一带一直被称为"舜乡"或"舜嶷乡"，是蓝山县境内风景最美、资源最丰、民俗最纯、民风最朴的地区。可以作为印证的是，马王堆《驻军图》上标明的在蓝山境内的南平、龁道、泠道三座城池中，两座称之为"道"的城池就是防范少数民族的，具体地说就是防范瑶族这个古老的民族。从瑶族形成的历史来看，其时间与舜帝去世的时间也大致吻合。

夫妻、君臣、君民，这三层关系，使蓝山的舜帝传说具备了独特的文化内涵。它体现了父系氏族后期，家庭、国家逐步形成过程中的一些特征，而舜帝对臣民的尽责，二妃对爱情的坚贞，夔、龙对君王的忠诚，守陵人对责任的坚守，则构成了中华道德文化的源头，这也正是舜帝被尊为"中华道德始祖"的原因。

四　随着舜帝传说在三蓝大地传承
和弘扬的，是浓重的家国情怀

几千年来，蓝山的舜帝故事不断被口口相传，舜帝的精神一直被发扬光大，舜帝、舜妃、舜臣等系列人物的品行，一直为后人称道和师范。正是后人对于舜帝精神的理解和传承，才使得舜帝顽强、敬业、爱民的精神，舜妃对爱情的忠贞不渝，夔、龙对君上的忠诚，民众对圣君的敬仰，融汇成舜文化的精华，并发扬光大，最终形成中国传统文化中最可贵的家国情怀。

在蓝山，传诵着许多歌咏舜帝的诗文作品，它们或借事，或借景，抒发对舜帝的敬仰和怀念：

南巡警跸是何年，望里苍梧霄汉边。翠巘遥盘回鹤驭，青虬斜映

散蛮烟。气蒸石洞云霞出，天瞰山城楚粤连。欲驾长风参帝子，拂衣恍惚九峰前。（明朝时蓝山县令王元寿）

　　九峰横拔岸银河，高瞰山城俯瞰波。锦绣纷披开叠障，旌旗出没拥平坡。阳乌引去遥飞彩，塞雁归来近送歌。敢托遐思瞻帝座，眼前一望尽巍峨。（明代蓝山教谕孙大伦）

　　缥缈云峰不可梯，九峰还与一峰齐。界分楚粤形仍合，位镇东南望转迷。红日未升霞彩动，翠烟欲散月华低。虞陵斋祀犹堪忆，坐拥群山叶满蹊。（清嘉庆年间蓝山县令谭震）

　　嶷山万古峙南天，高拥三蓝滴翠鲜。花外鸟鸣啼碧汉，月中桂影漾平川。五臣峰插烟云际，九水流分楚粤边。我欲乘风瞻帝座，赓歌乣缦一悠然。（明代蓝山教谕刘世臣）

而对舜妃的题咏，则更多地侧重爱情的忠贞和故事的凄美。

　　英皇圣迹杳难攀，藤满祠堂草满山。瑟鼓空江人不见，泪凝修竹色成斑。苍梧云白还疑佩，蓝岭峰青却似鬟。何事南巡随帝辇，浪传遗怨在人间。（王元寿）

　　傍花镜石为谁妆？志怪齐谐亦渺茫。龙跃鼎湖同控鹤，凤飞丹阙独遗凰。当年过化挥弦杳，异代栖神鼓瑟伤。犹有甘霖来蔓草，宛行把盏莫兰浆。（刘世臣）

夔龙古庙是祭祀夔和龙的地方，蓝山古八景之一。过去庙里还有夔和龙的塑像，古人曾通过描写两尊塑像的模样，来赞扬夔、龙的忠诚：

　　九官遗有二官祠，遗像端严俨若思。倾耳宛如闻乐日，俯躬还似纳言时。不因万乘巡南岳，焉得群臣列九嶷。前席当年敷奏罢，箫韶还引凤凰仪。①

　　总为随巡驾不还，巍然遗庙倚重山。思聆韶乐频倾耳，快观夔龙

----

① 《蓝山的夔龙传说》，2014年8月，蓝山新闻网（www./sxw.gov.cn/）。

一霁颜。门列九嶷青未改，阶生细草绿堪删。只今岐凤鸣音杳，野外长啼鸟自闲。

蓝山境内的舜帝殿、夔龙庙、二妃祠等建筑，多年来一直被保护完好，而且香火旺盛，表达了群众对舜帝的敬爱和纪念，同时也是对舜帝故事中体现出来的家国情怀的继承和发扬。在这种情怀中，家与国是紧密联系、不可分割的，家是小的国，国是大的家，爱家与爱国、忠贞与忠诚、道义和担当成为"开放包容、敢为人先"的蓝山精神的重要来源。事实上，在风雨如磐的各个历史时期，这种家国情怀一直激励着蓝山人民为家、为国、为民挺身而出，英勇奋斗。在大革命时期，即有13名革命先烈在敌人的枪口前视死如归；抗战时期，近万名热血青年走上抗日战场，为国捐躯者二百七十多人；1949年，蓝山县有三支受中共地下党领导的地方游击队一千多人坚持战斗，迎接解放军的到来。

附图：

舜帝殿（位于蓝山县所城镇良村）

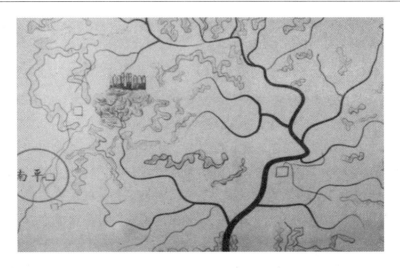

在这张上南下北的马王堆出土地图上，标明了舜帝陵墓在南平
（今蓝山县城北郊城腹村）东南面，舜水源头

雷家岭村族谱中百叠岭地形图，标明了山顶"舜殿"位置

清代同治年间《蓝山县志》对夔龙古庙的记载

论二妃意象的形成及在唐代湖湘地区的流传与新变

肖献军

一

"二妃"作为一个经典文学意象，从其形成到为后世文人广泛接受经历了一段较长时期。有关二妃的记载最早出现在《尚书·尧典》中："帝曰：'咨！四岳。朕在位七十载，汝能庸命，巽朕位？'……师锡帝曰：'有鳏在下，曰虞舜。'……帝曰：'我其试哉！女于时，观厥刑于二女。'厘降二女于妫汭，嫔于虞。"①但这一形象承载了过多的政治与道德因素，并不具备太多的文学性。其后，《山海经·中山经》载："洞庭之山，帝之二女居之，是常游于江渊。澧、沅之风，交潇、湘之渊，是在九江之间，出入必以飘风暴雨。"②就其出处而言，《山海经》是地理著作，严格地说，这段文字还不能说是文学作品，但它把二妃与潇、湘第一次联系起来，且二妃成了潇、湘二水之神，具有了某种神秘力量，因而也有了一定的文学因素，对二妃意象的形成起了一定的促进作用。

二妃以文学形象出现是在屈原贬谪沅、湘之后，王逸在《楚辞章句》中说："《九歌》者，屈原之所作也。昔楚国南郢之邑，沅、湘之间，其俗信鬼而好祠。其祠，必作歌乐鼓舞以乐诸神。屈原放逐，窜伏其域，怀忧苦毒，愁思怫郁。出见俗人祭祀之礼，歌舞之乐，其词鄙陋。因为作《九

---

① （清）孙星衍：《尚书今古文注疏》，中华书局1986年版，第28—31页。
② （两晋）郭璞：《山海经》，上海古籍出版社1987年版，第51页。

歌》之曲，上陈事神之敬，下见己之冤结，托之以风谏。"①《湘君》《湘夫人》就作于这一时期，它们是《九歌》中文学色彩较浓的篇章。湘君、湘夫人不再是原有二妃形象，而是"目眇眇兮愁予"的多愁善感的女子。屈原在她们身上赋予了更多新的因素，它包含了后世湘妃文学中经常吟咏的三个主题：祭祀主题、爱情悲剧主题和士不遇主题。后世文人的创作，大多围绕这三个主题进行。二妃文学形象开始在《九歌》中形成，也奠定了意象的悲剧基调。同时，由于二妃开始与特定地域紧密联系，二妃之称谓也有了改变，除了"湘君""湘夫人"外，还有"湘灵"之称，《楚辞·远游》中有："使湘灵鼓瑟兮，令海若舞冯夷。"《后汉书·马融传》中说："湘灵下，汉女游。"② 李贤在作注解时说："湘灵，舜妃，溺于湘水，为湘夫人也。"③ 后世文学作品中，除极少数诗外，湘灵皆与二妃相关。

　　然而屈原之后二妃并没有大量出现在文学作品中，进而形成凝聚着特定情感品质的文学意象。从秦汉一直到魏晋南北朝，除了刘向、阮籍、沈约、吴均等少数文人留下了一些作品外，其他人作品中的二妃实在寥寥可数，而此时西施等女性形象却频频出现。之所以二妃再次遭受文人冷落，有多方面的原因。

　　先秦各类典籍中的二妃传说有许多，但正如前面所说，多以政治和道德形象出现，适合于做文学题材且有充分想象空间的只有二妃和舜之间凄美欲绝的爱情故事。刘向《列女传》载："舜陟方，死于苍梧，号曰重华。二妃死于江、湘之间，俗谓之湘君。"④ 也就是说，二妃与舜的爱情故事，最广泛流传于湖湘地区。在他地或虽有流传，但多与道德因素相关，并不具备太多的文学因素，故不宜进入文学作品中。但如果某些文学题材远离作家，即使它再好，也很难进入诗文中，因为在文学创作中，无实景，则难产生真情，无真情，优秀作品则难产生。那么，在唐前文人是否大量到过湖湘地区呢？

　　湖湘地区自古以来就属蛮区，据《后汉书》载："时帝有畜狗，其毛五采，名曰槃瓠。……帝不得已，乃以女配槃瓠。……其后滋蔓，号曰蛮

---

① （宋）洪兴祖：《楚辞补注》，中华书局1983年版，第35页。

② （南朝）范晔：《后汉书》，中华书局1965年版，第1964页。

③ 同上书，第1966页。

④ 张涛：《列女传译注》，山东大学出版社1990年版，第4页。

夷。……今长沙武陵蛮是也。"① 武陵蛮、长沙蛮所处地就是二妃故事广为流传的地区。中国对待蛮夷的方法归纳起来无外两种：一是武力镇压，一是文德服之。在秦汉时代，对待湖湘地区蛮族是血腥镇压。据史载：秦昭王就曾命司马错征五溪蛮；东汉时，光武帝遣伏波将军马援等将兵至临沅，击破武陵蛮；永和元年，顺帝遣武陵太守李进讨澧中、溇中蛮，斩首数百级；灵帝中平三年，武陵蛮反叛，寇郡界，州郡派军击破。可见，秦汉时期湖湘地区蛮族反抗较多，统治者镇压也极为残酷。在这种环境下，文人极少进入湖湘地区，受政府派遣前往该地做官的文人更少，故虽有好的文学题材，却无好的文学家接近它，也难以产生优秀作品。

进入魏晋时期，湖湘地区战乱不断，东吴孙权曾遣吕蒙督鲜于丹、徐忠、孙规等，率兵两万攻取长沙、零陵、桂阳三郡，又使鲁肃以万人屯巴丘，以御关羽。最终形成长沙、江夏、桂阳以东属孙权，南郡、零陵、武陵以西属刘备的局面，湖湘地区成了蜀、吴争夺的焦点。再加上蛮族仍有一定反抗，文人大多北走曹魏或避地东吴，湖湘地区依旧是文学的真空地带。南北朝时，蛮族反叛情形有所减少，湖湘地区稍有安定，但长期经济和文化上的落后也使得文人很少涉足这里。

客籍文人很少涉足这里，导致了与二妃相关的作品较少。但还有一种可能性，如果湖湘地区存在大量本土文人，他们仍然可创作出大量与二妃相关的作品来，毕竟二妃题材在湖湘地区具有相当大的影响力，只要有一定文学感受力的作家，绝不会放过这样优秀的题材。那么，湖湘地区是否存在一定数量的本土文人呢？据曾大兴《中国历代文学家之地理分布》统计，从先秦至南北朝，湖湘地区本土文人仅东晋罗含一人，然存诗不多。与其说他是文学家，还不如说是政治家、思想家、地理学家。即使如此，在其地理著作《湘中记》中，也对二妃与舜事有记载："衡山九嶷皆有舜庙，太守至官，常遣户曹致祀，则如闻弦歌之声。"② 总体看来，与客籍文人相比，本土文人更少得可怜。唐前湖湘地区不仅经济落后，文化也极端落后，虽有好的诗材，但它们只是幽昧中的珍宝，无人发掘。故以二妃为题材的文学作品，在屈原之后、李唐之前，是极少的。

---

① （南朝）范晔：《后汉书》，中华书局 1965 年版，第 2929—2830 页。
② （南朝）李昉等：《太平御览》卷三九，文渊阁四库全书本。

二

　　湖湘地区经历南朝管辖后，不再显得那么蛮荒，教化在一定程度上得到了推行，民众剽悍之风也有所改善。或许是从前王朝吸取教训，唐朝统治者对湖湘地区采取了比较友善的政策。唐太宗曾说："自古皆贵中华，贱夷、狄，朕独爱之如一，故其种落皆依朕如父母。"① 至唐朝时，湖湘地区已不构成威胁，故唐王朝把主要兵力用在了西北、东北及西南等几个方向。对于这里，则采用了文化措施，也即"偃革兴文，布德施惠"②，这种民族政策收到了良好的效果，所以在唐代，"百蛮奉遐赆，万国朝未央"（太宗皇帝《正日临朝》）、"百蛮饮泽，万国来王"（《延和》）。武陵蛮、澧州蛮、长沙蛮虽然还存在，但却极少反抗，甚至在各类史书中，都取消了南蛮传。

　　既然要化蛮，自然就不能用武将，特别是对湖湘地区的蛮族而言，他们已经有较长时间没有与朝廷对抗了，儒学之士和文学之士就成了首要人选，而二者兼之者更佳。然而，唐代湖湘地区依然相当落后，没有文人会主动承担这个责任，所以朝廷派往湖湘地区任官的多是贬谪文人，如，张说、柳宗元、刘禹锡、刘长卿等人都有被贬谪湖湘的经历。除此之外，还有大量前往岭南道的贬谪文人及流寓文人，他们要前往目的地，必须经过湖湘地区，张九龄、韩愈、白居易等诗人就曾多次往返于湖湘地区。唐代兴起的漫游、入幕之风，也促使了大量文人出入湖湘地区，特别是"安史之乱"后，湖湘地区相对安定，流入这里的文人就更多了，李白、杜甫就曾因此而进入，且创作了大量优秀诗篇。可见，大凡在唐代有一定声名的文人，都有过湖湘之行。

　　文人之行的路线不外水、陆两条。湖湘地区多山，东有幕阜、武功诸山，南有南岭，西北则有武陵诸山脉，中间横亘衡岳。这些山把大半个湖湘围了起来，给陆上交通带来极大的不便。水上交通却极为便利，这里存在一个几乎覆盖整个湖湘地区的交通枢纽。这个枢纽以洞庭湖、湘江为中

---

① （宋）司马光：《资治通鉴》，中华书局1956年版，第6247页。

② （两晋）刘昫：《旧唐书》，中华书局1975年版，第2558页。

心，湘、资、沅、澧四水注入洞庭湖，形成了一个面积极广，主要呈南北走向的水系。这个水系在荆江口与长江汇合，在桂州通过灵渠与珠江水系汇合。在唐代，它不仅成了湖湘地区重要的水上交通要道，也是由岭北通往岭南的重要交通要道。二妃的传说，这个极具文学价值的题材，就处在这个水系的核心要道洞庭湖——湘江一线上，并且在唐时还存有不少遗迹，其中，二妃庙最具代表意义。庙的建立，至少可以追溯至秦以前，且不止一处。唐巴陵令李密思《湘君庙纪略》载："昔人有立湘君祠于此山，复谓之君山，其庙宇为秦王毁废后，亦久无构置。"除君山上的湘君庙外，在由洞庭湖通往湘江的入口之上，还有一座规模较大的二妃庙，《方舆胜览》载："黄陵庙在湘阴北八十里。"《水经注》载："其水上承大湖，湖水西流，迳二妃庙南，世谓之黄陵庙也。"因其是文人南下的必经之地，文人对此庙关注极多。唐景云元年九月，宋之问被贬岭南钦州，南行至岳州，作《谒二妃庙》诗；其后不久李颀有《二妃庙送裴侍御使桂阳》；杜甫有《湘夫人祠》；韩愈长庆元年作《黄陵庙碑》，这些诗文，都与此庙相关。再沿湘水北上，至今天广西全州，在唐为永州湘源县，还有一座二妃庙，柳宗元作有《湘源二妃庙碑》，但文人对其关注较少了，在唐代，毕竟南下岭南的文人不多。

唐代湖湘地区本土文人也有一定的发展，据曾大兴《中国历代文学家之地理分布》统计，这一时期本土文人共有 9 位，他们分别是刘蜕、欧阳询、欧阳彬、齐己、吴德光、廖凝、胡曾、李宣古和李群玉。本土文人在中晚唐时大量出现与唐王朝的化蛮政策有一定关系，贬谪文人的大量到来给这些落后地区带来了清新空气。不少文人好为师，韩愈在《柳子厚墓志铭》中说："衡湘以南为进士者，皆以子厚为师，其经承子厚口讲指画为文词者，悉有法度可观。"[1] 这一时期，本土文人的大量出现也与科举考试开始为湖湘人接受相关。据《全唐诗》小传载，在湖湘地区，刘蜕、李涛、潘纬、李宣古考中了进士，王璘和李群玉等人也参加过科举考试。无疑，这些本土文人对于家乡这一极富魅力的文学题材不会放过，李群玉、胡曾、齐己等诗人就创作了不少以二妃为题材的诗。这些诗歌，与客籍文人创作的诗歌有较大不同，如李群玉的《黄陵庙》："黄陵庙前

---

[1] （清末民初）马其昶：《韩昌黎文集校注》，上海古籍出版社 1986 年版，第 512 页。

莎草春，黄陵女儿蒨裙新。轻舟小棹唱歌去，水远山长愁杀人。"诗写得
欢快明朗，全无客籍文人作品中那种悲凄、哀怨情绪。

然而，以上只是构成二妃进入唐代文学作品中的必要条件，二妃
以什么样的形象进入文学作品中却具有不确定性。从历代文献看，二
妃形象具有多重复合性，不同个体会根据自身情况对二妃形象进行选
择。具体说来，在众多文献中，二妃形象不完全相同：一是列女形
象。《列女传·有虞二妃》对此形象有详细介绍，其情节包括：涂廪、
浚井、饮酒等。从这些情节可以看出，二妃知书达理、孝敬父母，她
们忍辱负重的性格堪称整个中华女性的典范。二是湘水之神形象。这
一形象首先出现在《山海经》中："（二妃）出入必以飘风暴雨，是
多怪神，状如人而载蛇。"① 作为湘水之神，二妃具有了超人的本领，
自然对湘水流域的民众带来一定影响，在普通民众中地位较高。在唐
代，湖湘地区水患较多，为了在一年中能够风调雨顺，沿湘水一线的
民众多对其有祭祀。

但不管是列女形象还是湘水之神形象，唐代文人都不大喜欢。在他们
的诗歌中，较少称赞她们的懿德，也极少提及二妃的惠及民众。虽然唐代
文人祭奠二妃的事常有，但在诗文中明显表达出为求取庇护而祭奠的却极
少。这两类形象，只是出现在文学性并不强的祭文或碑刻中。二妃广为唐
代文人接受的是怨女形象，在《尚书·尧典》中，这一形象并没有提及，
《山海经》中提及了舜及二妃之死，可以看作是悲剧爱情的原型，但这仅
是个简单的爱情悲剧，还不足以引起广大文人的共鸣。真正丰富和扩大了
二妃爱情悲剧内涵的是屈原，《湘君》《湘夫人》不仅把二妃的爱情悲剧
演绎得淋漓尽致，而且还把诗人自己遭受贬谪的忧郁情感注入其中，二妃
与舜的爱情悲剧又向着士不遇的主题转化，而正是这一点，引起了广大贬
谪、流寓文人的共鸣。二妃是悲剧爱情的代表，在凄迷幽怨的悲剧爱情
中，蕴含着许多与文人情感相契合的因素。这一形象，成为唐代二妃文学
的主流。

---

① （两晋）郭璞：《山海经》，上海古籍出版社1987年版，第51页。

三

文人何以放弃作为道德模范和湘水之神形象的二妃而选择了怨者形象的二妃？这里面有多重原因。爱情在文学作品中是一个永恒的主题，而悲剧性爱情尤能引起文人的同情，二妃与舜的爱情就是如此。当唐代文人大量到达湖湘地区时，陌生的环境和悲凉的心态使得他们在心理上更容易接受怨者形象的二妃，并与之产生共鸣；而文人的独孤状态又与二妃的独孤状态相似，再加上文人的涉艳心理，二妃形象开始发生新变。这一切促使二妃大量出现在唐代文学作品中，并进而形成了中国古典文学中具有经典性的悲剧意象。

1. 弱者与同情心理。舜帝南巡之后，二妃从之不及，最后死于潇湘之间，这似乎给人以刚毅女子的形象，但二妃内心却是柔弱的，她们简直就是泪的化身。张华《博物志》载："尧之二女，舜之二妃，曰湘夫人，帝崩，二妃啼，以涕挥竹，竹尽斑。"① 任昉《述异记》也载："舜南巡，葬于苍梧。尧二女娥皇、女英泪下沾竹，文悉为之斑。"唐代文人极少论及二妃性格中刚毅、坚强的一面，而对于女性柔弱的一面却大肆渲染，"泪""斑竹"是作品中最常见的意象。他们甚至认为，二妃与舜的爱情悲剧，不再是妃子和帝王之间的爱情悲剧，他们把这种爱情悲剧大众化了，在二妃的身上，寄予了更多同情与感伤，二妃也就成了湖湘地区最具悲情的人物了。唐代与二妃相关的诗歌，大多悲悲啼啼，悲剧意蕴十分浓郁。如刘禹锡《潇湘神二曲》之二："斑竹枝，斑竹枝，泪痕点点寄相思。楚客欲闻瑶瑟怨，潇湘深夜月明时。"

文人之所以对二妃寄予如此多同情与自身处境有密不可分的关系。一些下层仕宦文人和流寓文人，长时间寓居湖湘地区，饱受人世艰辛和世态炎凉，甚至还有衣食之忧。他们前途无望，又处于社会的底层，自己本身就是弱者，弱者在弱者面前，更容易引发共鸣。刘长卿、杜甫、戎昱、孟郊、张祜、李群玉、李咸用、杜荀鹤、黄滔、刘昭禹等中下层文人的二妃诗歌中，都表现出了强烈的共鸣感。如张祜"早工篇什，研几甚苦，搜

---

① （两晋）张华：《博物志》卷八，文渊阁四库全书本。

象颇深，辈流所推，风格罕及"①，但一生以处士终，长期流寓于各地，在湖湘地区作下了《湘中行》："南去长沙又几程，二妃来死我来行。人归五岭暮天碧，日下三湘寒水清。远地毒蛇冬不蛰，深山古木夜为精。伤心灵迹在何处，斑竹庙前风雨声。"在同情二妃的同时，也在抒写自己的漂泊感。李涉的《湘妃庙》也是如此："斑竹林边有古祠，鸟啼花发尽堪悲。当时惆怅同今日，南北行人可得知。"同样是借二妃的遭遇抒写诗人内心的悲痛。

2. 怨者与贬谪心理。二妃意象在唐代为广大文人所接受，更主要的原因是在二妃意象中能表现出一种由爱而生怨的强烈感情。二妃之怨具有双重含义：其一，怨别离，二女经受的别离之苦超过了常人。对于一般女性而言，别离主要发生在夫妻之间，一般是丈夫外出寻觅功名，妻子独守闺房。虽然丈夫外出了，但还有家的存在，还有亲朋好友的存在。二妃不同，她们遭受的别离之苦不仅是与丈夫的分离，也是与家的分离，她们以柔弱女子的身份经历了就是男性也难承受的痛苦。过多的痛苦也使得二女由爱之心理向怨之心理转变。其二，怨弃离。二妃与舜的爱情毕竟不是普通百姓家女子与男子的恋爱，而是帝王与妃子间的爱情。从《尚书·尧典》看，二妃嫁给舜不是出于对舜的爱情，也不是出于舜对二妃的追求，而是一场赤裸裸的政治婚姻。婚后，二妃为维护舜的家庭尽心尽力，最终助舜登上了帝位。在这些文献资料中，我们很难见到舜对二妃究竟是怎样一种感情。虽然各类史料没有明确记载舜对二妃的弃离，但舜南巡，"二妃从之不及"，给人无限揣测。

二妃之怨也是湖湘地区客籍文人常遭受到的，他们以充满同情的心理来描写二妃的幽怨情绪，这样的诗歌很多，戎昱《湘南曲》有："虞帝南游不复还，翠蛾幽怨水云间。"孟郊《湘妃怨》有："南巡竟不返，帝子怨逾积。"刘禹锡、陈羽、王贞白等诗人也有类似之作。在唐代文学作品中，二妃绝大部分是以怨女的形象出现。其主要的原因是，二妃之怨与南来文人，特别是贬谪文人之怨有相通之处。因为二妃怨的对象不是普通的人，而是舜帝，这与贬谪文人所怨的对象有相通之处。在他们看来，自己之所以遭受贬谪，最主要原因是君王听信谗言，导致了自己不被理解。所

---

①　傅璇琮：《唐才子传校笺》第三册，中华书局1990年版，第196页。

以，文人多以二妃之怨来写个人之怨。如宋之问在第三次流配途中，途经湖湘地区，创作了《洞庭湖》《晚泊湘江》《谒二妃庙》等诗。他在《洞庭湖》中写道："张乐轩皇至，征苗夏禹徂。楚臣悲落叶，尧女泣苍梧。"从此诗可以看出，宋之问遭受贬谪时的屈辱与愤懑。"楚臣悲落叶，尧女泣苍梧"不只在写屈原和二妃，他认为这是他自身的写照。自己的命运也如同这两个人，多次被贬，一次比一次远，衰老与恐惧充满他的心头。因而，写"尧女泣苍梧"实际上是在写自己对君王的怨恨。而在《晚泊湘江》中写道："路逐鹏南转，心依雁北还。唯馀望乡泪，更染竹成斑。"通过写旅途的艰辛和对家乡的思恋来写自己怨恨之深。对于涉湘文人来说，他们遭遇了太多的不幸，而这些不幸却都与当时最高统治者有着直接或间接的联系，二妃之怨正好是他们用以借题发挥的工具。不仅一些贬谪文人如刘长卿、刘禹锡、柳宗元等人的二妃诗是如此，一些非贬谪文人的诗也是如此。在唐代文学作品中，借湘妃之怨写己之怨的比比皆是，如施肩吾的《湘竹词》、蒋防的《湘妃泣竹赋》等都是这样。

3. 丽者与涉艳心理。作为舜帝妃子，二妃以聪明贞仁的形象出现。关于二妃容貌，却极少记载，这给后人提供了极大的想象空间。早在魏晋之际，阮籍在《咏怀诗》中写道："二妃游江滨，逍遥顺风翔。交甫怀环佩，婉娈有芬芳。猗靡情欢爱，千载不相忘。倾城迷下蔡，容好结中肠。"把二妃描写成了一个"一顾倾人城，再顾倾人国"的美人形象。唐代诗人李群玉也有："小姑洲北浦云边，二妃容华自俨然。"（《黄陵庙怀九嶷》）这样的美人，又处于独孤之状态，自然引起了文人无限遐想，也激起了文人的涉艳心理。当然，文人的涉艳心理不只是图感官上之享乐，在文学史上，美人能够激起文人多重复杂的心理，如以美人借指君王，或以美人青春易逝，感叹自己功业无成，或以美人的孤独形象暗示自己品质的高洁等。二妃形象在唐代广受关注，也与这些因素相关。

陈寅恪在《唐代政治史述论稿》中指出："若以母系母统言之，唐代创业及初期君主，如高祖之母独孤氏，太宗之母窦氏，即纥豆陵氏，高宗之母长孙氏，皆是胡种，而非汉族。故李唐皇室之女系母统杂有胡族血胤世所共知。"① 由此带来了女性开放之风气。唐代女性地位较高，男女之

---

① 陈寅恪：《唐代政治史述论稿》，上海古籍出版社 1982 年版，第 1 页。

间恋情也较自由，与文人的涉艳心理相结合，促使了大量二妃诗的产生。《唐才子传》载："（钱）起……月夜闲步，闻户外有行吟声，哦曰：'曲终人不见，江上数峰青。'凡再三往来，起遽从之，无所见矣。尝怪之。及就试粉闱，诗题乃《湘灵鼓瑟》，起辍就，即以鬼谣十字为落句，主文李暐深嘉美，击节吟味久之，曰：'是必有神助之耳。'遂擢置高第。"①这尚是才子与才女精神上之交融，是相互倾慕的结果，还没有跨越男女之大防。至晚唐时，由于中央集权的相对削弱，思想上控制也日渐松弛，文人的涉艳心理有了进一步发展，甚至超越了一般男女之大防。据《唐才子传》载，李群玉与二妃之间还演绎了一场梦幻般的情事："（李群玉）归湘中，题诗二妃庙，是暮，宿山舍，梦二女子来曰：'儿娥皇、女英也，承君佳句，徽珮将游于汗漫，愿相从也。'俄而影灭。群玉自是郁郁，岁余而卒。"②他与二妃的故事成了后人传颂的一段佳话。二妃形象开始发生新的转变，已变成了与巫山神女类似的文学形象了。

　　可见地理交通和文学传承固然对二妃意象的形成起到了一定的作用，但更主要的是二妃意象中蕴含的情感正好与南下湖湘地区文人的情感高度契合，在文化缺失的南方地区，二妃成了文人表达内心情感的最佳选择对象。二妃由道德形象向文学形象转变，到最终形成凝聚了固定情感品质的文学意象，经历了较长时间，至唐代才基本定型。唐后与二妃相关的文学作品虽然众多，但就其内在情质而言，依然是二妃意象的继承和延续，较唐人作品并无多大发展。

---

① 傅璇琮主编：《唐才子传校笺》第二册，中华书局 1989 年版，第 38 页。
② 傅璇琮主编：《唐才子传校笺》第三册，中华书局 1990 年版，第 394—395 页。

家庭遐思(三题)

——从舜帝到周敦颐

南　蛮

一　新诗颂舜歌父母

拙著诗集《水》①以家庭置首,首先写到舜、父亲、母亲,全录如下:

舜

舜

是一个丰满的汉字

一个壮盛的汉字

一个结构特别稳定的汉字

一个庄重的汉字

它庄重得像一块巨大的石碑

那个发明汉字的人真是伟大

他也许早就想到

舜　专指一个人

也专指一种花

一个人和一种花共用一个字

这是多么美好的创意

---

① 南蛮:《水》,漓江出版社 2014 年版。

一位妇女生产了

婴儿的啼哭传遍山野

舜停住脚步

脸上露出欣喜的笑容

他像欣赏韶乐一样聆听婴儿的啼哭

好啊　又多了一个人丁

又多了一个人口

人口　人口　人口

那是氏族最重要的生产力

那是部落最重要的 GDP

人口是硬指标啊

人口是硬道理

不孝有三　无后为大

舜真是好领袖

他高度重视发展人口

他以身作则发展人口

舜的后裔

遍布全国

遍布世界

面条与豆腐还没有发明

饺子与糕点还没有发明

舜粗茶淡饭

我们的祖宗粗茶淡饭

——对了　茶也没有发明

舜掬水而饮

饮甘冽的井水

喝清冽的泉水

一棵树的脚

在泥土里

踩到了另外一棵树的脚

另外那棵树

没有生气　没有愤怒

而是友好地笑了笑

而是热情地相互拥抱

于是　山上的树越来越多

大地郁郁葱葱

舜看到这一幕　会心地笑了

他悟到了人世的道理

他悟到了管理国家的奥秘

舜

一个裤脚高　一个裤脚矮

他的衣衫　沾满尘土

舜　不修边幅

舜说——

春天就是他的边幅

大地就是他的边幅

他的边幅繁花似锦

他的边幅美不胜收

秋天的风

把树叶当邮票使用

秋天是历史的邮箱

我在二十一世纪

还不断收到公元前的来信

信上写着舜帝的叮咛——

孝　爱　和　德

孔子早我两千五百年收到舜的信

他把舜的话语读了千百遍

他逢人便说舜

村里的人都讥讽孔子言必称尧舜

孔子根本不在乎

走自己的路让别人去说吧

孔子把舜的信丢在风里

春天的风啊

把舜的话变成风语

变成儒家思想

变成儒家文化

水

我的父亲老了

他年轻时为庄稼与禾苗

浇了几万桶水

那些水并没有消失

它们变成了地下水

变成了山之泉

江之源

河之波

云中雨

海之浪

我的父亲老了

他年轻时浇的水

依然鲜活

母亲

我的母亲

端着一碗水

在老屋里进进出出

我的母亲不懂得儒家文化

也不懂得物理学

　　但我的母亲懂得

　　把一碗水端平

　　《舜》《水》《母亲》三首诗表达了我对舜、父亲母亲、家庭的崇敬、热爱、眷恋之情。我曾撰文阐明这样一个观点:舜是国家的创始人,也是家庭的创始人,家国始于舜。

二　从以联招婿所想到的

　　明代程敏政极有才华,十多岁即被荐入京。宰相李贤欲招之为婿,便在一次宴会时手指案上的果品对程说:因荷(何)而得藕(偶)。程明白李的心意,便答道:有杏(幸)不须梅(媒)。李于是决定把女儿许配给程。

　　一提起古代婚姻特别是封建社会婚姻,我们惯常想到门当户对、父母之命,媒妁之言。其实,旧时婚姻也有浪漫的一面,如上述李贤择婿。国家录用人才的原则是"学而优则仕",官宦家庭择婿的原则是"学而优则婿"。

　　门当,是汉族传统建筑门口的相对放置呈扁形的一对石墩或石鼓,包括抱鼓石和一般门枕石。在古代,不同等级的家室门当的等级也十分森严。建筑学上为"门枕石"的一部分,俗称门墩,又称门座、门台、门鼓,抱鼓石用石鼓,是因为鼓声宏阔威严、厉如雷霆,人们以为其能避鬼而推崇,百姓信其能避邪,故民间广泛用石鼓代"门当"。户对,是用于中国传统民居,特别是四合院的大门顶部,起到装饰门框的构件,通常成对出现。门墩主要以箱形和抱鼓形居多,还有狮子形、多角柱形、水瓶形门墩等等。"门当",形状有圆形与方形之分,圆形为武官,象征战鼓;方形为文官,形为砚台。"户对"大小与官品大小成正比。

　　古人说的"门当户对"有其合理性。恋爱是两个人的事情,可婚姻是两个家庭的事情。家庭氛围、家庭的生活方式和文化是在一个家族一代一代沿袭下来的,即便周围的环境有变化也是不会轻易改变的。两个家庭如果有相近的生活习惯,对现实事物的看法相近,生活中才会有更多的共同语言,才会有共同的快乐,才会保持更长久的彼此欣赏,也才会让婚姻保持持久的生命力。

　　然而,门当户对又是灵活的,既看当前,又看未来。才学才是真正的门当户对,比如李贤择婿。

三　周敦颐与家庭

周敦颐（1017—1073 年），字茂叔，号濂溪，汉族，宋营道楼田堡（今湖南道县）人。北宋著名哲学家，是学术界公认的理学派开山鼻祖。"两汉而下，儒学几至大坏。千有余载，至宋中叶，周敦颐出于舂陵，乃得圣贤不传之学，作《太极图说》《通书》，推明阴阳五行之理，明于天而性于人者，了若指掌。"《宋史·道学传》认为周子创立理学学派，并将其提高到了极高的地位。其父周辅成（亦名怀成）于大中祥符八年（1015 年），因六举以上特奏名赐进士出身，曾为贺州桂岭县（今广西贺县）知县，后赠谏议大夫。北宋天禧元年（1017 年），时任桂岭县令的周辅成的儿子周敦颐降生在当时的桂岭县县衙。

周敦颐在良好的家庭家风家教引导和熏陶下，从小喜爱读书，在家乡道州营道颇有名气，人们都说他"志趣高远，博学力行，有古人之风"。由于大量广泛地阅读，周敦颐接触到许多不同种类的思想。从先秦时代的诸子百家，一直到汉代才传入中国的印度佛家，他都有所涉猎，这为他而后精研中国古代奇书《易经》，创立先天宇宙论思想奠定了基础。

父亲去世后，十五岁时，周敦颐和母亲一同到京城投奔舅父郑向，当时郑向是宋仁宗朝中的龙图阁大学士。这位舅父对周敦颐母子十分眷顾。在周敦颐二十岁时，舅父向皇帝保奏，为他谋到了一个监主簿的职位。

周敦颐在任职期间尽心竭力，深得民心。在生活中，周敦颐开始研究《周易》，后来终于写出了他的重要著作《太极图·易说》。它提出了一个宇宙生成论的体系。

中国哲学思想史上，宋明理学占有极其重要的地位。宋明理学以孔孟之道的儒学为主干，还多方吸收了道家、佛家的思想精华，逐渐成为中国封建社会中占统治地位的哲学思想。

周敦颐死后，随着程颢、程颐对他的哲学的继承和发展，他的名声也逐渐得以显扬。南宋时许多地方开始建立纪念周敦颐的祠堂，人们甚至把他推崇到与孔孟相当的地位，认为他"其功盖在孔孟之间矣"。帝王们也因而将他尊为人伦师表。而周敦颐生前的确也以他的实际行动，成就了一代大儒的风范，他的人品和思想，千百年来一直为人们敬仰。从周敦颐的生平事迹不难看出,在很大程度上,是家庭的品质与变故成全了他。

2015年,由千年学府岳麓书院发起并联合凤凰湖南共同主办的"湖湘文化十杰"评选活动,经过网友投票与专家评审,最终确定了十位最能代表湖湘文化的杰出人物,其中周敦颐得票数高达495820票,居榜首,当之无愧。

《南方周末》2000年曾评出中国一千年来影响中国历史进程的二十五件大事,其中第一件是理学的创立。

今年是周敦颐诞生一千周年。千年等一回,千年千禧,笔者撰联数副,以表达对周敦颐的缅怀之情:

（一）

敦睦千秋人间大道

颐和四海天地至理

（二）

本太极合阴阳大道生焉

顺民意展宏图小康成矣

（三）

清水出莲开湖湘

碧空升月映华夏

（四）

千年等一回千年千禧

万载待几何万载万福

（五）

一本正经天地君亲师

五行肇始金木水火土

结语 为圣人复归和民族文化 复兴助推一臂之力

——在湖南省舜文化研究会第三届 代表大会闭幕式上的讲话

陈仲庚

前面唐会长的工作报告确立了研究会今后工作的基本思路:"复兴民族文化,重新树立民族文化的自信,作为舜文化研究的学人,具有义不容辞的责任。我们的研究眼光,既要联系远古,也要接续现在;既要上接官方,也要下及民间;既要立足国内,也要放眼海外。"为落实好这一工作思路,今后五年本研究会的研究任务,主要集中在以下四个方面。

一 祖述尧舜与中国学脉之源流研究

"尧舜之道"或"唐虞之道",在古代文献上是先秦以来的固定词组,在政治学上是政治理想与道德伦理的最高典范;尧舜时代"天下为公"的大同理想,也是"中国梦"的最早来源。《中庸》云:"仲尼祖述尧舜,宪章文武;上律天时,下袭水土。"清代学者崔述说:"是以孔子祖述尧、舜,孟子叙道统亦始于尧、舜。然则尧、舜者,道统之祖,治法之祖,而亦即文章之祖也。"因此,"祖述尧舜"与中国学脉之源流关系,在中国的思想史和学术史上早就有人研究,历朝历代均有学者论及此事,其观点也基本趋向一致。只是,这些观点都比较零散,没有形成系统性、整体性,更多的是只有结论,没有论证过程;而且,这些观点更注重的是"述而不作",即继承有余而创新不足。我们的研究要以"尧舜之道"为核心内涵,展开纵向和横向的文献梳理。纵向主要是梳理"源"与"流"的关系,"源"主要是厘清尧舜之道的"祖源"地位,亦即其"原始"性内涵是什么;"流"则要厘清两个方面的变化:一是古代之"流变",二是现代之"新变"。对现代之"新变"的梳理,还要根据现代社会的需要激浊扬清,在内涵上进行重新选择或重新解释。横向上主要是依据崔述所说的道统之祖、治法之祖和文章之祖三个层次进行梳理。纵向与横向的结合,体现了尧舜之道的历史厚重性和内涵丰富性。

"道统之祖"主要是确立尧舜之道在中国思想领域的影响力,从虞夏商周到春秋战国再到晚清四千多年的历史长河中,尧舜之道为中华民族大家庭的团结、为中华民族特色的形成、为中华民族持久稳定的发展,建立了不可磨灭的功勋,这是中华民族重新树立文化自信的历史基础。"治法之祖"则确立了尧舜之道在政治领域的影响力,中国传统的以"孝"治国、以"中"治国、以"礼"治国等治国方略,无不由尧舜之道奠基。这些治国方略,也可以为今天的依法治国提供借鉴,形成互补。"文章之祖"则确立了尧舜之道在文学领域的影响力,从"诗言志"的文学创作论到"教胄子"的文学教化论,再到"观风俗"的文学本质论,这些文学观念和文学思想,与今天所提倡的"正能量""主旋律"依然有着内在的一致性。因此,对祖述尧舜与中国学脉之源流的研究,不仅要梳理尧舜之道对古代四千年中华文明的影响力,也要寻绎出今天全球化背景下的现实借鉴价值,这是中华民族重新树立文化自信的现实基础。有了这样的基础,才能真正唤回圣人的复归。

二 尧舜崇拜与民间信仰之古今民情调查

尧舜的德行品格为民立极,世人为之高山仰止,景行行止,这成为国人人生追求的最高境界。尧舜被后人所敬仰,为万民所歌颂,由此又形成了中国人的一个温馨美梦或曰圣人情结:"圣人出,黄河清。"圣人就是极其完美、极其智慧和极其伟大的人,中国人把尧舜看成圣人,中国历史上也就有了不绝如缕的圣人情结。这种圣人情结不仅影响了上层建筑,更影响了普通百姓的日常生活,并因此而形成一种自发的民间信仰。要唤回圣人的复归,更重要的是要接续民间的圣人信仰,重新树立起中国百姓的精神支柱。而民间的圣人信仰情况究竟怎样,第一步需要展开古今民情调查。

古今民情调查,可以从静态和动态两个方面展开:静态的主要是民间信仰文化遗迹的调查,如尧庙、舜庙等相关庙宇及其纪念性建筑、人文遗迹等；动态的主要是各种祭祀活动、纪念活动及其相关的商务、文艺、学术活动等。这种民情调查，可以展现圣人信仰在民间的影响力，这是加强文化自信、实现民族文化复兴的群众基础。

三　合作编辑出版《虞舜大典·后裔卷》

中华姓氏文化源远流长，博大精深，其巨大的凝聚力来自族群合力、重血缘亲情的华夏文化传统。寻根问祖是人之天性，这是血浓于水的骨肉亲情，是对祖宗之源、生命之根的寻找。"千条江河归大海，千枝万叶一条根"，姓氏寻根是一种以姓氏为纽带的文化寻源活动。姓氏可以说是中华民族几千年以来生生不息地繁衍延续的活化石，是人之根、祖之魂，是生命信息和文化基因的载体。慎终追远是中华民族的优秀传统，也是海内外中华儿女共同追求和实践的目标。

舜帝一直受到海外华人的敬仰和崇拜，在中华民族这个大家庭里，舜帝的支裔是一个十分庞大的巨姓望族，有虞氏部落支裔众多，子孙繁衍昌盛，星罗棋布，是构成华夏族和汉族的主体之一，也是中华民族中极其重要的组成部分。这些不同的姓氏常常会组成不同的社会团体，传承和发扬自强不息、厚德载物的民族精神，艰苦创业，不仅为所在国家和地区的经济社会发展作出了巨大贡献，也为推动和加强所在国家和地区与中国的友好合作发挥了桥梁和纽带作用。有学者考证，全世界舜裔姓氏共有211个，人口数约有5亿。在炎黄支系中，舜帝后裔最为兴旺，遍及世界各地。因此，《虞舜大典》继《文献卷》和《图像卷》之后，辑录整理《后裔卷》，将使舜帝后裔产生强大的合力，同时也会对整个中华民族，包括海外华人、华侨产生重大影响，使整个中华民族产生强大的吸引力和凝聚力。

《后裔卷》可以结集为合卷出版，也可以拆分为不同姓氏的分卷出版。《后裔卷》的辑录整理较《文献卷》和《图像卷》的工作量会更大，除了继续与湖南省舜文化研究基地、湖南省舜帝陵基金会、山东大舜文化研究会开展合作以外，还要与更多的舜帝后裔宗亲团体合作，寻求支持和帮助，同时要宣讲血浓于水的亲情，普及寻根问祖的意义，让海内外的舜帝后裔自觉地加入到这一工作中来。

四　古今朝圣之旅与"湘漓文化带"之旅游应用研究

舜帝南巡，对中国历史和文化的影响极为深远，从大的方面说，是带来了民族的大融合，使南方的苗蛮部落与北方的华夏部落形成一个整体；从小的方面说，舜帝南巡留下了诸多遗迹，并直接影响了"湘漓文化带"。这个文化带起始于洞庭湖的君山，然后一路南下，舜帝来到常德的德山讲德，再到湘潭的韶山演奏韶乐，到衡山甘露坛大会南方诸侯，赐给众人甘露，经过邵阳新宁一处风景绝妙的山，夸赞说："山之良也！"于是这山就叫作崀山。舜帝在永州东安驻跸了一段时间，所驻的山就叫作舜皇山。从舜皇山沿着湘桂走廊往南，来到桂林的一座山下驻跸，这座山就叫作虞山，在山上的石洞演奏韶乐，这个洞就叫作韶音洞。从桂林沿桂江继续南下到梧州；从梧州沿贺江向北到贺州，再由贺州向北，经江华到达道县——象封侯的地方有庳，探望多年未见的弟弟象。再过潇水往东，经宁远过蓝山，来到九嶷山南麓的一个山坳，在此弹唱《南风歌》，这个山坳就叫南风坳。出南风坳继续往东，来到一座大山的石台上，在此演奏韶乐，此石台便叫作韶音台或韶音石，这个地方就叫作韶州或韶关。从韶关折向英德，经涟水往北返回宁远来到九嶷山。在九嶷山地区，与舜帝南巡相关的文化遗迹就更多了，有潇韶峰、舜源峰、娥皇峰、女英峰、万岁山、五臣山以及舜教农耕的地方"历山头"、舜斩恶龙的地方"舜峰"等，多得不胜枚举，一直到"崩于苍梧之野，葬于江南九嶷，是为零陵"——因为是舜陵所在地故称之为零陵，秦始皇设零陵县，汉武帝设零陵郡，零陵之名一直沿用至今。

因为舜葬九嶷而使九嶷山成为祭拜舜帝的圣地，从夏商周开始，历朝历代均在九嶷山建有舜帝陵庙，来此朝拜的香火不绝如缕，从朝廷使者到地方官员，从文人墨客到普通百姓，无不怀着虔诚之心来此朝圣，特别是官员和文人，一路行来一路记游，留下了诸多的日记、游记和即景诗词。发掘、整理这些日记、游记和诗词在朝圣旅途中所描写的景象，可以为今天旅游线路及景点的设计增添厚重的人文底蕴和文化亮色。

朝圣之旅的旅游线路，既可促进旅游经济的发展，也可为海内外华人寻找心灵慰藉和精神支柱提供一条切实可行的通途。

无疑，信仰是一个民族的精神高地和精神支柱。信仰缺失，导致精神高地倾斜、精神支柱坍塌，带来了诸多的社会问题。面对这些问题，国际上也有不少人指责中华民族缺乏全民性的宗教信仰。其实，中国的"圣人信仰"——从尧舜崇拜到孔孟崇拜再到祖先崇拜，就是中华民族的准宗教，或者说，"圣人信仰"就是中华民族的精神高地和精神支柱。遗憾的是，自五四运动"打倒孔家店"之后，尧舜崇拜连同祖先崇拜也一并丧失了。在今天树立文化自信、实现民族复兴的进程中，也该是我们重新恢复"圣人信仰"的时候了。这里，不妨化用屈原的一句诗来表达我们的期盼："魂兮归来哀中华"；再借用宋代王令的两句诗来表达我们的决心和信念："子规夜半犹啼血，不信东风唤不回"！